经济学名著译丛

Essays in Positive Economics

实证经济学论文集

〔美〕米尔顿·弗里德曼 著

柏克 译

朱泱 校

Essays in Positive Economics

商务印书馆
The Commercial Press

2019年·北京

Milton Friedman
ESSAYS IN POSITIVE ECONOMICS
© Copyright 1953 by The University of Chicago Press.

本书中文简体字本经芝加哥大学出版社授权出版。

目　　录

第四编　对方法的评论

第 一 编

导　论

实证经济学的方法论*

在《政治经济学的范围和方法》这本令人钦佩的书中,约翰·内维尔·凯恩斯ξ指出"**实证科学是**……[,]一套关于是什么的系统化知识;**规范的或规制的科学是**……[,]一套讨论应该是什么的标准的系统化知识;**技艺(art)是**……[,]为了达到某个目的而制订的规则体系"。他对这三者做了区分,并评论说:"它们之间的混淆是常见的,而且一向是许多贻害大方的错误的根源。"他强调了"承认政治经济学中独特的实证科学"的重要性。①

本文主要关注的是,在构建老凯恩斯所提倡的"独特的实证科学"的过程中产生的一些方法论问题——尤其是这样一个问题,即:如何确定人们一种提出来的某一假说或理论,是否应该要暂时作为"关于是什么的系统化知识"的一部分而接受下来的问题。但

---

* 我的这篇文章从整体上吸收了《当代经济学概览》(*A Survey of Contemporary Economics*, Vol. II, B. F. Haley, ed. Chicago: Richard D. Irwin, Inc., 1952,第455—457 页。)一书中我的简短"评论"的大部分内容,因而也就不一一注明出处了。

我感谢多萝西·S. 布雷迪、阿瑟·F. 伯恩斯和乔治·斯蒂格勒,感谢他们提出的有益评论和批评。

ξ John Neville Keynes, 1852~1949,英国经济学家和社会学家,著名经济学家约翰·梅纳德·凯恩斯的父亲。为方便起见,本文中以下用"老凯恩斯"译出。——译者

① John Neville Keynes, *The Scope and Method of Political Economy*, London: Macmillan & Co., (1891), pp. 34—35, 46.

是,老凯恩斯悲叹的混淆仍然是如此之普遍,而且对于承认"经济学在一定意义上可以是一种实证科学"的认识起到了极大的阻碍作用。因此,在进入本文的主题之前,先来谈一谈关于实证经济学与规范经济学的关系,看来是有必要的。

一、实证经济学与规范经济学的关系

实证经济学与规范经济学之间的混淆,在一定程度上是不可避免的。几乎每个人都把经济学研究的问题看作是对他本人极其重要的事,并且认为是凭借他自己的经历和能力就可以处理的。这是产生持续不断的和广泛争论的根源,也是频繁要求立法的理由。自称为"专家"的人们观点各异,而且几乎无人能被看作是没有偏见的。无论如何,在至关重要的问题上,很难单凭对"专家"个人的信赖就完全接受"专家"意见,哪怕这些"专家"的意见近乎异口同声而且显然没有偏见。② 实证经济学的结论看来是,也确实是,与重要的规范问题直接相关,与应该做什么以及如何能实现某个目标相关。外行和专家一样,都不可避免地会用实证结论去套他们已成定见的规范性偏见。要是实证结论的规范含义(或实证结论据说应该具有的规范性含义)不合他们的口味,他们就会否定

---

② 这并不是说,社会科学或经济学在这方面有什么独特之处。看看医学界的情况,只要没有明显令人信服的证据支持"专家"意见,个人信念和"偏方"就很有分量。各专业领域自然科学家目前的声望及观点的可接受程度——在其他领域常常也是一样——不只源自信任,而且源自他们工作的证明、他们预见的成功,以及运用他们成果取得的巨大成就。在 19 世纪前半期的大英帝国,当经济学似乎也提供了其价值的这类证明时,"科学的经济学"的声望与得到承认的程度,不亚于自然科学目前的声望。

实证结论。

　　从原则上来说,实证经济学独立于任何一种特定的道德观或规范判断。正如老凯恩斯所说,它要解决的是"是什么",而不是"应该是什么"的问题。它的任务是要提供一个概括系统,用于对环境变化所产生的后果做出正确的预测。该系统的性能要由它所产生预测的精确性、范围,以及这种预测与经验的一致性来检验。简而言之,实证经济学是或可以是,一种与自然科学完全同等意义上的"客观"科学。当然,经济学研究的是人与人的相互关系,而且研究者本身也是所研究对象的一部分,有着比自然科学中研究者与研究对象更亲密的关系。这一事实提供给社会科学家许多自然科学家无法利用的数据,同时也造成了实现客观性的特殊困难。但是,在我看来,无论是这个还是那个问题,都不是这两类科学的根本区别。③

　　另一方面,规范经济学与经济学技艺都离不开实证经济学。任何政策结论必定要建立在对要这么做而不是那么做的后果的预测上。这是一种必须建立在实证经济学之上的预测,无论是暗示还是明示。当然,这里并没有政策结论与实证经济学的结论一一对应的关系,要是有这种关系的话,也就不会有独立的规范科学了。两个人可能会对某项立法所产生的后果持一致意见,一人可

---

　　③　观察者与观察过程之间的相互作用,是社会科学极为突出的一大特点。除了这一点比较明显地与自然科学相似之外,社会科学在由考察过程和被考察现象之间的互动中产生的不确定原则方面,还有微妙的相似性。而且这两者都与哥德尔定理(Gödel theorem)的纯粹逻辑相似,强调了全面的自足式逻辑的不可能性。这三者是否全都能被看作是一种甚至更一般性原理的不同表述,还是个尚未解决的问题。

能认为那些后果总的来说是好的,因而支持该项立法;另一人却可能认为那些后果不好,因而反对该项立法。

　　然而,我冒昧地提出一个看法:目前在西方世界,特别是在美国,在没有偏见的百姓中,对经济政策的不同看法,主要产生于对所采取措施的经济后果的不同预测,这是一些可以由实证经济学的进步而消除的分歧,而不是产生于基本价值观的根本性分歧。对于根本性分歧,人们最终只能进行斗争。一个明显但并非不重要的例子是最低工资立法。在各种支持或反对这种立法的混乱争论之中,有一种根本一致的意见,就是要实现"最低生活工资"(living wage)的目标。这种含义模糊的说法在这类讨论中使用得非常广泛。观点的不同大多出于对这一特殊工具的使用功效在可以取得一致的目标上明示或暗示的不同预测。支持的人认为(预测的),最低工资立法会减少贫困,因为它会提高工资少于最低工资的人的工资,还可以提高工资多于最低工资的人的工资,而绝不会起反作用,不会增加完全失业者的人数或就业不理想者的人数。反对者则认为(预测的),最低工资立法会增加贫困,因为它会增加失业人数或就业不理想者的人数,而这种影响要大于对现有就业人员工资的有利影响。对于这项立法的经济后果的一致看法,并不会产生对其合意性的完全一致的看法,因为对其政治后果或社会后果仍然可能存在不同意见。但是,既然目标是一致的,就肯定非常有助于产生一致的意见。

　　在关于工会的适当作用和地位、关于直接的物价和工资控制以及关税的合意性等问题上的各种不同观点,都是以实证分析中密切相关的分歧为基础的。对于所谓"规模经济"重要性的不同预测,在很大程度上反映了人们对政府全面规制工业的合意性或必要性的意见分歧,甚至反映了人们对社会主义而非私人企业的合理性或必要性的意见分歧。而且,类似的事例不胜枚举。④ 当然,我的判断——西方世界中经济政策的主要分歧是这类分歧——本身就是一种"实证的"表述,可以根据经验证据予以接受或予以否定。

如果这一判断是正确的,那就意味着,对于"正确的"经济政策的统一认识,更多取决于实证经济学的进步,而不是规范经济学的进步。由实证经济学产生的结论正在而且值得被广泛接受。这还意味着,将实证经济学与规范经济学明确区分开的一个重要理由就是,做这样的区分有助于人们在政策问题上取得一致意见。

二、实证经济学

实证科学的最终目的,是要发展出一种"理论"或"假说",能对尚未观察到的现象作出正确而有意义的(即,不是老生常谈的)预

---

④ 一个相当复杂的例子就是稳定政策。从表面上看,对这个问题的意见分歧似乎反映了目标的不一致;但是我认为,这种印象是错误的,而且说到底,这种不同意见主要反映了对于经济活动波动根源和不同反循环措施的作用的不同判断。要想了解反映了大部分分歧意见的重要实证思考,见《充分就业政策对经济稳定的影响:一种形式分析》("The Effects of a Full-Employment Policy on Economic Stability: A Formal Analysis," *infra* , pp. 117—132)。要了解关于这个问题专业人士看法的目前状况,见美国经济学会公共问题委员会的一个小组委员会的报告:《经济不稳定问题》("The Problem of Economic Instability," *American Economic Review* , XL, (September, 1950), pp. 501—538)。

测。一般而言,这样的理论是一个由两种元素构成的复杂交织混合体。一方面,它是一种语言,旨在促进"系统的和有组织的推理方法"。⑤ 另一方面,它是一套实质性的假说,旨在从复杂的现实中抽象出本质特征。

作为一种语言,理论没有实质性的内容,只是一套同义反复的说法。其功能是作为一种归档系统,用于组织经验材料,方便我们理解这些材料。而评价这种理论的标准也是那些适用于这一归档系统的标准。分类是否清楚而且定义准确? 它们是否详尽无遗? 我们知道把每个项目归于哪一类吗? 还是说糊里糊涂? 大标题和小标题的体系设计是否能让我们很快找到自己所需的项目,还是说,我们必须得找来找去? 我们想要研究的项目是否合并放到一起了? 这个归档系统是否避免了烦琐的前后参照?

这些问题的答案,部分取决于逻辑考虑,部分取决于事实考虑。单从形式逻辑的规则看,就能看出一种语言是否完整和一致,也就是说,语言中的命题是"正确"还是"错误"。单从事实证据看,就能看出"分析性的归档系统"的分类是否具有有意义的经验对应物,也就是说,在分析某类具体问题时它们是否有用。⑥ "供给"与"需求"的简单例子说明了这一点,也解释了前面列出的那些类似问题。从作为经济理论这种语言的构成要素的角度来看,这是两

8

---

⑤　最后这句话引自艾尔弗雷德·马歇尔的《经济学的现状》一文(Alfred Marshall, "The Present Position of Economics", 1885, reprinted in *Memorials of Alfred Marshall*, ed. A. C. Pigou (London: Macmillan & Co., 1925), p. 164)。亦可参见《马歇尔需求曲线》("The Marshallian Demand Curve", *infra*, pp. 56—57, 90—91)。

⑥　见《兰格论价格灵活性与就业:一种方法论的批判》("Lange on Price Flexibility and Employment: A Methodological Criticism," *infra*, pp. 282—289)。

个重要的分类,影响产品相对价格的因素或生产的因素可分别划归于这两个类别。这种两分法是否有用,取决于"对调查的经验概括,即如果我们把在任何一个问题上影响需求的力量和影响供给的力量分别开列出来的话,将产生两个极少有相同项目的列表"。⑦ 现在,这种概括对于像消费品那样的最终市场是正确的。在这样一个市场中,可以被看作是产品需求方的经济单位与可以被看作是产品供应方的经济单位之间有着清楚而明确的区分。对于某个因素是应该划分为影响供应的因素,还是划分为影响需求的因素,很少有太多的疑问;也极少有必要去考虑这两个分类之间的交互影响(前后对照)。在这种情况下,简单甚至是显而易见的归档步骤把相关因素放入"供应"和"需求"的标题下,使问题大大简化了,而且可以有效地防范不这么做可能出现的谬误。但是,这种概括并不总是有效的,比如说,对于存在大量投机行为的市场中每日的价格波动就无效。例如,一个提高超额利润税的传言,是应该被看作今天在股票市场上主要影响公司股票操作供应方的因素,还是看作影响今日需求方的因素呢? 同理,几乎每个因素放在"供应"标题下的理由都可以和放在"需求"标题下的理由一样多。这些概念还可以使用,而且可能也并非完全没有意义。它们仍然是"正确的",但是显然比在第一个例子中的用处要少,因为它们没有有意义的经验对应物。

　　作为一套实质性假说,理论应该用其对它旨在加以"解释"的那类现象的预测能力来检验。只有事实证据才能表明理论是"对"

---

⑦ "The Marshallian Demand Curve," *infra*, p. 57.

还是"错",或者说得更清楚一些,是可以作为暂时正确"被接受"还是"被否定"。正如我将在下面用较大篇幅来阐述的,检验一种假说有效性的唯一办法,是看这一假说的预测与经验是否相符。如果这一假说的预测("经常地"或是比另一种假说的预测更多地)与经验相矛盾,这种假说就会被否定;不矛盾,就会得到承认;要是在很多情况下都不矛盾,人们就会对它非常有信心。事实证据从来不能"证明"一种假说,而只能是无法证伪。一般而言,当我们不大准确地说,这个假说已经得到经验"证实"的时候,说的就是这个意思。

　　为了避免混乱,或许应该明确指出,用来检测一种假说的有效性的"预测"不一定针对的是尚未出现的现象,也就是说,不一定是对未来事件的预测。预测针对的也可以是已经出现,但是做预测的人尚未观察到或还不知道的现象。比如说,考虑到其他已知情形,一种假说可以暗示,在其他一些条件已知的情况下,1906 年肯定发生了某事。假如找到的记录表明,确实发生了此事,预测就得到了证实;要是记录表明没有发生此事,预测就被否定了。

　　从这个意义上说,一种假说的有效性本身并不足以作为对其他假说取舍的标准。人们观察到的事实在数量上必定是有限的,可能的假说却是无穷多的。如果有一种假说与可获得的证据一致,那么总会有无穷多的假说也与这一证据一致。[8] 例如,假设对某类商品征收的特别消费税造成了该商品的价格上涨,上涨幅度

---

　　[8]　限定条件是必要的,因为"证据"可能有内部冲突,所以,可能没有哪个假说与证据一致。参见《兰格论价格灵活性与就业》("Lange on Price Flexibility and Employment," *infra* , pp. 282—283)。

相当于税收额。这种情况与竞争状态下一条稳定的供给曲线,还有一条水平的稳定的需求曲线一致;但也与竞争状态下在需求曲线或供给曲线上做了必要的修正移动后,斜率为正或为负的供给曲线一致;与垄断状态下不变边际成本和稳定的需求曲线一致,只是需求曲线必须呈现为能产生这种结果的某种形状;等等,无穷无尽。追加与这种假说一致的证据,可以排除部分这些可能的假说, 10 但绝不能仅凭追加一个证据就把可能的假说减少到一种,而独自与有限的证据相一致。对与可获得的证据等一致的各种假说进行取舍,在一定程度上肯定是武断的,尽管人们一般都同意,相关的考虑是建立在"简单"和"富有成效"的准则之上,而这些准则本身就是完全没有客观规范的。一种理论越是"简单",它对某个领域中的现象做出预测所需要的初始知识就越少;越是"富有成效",产生的预测就越准确,这种理论能产生预测的范围就越宽,它提出的进一步的研究也具有更多的思路。逻辑上的自圆其说与一致性虽然也是相关的,但是只起辅助作用。这种作用是要保证这个假说正确地表明了意图,并使所有利用该假说的人对它的理解都一样。在这里,这种作用和统计计算中对数字精确度的核准是一样的。

令人感到遗憾的是,在社会科学中,我们极少能用目的明确的实验,在消除了被认为是最重要的干扰影响后,再对特定预测进行检验。一般来说,我们只能依靠偶然发生的"实验"来积累证据。在我看来,无法进行所谓的"可控实验",并不反映社会科学与自然科学之间的根本区别。这不仅是因为并非只有社会科学才不能进行可控实验(自然科学中的天文学也不能),而且因为可控实验与不可控经验的区别,说到底,不过是程度问题。没有哪个实验是完全可控的,而每一种经验,从某些干扰因素在整个过程中是相对不变的意义上说,在一定程度上都是可控的。

　　经验积累起来的证据是丰富的,而且常常与从人为设计的实验中得出的证据一样确凿。因此,不能做实验并不是一个根本性的障碍,导致不能用假说的成功预测来检验该假说。但是,这类证据却非常难于解读。它常常是复杂的,总是不直接和不完全的。
搜集这类证据常常很费劲,而且对它的解读一般要求精细的分析,还要涉及一系列的推理,而这些推理很少能真正一言中的。经济学不能取得由"至关重要的"实验产生的鲜明而直接的证据,确实阻碍了对假说的适当检验,但是这种困难与经济学在用可得到的证据为结论辩护,从而达到相当迅速而广泛的一致意见的道路上的困难相比,就是小巫见大巫了。这使经济学在清除不成功的假说方面开展的工作缓慢而艰难。这些不成功的假说极少被永远击败,并且经常卷土重来。

　　当然,这些方面的情况并非一成不变。有时候,经验积累起来的证据差不多和可控实验能够提供的证据一样直接、鲜明而且令人信服。最明显的重要事例或许是通货膨胀。关于通货膨胀的假说是:在一个相对短的时期内,货币数量的大幅度增加伴随着物价的大幅度增长。在这里,证据是鲜明的,而解读这一证据的推理链条也比较短。然而,尽管有物价大幅度上升的无数事例,尽管它们基本上与货币存量的大幅上升一一对应,尽管其他一些似乎相关的因素也出现大幅变化,但是,每一次新的通货膨胀的经历都会使人们提出一些激烈的论点,而且不仅是由普通公众提出。这些论点认为,货币存量的增加要么是由其他因素引起的物价上涨的一种附带效应,要么是物价上涨的一个纯粹偶然的和未必出现的伴随物。

检验实质性经济假说的困难,产生了一个结果,就是导致人们向纯粹形式分析或同义反复式分析的倒退。⑨ 前面已经提到,同义反复在经济学和其他科学中,作为一种特殊的语言或"分析性的归档系统",具有极为重要的地位。此外,形式逻辑和数学——两者也都是同义反复的——对于解决下列问题也是必要的工具,如:检验推理的正确程度,发现假说的隐含意义,确定那些被信以为真不同的假说是否真的不等价,或是找到差异在什么地方。

但是,经济理论要想能够预见、而不只是描述行为的后果,要想成为不同于变相数学的学科,它就不能只有同义反复的结构。⑩而且正如上面提到的,同义反复本身的有用性,说到底,还要依赖于实质性假说的可接受性,这些假说提出了一些它们在组织难以处理的经验现象时会放入其中的特定分类。

难于用预测来检验经济假说带来的一个更为严重的结果是,导致人们对经验证据在理论工作中的作用产生了误解。经验证据在两个不同但密切联系的阶段中是至关重要的:一是构建假说的阶段,二是检验假说有效性的阶段。完整而详尽的证据,对于一个

12

---

⑨ 见《兰格论价格灵活性与就业》("Lange on Price Flexibility and Employ-ment," *infra*, *passim*.)。

⑩ 亦可见米尔顿·弗里德曼与 L. J. 萨维奇合著的《预期效用假说与效用的可测度性》(Milton Friedman and L. J. Savage, "The Expected-Utility Hypothesis and the Measurability of Utility,"*Journal of Political Economic*,LX,December,1952,pp. 463－474,esp. pp.465－467)。

假说所要概括或"解释"的现象,除了在提出新的假说方面具有明显的价值,还需要这些证据来保证该假说确实说明了它所要解释的现象——也就是说,它对这类现象的含义与先前已经观察到的经验不矛盾。⑪ 既然这一假说与人们掌握的证据是一致的,对它

13

---

　⑪　近年来,有些经济学家,特别是与芝加哥大学考尔斯经济研究委员会有联系的一批人,非常强调在选择一个与已知证据相符的假说时,把这一步骤分为两个子步骤:首先,从所有可能的假说中选出一类可接受的假说(用他们的术语说是选择一个"模型");其次,从这类假说中选出一个假说(选择一个"结构")。这种细分在某些工作中会极具启发意义,特别是在促进系统地使用可获得的统计证据和理论方面。然而,从方法论的角度来看,这种细分对于确定某个假说的过程又完全是武断的,和许多可能便于实现这个或那个目的的其他细分,或是可能适合于某些研究人员的心理需求的细分,是一样的。

　　这种细分的一个后果是,产生了所谓的"认同"问题。如上所述,倘若一个假说与可获得的证据是一致的,这种证据一定是无穷多的。但是,尽管这个说法对于那类假说整体是成立的,但是对于第一个子步骤(模型)中获得的那小类假说却可能不成立。可能的情况是,被用于从那小类假说选出最终假说的证据,最多只能同其中的一个假说一致,在这种情况下,可以说"模型"得到了"认同",否则,"模型"就"没有得到认同"。由于用这种方法描述"认同"这个概念清楚地表明,这实质上是以下这个较为一般的问题的一个特例,这个问题就是从与证据同等一致的不同假说中进行挑选,这是一个必须用像"奥卡姆剃刀"那样武断的原则(这个原则被解释为:"如无必要,勿增实体"。——译者)来确定的问题。在选择一个假说时引入这两个子步骤,在两个相应的阶段都会出现这个问题,并使其具有一种特殊性质。尽管那类假说中所有的假说总是得不到认同,一个"模型"中的那小类假说却未必得不到认同。因此,便产生了这样一个问题,即:必须满足哪些条件才能使一个"模型"得到认同。不管这两个子步骤在一些情况下多么有用,引入它们都会产生这样一种危险:在两个不同阶段在备选假说中进行同样的选择时,将会无意中使用了不同的标准。

　　关于在这个脚注中讨论的一般方法论问题,见特赖维奇·哈维尔默的文章《经济计量学中的概率方法》(Tryvge Haavelmo, "The Probability Approach in Econometrics," *Econometrica*, Vol. XII, (1944), Supplement);雅各布·马夏克的文章《经济结构、路径、政策与预测》(Jacob Marschak, "Economic Structure, Path, Policy, and Prediction," *American Economic Review*, XXXVII, (May, 1947), pp. 81－84)与《经济学中的统计推论:导言》("Statistical Inference in Economics: An Introduction," in T. C.

的进一步检验就要从它推论出新的能够观察到的但先前还不知道的事实,并依据更多的经验证据来检验这些推论出的事实。要使这个检验具有相关性,推论出的事实就必须是关于提出这个假说要解释的那类现象的事实,而且这些事实必须被足够严格地加以界定,以使观察能够表明它们是错误的。

构建假说和检验假说的有效性这两个阶段,在两个不同的方面是联系在一起的。首先,进入每一阶段的特定事实,在一定程度上要取决于特定研究人员对资料的收集和他的知识水平,因此是一个偶发事件。用于检验某一假说的含义的那些事实,很可能就是用于构建该假说的原始资料中的事实,反之也是一样。其次,这个过程从来不会从零开始。所谓的"初始阶段"本身总会包括通过观察对先前一系列假说的含义进行比较,这些含义之间的矛盾激励人们去构建新的假说或修正旧的假说。所 14以,这两个从方法论上说截然不同的阶段在实际过程中总是并肩前行的。

对于这一显然简单明了的过程的误解,集中体现在这个短语

Koopmans (ed.), *Statistical Inference in Dynamic Economic Models* (New York: John Wiley & Sons, 1950));科普曼斯的文章《同时发生的经济关系中的统计估计》(T. C. Koopmans, "Statistical Estimation of Simultaneous Economic Relations," *Journal of the American Statistical Association*, XL, (December, 1945), pp. 448—466);格申·库珀的文章《经济理论在经济计量模型中的作用》(Gershon Cooper, "The Role of Economic Theory in Econometric Models," *Journal of Farm Economics*, XXX (February, 1948), pp. 101—116)。关于认同问题,见科普曼斯的文章《经济计量学模型结构中的认同问题》(Koopmans, "Identification Problems in Econometric Model Construction," *Econometrica*, XVII (April, 1949), pp. 125—144);列昂尼德·赫维奇的文章《认同概念的一般化》(Leonid Hurwicz, "Generalization of the Concept of Identification," in Koopmans (ed.), *Statistical Inference in Dynamic Economic Models*)。

上：“该假说所要解释的那类现象”（the class of phenomena the hypothesis is designed to explain）。在社会科学中，很难为那类现象找到新的证据，也很难判定新的证据与该假说的含义是一致的。这些困难诱使人们设想另一些比较容易得到的证据与该假说的有效性同等相关——设想假说不仅有“含义（implications）”，而且还有“假设条件（assumptions）”，并设想这些“假设条件”与“现实”的一致性也是对假说的有效性的一种检验，**但是不同于用含义进行的检验，或是另外的一种检验**。这种广泛持有的观点是根本错误的，而且带来许多害处。它不仅不能提供一种比较容易掌握的从无效假说中筛选出有效假说的手段，而且只会把问题搅乱，导致人们对经济理论有重要意义的经验证据产生误解，将知识界致力于实证经济学发展的许多努力引入歧途，阻碍人们在实证经济学的实验性假说上达成共识。

　　既然一种理论可以被说成是有“假设条件”的，既然这些假设条件的“现实性”可以独立于预测的有效性而加以判定，一种理论的意义与其“假设条件”的“现实性”之间的关系，就几乎是与我们批评的观点所暗示的那种关系相反。人们会发现，真正重要的和有意义的假说具有的“假设条件”都是对现实不准确的粗略表述，而且一般而言，理论越是意义重大，这些假设条件越是（在这个意义上）不切实际。⑫道理很简单。如果一个假说能以少“解释”多，也就是说，如果它能从围绕着需要解释的现象的大量复杂而具

---

　　⑫　当然，这个命题的反命题是不成立的：（在这个意义上）不切实际的假设条件肯定会使理论没有意义。

体的情况中,抽象出共同的关键的因素,并且只根据这些因素做出正确预测,这个假说就是重要的。因此,一个假说要具有重大意义,其假设条件就必须在描述上是不真实的;它不考虑和说明许多其他伴随的因素,因为它的成功恰恰表明,那些都与要解释的现象无关。

　　用不那么自相矛盾的说法来表述就是,要问与一种理论的"假设条件"相关的问题,不是问这些假设条件是否叙述得"切合实际"(因为它们从来就不切实际),而要问这些假设条件是否能足够好地逼近要达到的目的。而且,这个问题只能通过观察该理论是否起作用来回答,也就是说,看这一理论能否产生足够准确的预测。因此,原来设想的两种独立的检验方法就缩减为一种了。

　　垄断的和不完全的竞争理论就是经济理论中忽视了上述主张的一个例子。这种分析的发展显然是有根据的,而且它之所以得到广泛公认与赞同,在很大程度上,也说明了人们相信,被说成是新古典经济理论基础的"完全竞争"和"完全垄断"的假设条件是对现实的错误反映。而且这种信念本身几乎完全是由于对这两个假设条件的直接描述让人感到不准确而产生的,而不是由于在新古典经济学理论产生的预测中发现了什么矛盾。几年前,在《美国经济评论》上出现的关于边际分析的连篇累牍的讨论,是一个更明显,尽管并不那么重要的例子。争论双方的文章都忽视了在我看来显然是主要的问题——边际的分析含义与在经验中的一致性,而把注意力集中在了不相关的问题上,即工商界人士是否实际上是通过查看那些显示边际成本和边际收入的表格、曲线和多变量

15

16　函数做出他们的决策。⑬ 或许这两个例子，还有从这两个例子可以引出的许多其他例子，可以说明，有足够的理由应该对有关的方法论原则进行更广泛深入的讨论，不作这样的讨论似乎不合适。

三、假说能用假设条件的真实性来检验吗？

我们可以从一个简单的物理学例子开始：自由落体法则。公

---

⑬　见莱斯特的文章《工资－就业问题边际分析的缺点》(R. A. Lester, "Shortcomings of Marginal Analysis for Wage-Employment Problems," *American Economic Review*，XXXVI, (March, 1946), pp. 62－82)；弗里茨·马克卢普的文章《边际分析与经验研究》(Fritz Machlup, "Marginal Analysis and Empirical Research," *American Economic Review*，XXXVI (September, 1946), pp. 519－554)；莱斯特的文章《边际主义、最低工资与劳动力市场》(R. A. Lester, "Marginalism, Minimum Wage, and Labor Markets," *American Economic Review*，XXXVII (March, 1947), pp. 135－148)；马克卢普的文章《对一位反边际主义者的反驳》(Fritz Machlup, "Rejoinder to An Antimarginalist," *American Economic Review*，XXXVII (March, 1947), pp. 148－154)；斯蒂格勒的文章《莱斯特教授与边际主义者》(G. J. Stigler, "Professor Lester and the Marginalists," *American Economic Review*，XXXVII (March, 1947), pp. 154－157)；小奥利弗的文章《边际理论与商业行为》(H. M. Oliver, Jr., "Marginal Theory and Business Behavior," *American Economic Review*，XXXVII (June, 1947), pp. 375－383)；戈登的文章《理论与经验中的短期价格决定》(R. A. Gordon, "Short-Period Price Determination in Theory and Practice," *American Economic Review*, XXXVIII (June, 1948), pp. 265－288)。

应该指出，与许多旨在证明边际理论的"假设条件"的有效性的资料一起，莱斯特确实提及了经验与理论的含义相一致的证据，举出了德国的就业对巴本计划的反应以及美国的就业对最低工资立法变化的反应，作为缺乏一致性的例子。然而，施蒂格勒的简要评语是其他论文中唯一一提到这种证据的。还应该指出，马克卢普对边际分析的逻辑结构和意义所作的全面而仔细的说明，是因对这一评语的误解而作的。这一误解损害了莱斯特的论文，而且几乎掩盖了他提出的证据，而这证据与他提出的关键问题是相关的。但是，在马克卢普着重论述的逻辑结构中，他危险地近乎把这一理论说成是一种纯粹的同义反复，尽管显然在许多地方，他都意识到，并竭力想避开这种危险。奥利弗和戈登的论文最为极端，只关注这一理论的"假设条件"与工商界人士的行为是否一致。

认的一个假说是：从真空中下落的一个物体的加速度是一个常数——g，或者说，在地球上是大约 32 英尺每平方秒——而且这个常数与物体的形状、抛出物体的方式等无关。这意味着，在任何一个特定时间里，一个自由落体的下落距离由公式 $s = \frac{1}{2}g t^2$ 给出，其中 s 表示的是下落距离，单位是英尺；t 是时间，单位为秒。这个公式适用于一个实心球从某建筑物的屋顶上下落的情况，就等于说，一个像这样下落的球表现得就像是它在真空中下落。用这个假说的假设条件来检验这个假说，大概就意味着，测量实际气压，并确定气压是否足够接近于零。在海平面上，气压大约是每平方英寸 15 磅。15 是否足够接近于零，以至于是可以忽略不计的差呢？显然是的，因为一个实心球从屋顶落到地面实际使用的时间，非常接近于由上述公式给出的时间。然而，设想一下，抛出的是一片羽毛而不是一个实心球。那么，这个公式给出的结果就失之千里了。显然，每平方英寸 15 磅对于一片羽毛而言，明显地不同于零，而对实心球却可以是接近于零的。再来看另一个例子，设想这个公式适用于从海拔高度为 30 000 英尺的一架飞机上扔一个球。在这个高度上的气压绝对小于每平方英寸 15 磅。然而，从 30 000 英尺落到 20 000 英尺（在这一点上的气压仍然大大小于海平面上的气压）的实际时间，明显不同于这一公式预测的时间——明显多于一个实心球从屋顶落到地面所用的时间。根据这个公式，球下落的速度应该是 gt，因此应该越来越快。实际上，一个从 30 000 英尺掉下的球，早在掉到地面之前就达到了它的最高速度。而且这个公式的其他含义也是如此。

17

　　最初那个问题,15 是否一个可以忽略不计的足够接近于零的差,本身就是个愚蠢的问题。每平方英寸 15 磅就是每平方英尺 2 160磅,或每平方英寸 0.0075 吨。没有某种外部的比较标准,就不可能说这些数字是"小"还是"大"。唯一相关的比较标准是,在既定的一组条件下,这个公式有用或没有用的气压水平。但是,这在第二个层面上提出了同样的问题:"有用或没有用"是什么意思?即便我们可以消灭测量上的误差,测出的下落时间,就算能和计算出的下落时间同样精确,这种情况也是很少的。那么两者之间的这个差必须有多大,才能说这种理论"没有用"呢?这里有两个重要的外部比较标准。一个标准是精确性,即与这一理论进行比较的,而且在所有其他方面也都可以接受的另一种理论所能实现的精确性。另一个标准是成本,即有一种能做出更好预测的理论,只是成本大得多时才提出来。那么,要获得更高的精确性(这取决于心中的目的),就必须对实现这一精确性的成本做出权衡。

18　　　　这个例子说明,不能用理论的假设条件来检验理论,同时也说明,"一种理论的假设条件"这一概念是模糊不清的。公式 $s = \dfrac{1}{2}gt^2$ 对于真空中的落体是有效的,并且可以由分析这类物体的运动导出。因此,可以这样说:在很多情况下,在实际大气中下落的物体,表现得**就像是**在真空中下落一样。用经济学中常用的语言,这可以迅速翻译为:这个公式假设了一种真空状态。但是,显然没有这么回事。这公式真正说的是,气压的存在,物体的形状、抛出物体的人的姓名、抛出这一物体的机械装置,还有许多其他伴随条件,对物体在某一时间内物体下落的距离没有可察觉的影响。我们可以很容易地重新表述这个假说,完全不使用"真空"这个词:在许多情况下,一个物体在一定时间内下落的距离由公式 $s = \frac{1}{2}gt^2$ 给出。不谈这一公式的历史以及与它相伴的物理理论,说它假设了一种真空状态有意义吗?据我所知,可能还有其他一些假设条件,会产生出同样的公式。这个公式得到公认,是因为它有用,而不是因为我们生活在一种近似于真空的状态中——无论这意味着什么。

与自由落体假说联系在一起的重要问题是,详细说明这个公式起作用的各种情况,或者更准确地说,详细说明这个公式的预测在各种情况下的一般的误差范围。其实,正如上面重新表述这个假说时所暗示的那样,这种详细说明与自由落体假说不是两回事。这种详细说明本身就是自由落体假说的一个必不可少的部分,而且是特别有可能随着经验积累而被修正和扩展的部分。

从自由落体这个特例中,可以得出一个比较一般的,尽管仍然是不完善的理论。这个理论主要是由试图解释那一简单理论中的误差而产生的,由此可以计算出一些可能的干扰因素的影响,也因此,那个简单理论就成为这个一般理论的一个特例。然而,有时候使用比较一般的理论,并不划算,因为没有必要多花成本得出更高的精确性。所以,在什么样的情况下,简单的理论就能"足够用了"这个问题仍然是重要的。气压是限定这个简单理论适用情况的一个变量,但只是变量之一;物体的形状、达到的速度以及其他存在的变量也是相关的。解释除了气压之外其他变量的一个方法就是认为,这些变量决定了对真空这一"假设条件"的某次背离是不是明显地大。例如,可以说,物体的不同形状使每平方英寸 15 磅的

19

气压对于一片羽毛明显不同于零,但对于一个在适当距离落下的实心球却接近于零。然而,必须把这样一种表述同另一种非常不同的表述截然区别开来,即这个理论不能说明羽毛下落的情况,因为它的假设条件是不真实的。这两者之间的关系实际上是相反的情况:对于一片羽毛,那些假设条件是不真实的,因为自由落体理论不起作用。之所以需要强调这一点,是因为在详细说明理论适用的各种情况时,完全正确地使用"假设条件",常常被错误地解释为,这些假设条件能够用来**决定**理论适用的各种情况,这因此而成了人们相信"一种理论可以用其假设条件来检验"的重要根源。

现在,我们再来看另一个例子。这次的例子是一个构想的例子,用来代表社会科学中的许多类似假说。来看一棵树上树叶的密度。我提出的假说是,树叶生长的位置就好像每片叶子都考虑到与之相邻的叶子的位置,在故意寻求让自己得到最多的阳光;就好像它了解决定在不同位置能得到多少阳光量的自然法则,而且能够迅速地,或是即刻,从一个位置移动到另一个合意而且还没被占据的位置。⑭ 现在,这个假说的一些比较明显的含义显然与经验是一致的:比如说,生在树的南边的树叶,一般要比生在北边的树叶密度大。但是,正如这一假说所暗示的,在山的北坡,树也会比较少或根本不长树;在树的南边有东西遮挡光线时,树叶也会很少。正如我们所知,树叶不会"故意"或"有意识地"去"寻求",也没有上过学,学

---

⑭   这个例子及其后续的讨论,尽管是我独自想出来的,但是与阿尔奇安一篇重要论文中的例子和方法相似,而且精神大致相符。(Armen A. Alchian, "Uncertainty, Evolution, and Economic Theory," *Journal of Political Economy*, LVIII (June, 1950), pp. 211—221)。

习过相关的科学法则,或是计算"最佳"位置所必需的数学,更不可能从一个位置移动到另一个位置。是不是因此,这个假说就是不可接受的或无效的呢? 显然,这些与该假说矛盾的事实没有一个是切中要害的,所涉及的现象并非"该假说所要解释的那类现象";该假说并没有硬说树叶做了那些事情,而只是说,从树叶的密度看,它们**好像**是这么做的。尽管该假说的"假设条件"明显都不真实,该假说看来却是极为可信的,因为它的含义与观察到的结果一致。我们想要根据阳光有利于树叶生长,因而树叶长得密实的理由,或是阳光越多,树叶长得越好的推定,"说明"该假说是有效的,因此,纯粹被动适应外部环境造成的结果就与故意适应环境造成的结果是一样的。这另一个假说要比原来构想的假说更有吸引力,不是因为其"假设条件"比较"真实",而是因为它是一个比较一般的理论的一部分,能适用于更大范围的各种现象(一棵树上树叶的位置只是其中一个特例)。这个假说有较多的含义会遭到反驳,而在更多的不同情况下,又不会遭到反驳。这样一来,从比较一般的理论所适用的其他现象得出的间接证据,便强化了树叶生长的直接证据。

就算构想的假说是有效的,也就是说,产生了对于树叶密度的"足够"准确的预测,它也仅适用于某一类情况。我不知道这些情况是什么样,也不知道如何限定这些情况。然而,似乎很明显的是,在这个例子中,理论的"假设条件"不会去详细说明这些情况:树的种类、土壤的特性,等等。这种类型的变量很可能能够限定理论的有效范围,但与树叶去做复杂的数学计算或从一个地方挪到另一个地方的能力无关。

我和萨维奇曾在别的地方使用过一个涉及人的行为的大致相同 21

的例子。[15] 来看预测一位台球高手击球情况的问题。我们所作的假
说是,这位台球手击球时**就好像**他了解能给出球路最佳方向的复杂数
学公式一样,可以通过观看角度等,做出准确的估计,描述出各个球的
所在位置;可以用那些公式做出闪电般的计算;然后又能让球朝着公
式计算出的方向行进。这样一个假说会产生出绝佳的预测并非完全
不合理。我们对于这一假说的信心,不是建立在对台球手的信任上,
哪怕他们是些台球高手;而是源自相信,除非他们有这样或那样的办
法能够完成上述过程,否则他们其实就不会是台球高手。

　　从这些例子到这样一个经济假说只有一小步。这个经济假说
就是,在许多情况下,个别企业的行为**就好像**是,它们在理性地寻
求预期收益的最大化(令人误解的一般说法就称之为"利润"),[16]
而且全面掌握做到这一点所必需的数据资料;也就是说,**就好像**他

---

　　⑮　Milton Friedman and L. J. Savage, "The Utility Analysis of Choices Involving Risk," *Journal of Political Economy*, VI (August, 1948), 298. Reprinted in American Economic Association, *Readings in Price Theory* (Chicago: Richard D. Irwin, Inc. , 1952), pp. 57—96.

　　⑯　使用"利润"这个词,最好是指实际结果与"预期"结果的不同,亦即事后收入与
事先收入的不同。于是,"利润"就是不确定性的结果,而且正如阿尔奇安(前引书,第
212页)继廷特纳(Tintner)之后指出的,"利润"不能提前就被蓄意最大化。考虑到不
确定性,个人或企业要在不同的预期收入或所得的概率分布之间做选择。一个在这类
概率分布中做选择的理论的具体内容,取决于概率被设想会排列在什么位置的标准。
有一种假说认为,它们会根据与它们相对应的效用的数学预期进行排列(见弗里德曼
和萨维奇的文章《预期效用假说与效用的可测度性》(Friedman and Savage, "The Ex-
pected-Utility Hypothesis and the Measurability of Utility," *op. cit* .))。这个假说的一
个特例或它的另一个选择,用与它们相对应的货币收入数学预期排列概率分布。后者
可能更实用,也更经常地被运用于企业而非个人。使用"预期收益"这个词,是要足够
广泛地,以适用于这些选项中的任何一项。

　　这个脚注中间接提到的问题,对于正在讨论的方法论问题并不是根本性的,因此,
在以后的讨论中大体上将被绕开不谈。

们已经知晓相关的成本和需求函数,已经对他们能进行的所有活 22
动计算过边际成本和边际收入,并且把每一种活动都推进到了相
关的边际成本与边际收入相等的那一点。当然啦,正如树叶子或
台球手显然不会去做复杂的数学计算,或自由落体不会决心创造
真空状态那样,商界人士实际上也不真正去解这套联立方程式。
联立方程式只不过是数理经济学家们觉得方便表达这种假说的方
法而已。要是问一个台球手,他如何决定击球的哪个部位,他会
说,"计算一下呗",不过,之后要是正好击中,也要靠运气。而一个
工商业人士很可能会说,他按平均成本定价,当然,在市场有必要
的时候,也会有少许背离。这两种说法是同样有帮助的,但两者都
不是对有关假说切中要害的检验。

　　对收益最大化假说的信心,可以用一个性质迥异的证据来证
明是正当的。这个证据在一定程度上类似于前述台球手假说中举
出的证据——除非工商业人士的行为以这样或那样的方式与收益
最大化的行为近似一致,否则,他们很可能在工商界站不住脚。假
设决定商业行为的明显而直接的因素是习惯性反应、偶然的机遇,
以及诸如此类的因素。只要这个决定因素恰好导致了与理性的和
基于可靠信息的收益最大化一致的行为,这个企业就将兴旺发达,
并买入扩张所需的资源;只要这个决定因素不起这样的作用,这个
企业就会失去资源,而且只有从外部获得额外资源时才能生存下
去。因此,这个"自然选择"过程帮助说明了这个假说的有效
性——或者不如说,在自然选择的情况下,人们之所以接受这个假
说,主要是因为人们判定,这个假说适当地总结了生存所需的
条件。

　　对于收益最大化假说,还有一些更重要的证据,这些证据得自
于将这一假说应用于无数具体问题(并且它的含义一次又一次地
未遭到反驳)的经验。但是,这种证据很难有记载,它分散在无数
的商业信函、文章和专著中,而这一切主要关注的是特殊的具体问
题,而不是要对这个假说进行检验。然而,长期持续使用和接受这
个假说,以及没有提出和接受任何条理分明且自圆其说的其他假
说,都是对这一假说存在价值的间接证据。支持一个假说的证据
总是在该假说一次又一次地未遭到反驳中形成的;只要这一假说
还在使用,证据就会不断积累;而且就其本质而言,还会很难被全
面记载下来。这种情况常常成为科学的传统和传说的组成部分。
这一点从人们对假说的坚持中表现出来,而不是从任何教科书中
列出的假说未遭到反驳的事例表上表现出来。

四、理论的"假设条件"的意义与作用

　　到目前为止,我们对于理论"假设条件"的意义得出的结论几
乎全都是负面的:我们已经看到,一种理论不能用其"假设条件"
的"真实性"来检验,而且,一种理论的"假设条件"这个概念也是模
糊不清的。但是,如果这就是它的全部意义,那就会很难解释这个
概念的广泛使用,以及我们自己的强烈倾向——常常要谈到一种
理论的假设条件,并且要对不同理论的假设条件进行比较。正是
"无风不起浪"啊。

　　在方法论中(正如在实证科学中一样),做出负面评述一般要
比做出正面评述更有把握,因此,我在下面谈及"假设条件"的意义

与作用时,不像先前那么自信。在我看来,"一种理论的假设条件"
起着三种不同的、但是相互关联的正面作用:(1)假设条件是表述
或提出理论的一种简便方式;(2)假设条件有时候可以为用假说的
含义间接地检验假说;(3)正如前面已经提到的,假设条件有时候
是一种方便的工具,可以用来详细说明要想理论有效所必须满足
的条件。前两点需要更多的讨论。

(一)用"假设条件"来表述理论

24

树叶的例子形象地说明了假设条件的第一种作用。我们可
以不说树叶寻求得到阳光的最大化,而使用一个等价的假说,其
中没有任何明显的假设条件,而是罗列一系列的规则来预测树
叶的密度:要是一棵树长在平坦的地里,周围没有其他的树或其
他物体遮挡阳光,那么,树叶的密度往往会如何;要是一棵树长
在山的北坡,在许多同类树的森林之中,那么……这显然没有说
"树叶寻求得到阳光的最大化"来得省事。实际上,后一种表述
是对前面罗列的规则的一个简单概括(即便罗列的内容可以无
限增多),因为它指出了如何确定对于这个问题来说很重要的环
境特点,也指出了如何评价这些特点的影响。它比较简洁,同时
不失全面。

一般来说,一个假说或理论是一种主张,它断言某些力量对某
类现象是重要的,暗示其他力量不重要,并且强调对它认为是重要
的力量的行为方式做出详细说明。我们可以认为这个假说有两个
部分:第一部分是个概念世界,或者是比"真实世界"简单的抽象模
型,只包含这个假说认为是重要的力量;第二部分是一套规则,界

定可以用"模型"来对"真实世界"做出适当说明的那类现象，并对模型中的变量或实体（variables or entities）与可以观察到的现象之间的对应关系做出详细说明。

　　从性质上说，这两个部分是截然不同的。模型是抽象而完整的，是一种"代数学"或"逻辑学"。数学和形式逻辑的特长是检查模型的一致性和完整性，并探究其含义。模型中没有"含糊"、"可能"或"近似"存在的余地，它们也不起任何作用。对于真空，气压是零，不是"有点儿"；一个竞争性生产者产品的需求曲线是水平的（斜率为零），不是"几乎水平的"。

　　另一方面，使用模型的规则不可能是抽象的和完整的。它们必须是具体的，因而也是不完整的。完整只有在概念世界中才可能存在，在"真实世界"中是不可能存在的，无论我们如何理解真实世界。模型是"阳光之下无新事"这一半真半假说法的逻辑体现；运用模型的规则不能忽视"历史从不重演"这一同样有意义的半真半假的说法。在很大程度上，规则可以明确地阐明。在某个理论是一个显然更一般的理论的一部分时，就像真空理论对于自由落体那样，这么做是最容易的，尽管即便如此也仍不完整。在力求使一种科学尽可能"客观"的过程中，我们的目标应该是尽可能明确地阐明规则，而且不断扩大适于这么做的现象的范围。但是，无论我们的这种尝试有多么成功，还是不可避免地会在使用这些规则中为判断留下空间。每个事件总有一些自己的特点，是明确的规则无法涵盖在内的。判断这些特点是否可以被忽视、是否会影响可观察到的现象与模型实体的对应关系，需要有一种能力，这种能力不是能教会的本事，而只有通过经验、通过置身于"正确的"科学

25

氛围才能学会。生搬硬套是不行的。正是在这一点上,各门科学中的"业余爱好者"和"专业人员"高下立判,而且可以由此画出一条细线,将"妄想狂"(crackpot)与科学家区分开来。

举个简单的例子,或许可以阐明这一点。欧几里得几何学是一种抽象模型,从逻辑上说是完整而一致的。它的实体都是精确限定的——一条线并非比其宽或高"长得多"的几何图形,而是长和高为零的图形。这显然也是"不真实的"。在"现实"中并没有欧几里得所说的点、线、面这类东西。我们来把这个抽象模型运用到用粉笔在黑板上做的一个记号上面。这个记号应该被看作是欧几里得之线、欧几里得之面,还是欧几里得之体呢? 显然,要是用这个记号来表示比如说一条需求曲线的话,那么把它看作一条线就是适当的。但是,要是用它来表示颜色,比如说,地图上的国家,那就不能把它看作是一条线了,因为如果看成是线,那就意味着,那幅地图永远无法着色。要实现着色的目的,这同一个记号必须被看成是一个面。但是,粉笔的生产商不会这么看,因为要是看成一个面,那就意味着,粉笔永远都不会用完。要实现用完的目的,这同一个记号必须被看作是有体积的。在这个简单的例子中,这些判断将要求得出一个概括性的一致性意见。然而,似乎很显然的是,尽管可以阐明一般原则以指导这类判断,但一般原则永远不可能是全面的,无法涵盖每一个可能的事例。它们不可能具有欧几里得几何学本身所具有的那种自圆其说、自成一体的特性。

在谈到一种理论的"至关重要的假设条件"时,我认为,我们是在试图说明抽象模型的关键因素。一般来说,有许多不同的方法可以用来完整地描述抽象模型——有许多组不同的"公设"
（postulates），既蕴含着整个模型，又被整个模型所蕴含。这些公
设在逻辑上都是等价的：从一种观点来看可以视为一个模型的公
理或公设的东西，从另一种观点来看也可以视为模型的定理，反之
亦然。被说成是"至关重要的"那些"假设条件"，是出于以下方便
的考虑挑选出来的，如：描述模型时简便省力或经济、直觉上的合
理性，或是能够告诉我们（即使仅仅是通过暗示）一些与判断或使
用抽象模型有关的原则。

（二）用"假设条件"对理论进行间接检验

在表达任何一个假说时，一般来说，用来阐述这一假说的哪些
表述指的是假设条件，哪些表述指的是含义，似乎是很清楚的，然
而这种区分并不容易严格界定。我认为，这种情况不是由这个假
说本身的特征决定的，相反，是由这个假说的特征决定的。如果是
这样，要想很容易地区分各种表述，就必须使这一假说原本所要达
到的目的明确无误。在一个抽象模型中存在着相互交换定理和公
理的可能性，而这意味着，在与这一抽象模型相对应的实质性假说
中也有互换"含义"和"假设条件"的可能性。这并不是说，任何含
义都能与任何假设条件互换，而只是说，可能有不止一组表述蕴含
着其余含义。

比如说，来看寡头垄断行为理论中的一个命题。如果我们假
设：（1）企业家想方设法寻求其收益的最大化，包括收购或扩大垄
断势力，这将意味着（2），当对某种"产品"的需求存在着地域上的
不稳定、运输费用很高、公开的价格协议违法、该产品的生产者数

量极少时,这些企业家往往会实施基点定价法。[17] 在这种表述中,(1)被看作是一种假设条件,而(2)被看作是一种含义,因为我们承认,对市场行为的预测是这一分析的目的。如果我们发现(2)中提到的情况一般来说都与基点定价法联系在一起,我们就认为这个假设条件是可以接受的,反之亦然。现在,我们把目的换成,根据《谢尔曼反托拉斯法》中"限制制约贸易的价格联盟"的条款,确定要起诉哪些案件。如果我们现在假设,(3)基点定价法是故意为(2)中提到的情况中的勾结提供方便的,这就意味着,(4)参与基点定价法的企业家都是在缔结一种"限制贸易的价格联盟"。先前的假设条件,现在变为了含义,反之亦然。要是我们发现,有企业家参与基点定价法时,一般来说,还有其他形式的证据,如信件、备忘录等等,会被法院看作是"限制贸易的价格联盟"的证据,我们现在就可以把假设条件(3)看作是有效的。

假如这个假说对第一个目的(也就是说,预测市场行为)是有用的,显然并不能说明它对第二个目的(也就是说,预测是否有足够的"制约贸易的价格联盟"的证据,表明法院的起诉是正当的)也是有用的。反之,如果它对第二个目的是有用的,并不能说明它对第一个目的是有用的。然而,在没有其他证据的情况下,如果该假说能够成功地服务于一个目的(解释一类现象),则同它未能做到这一点相比,会给我们更大的信心,相信它也能成功地服务于另一个目的(解释另一类现象)。要说这种信心到底能大多少,那是更

28

---

[17]　见施蒂格勒的文章《关于含运费定价法的一种理论》(George J. Stigler, "A Theory of Delivered Price Systems," *American Economic Review*, XXXIX (December, 1949), pp. 1143—1157)。

为困难的事,因为这取决于我们对这两类现象关系远近的判断,而这种判断又以一种复杂的方式,取决于相似种类的间接证据,也就是说,取决于我们在其他方面用理论解释现象的经验,而从某种意义上说,这些现象同样是多种多样的。

对这一点要做更为一般化的说明,那就是,可以利用一种假说的所谓假设条件来获取该假说可以被接受的间接证据,只要这些假设条件本身可以被看作是该假说的含义,并由它们与现实的一致性表明某些含义不会遭到反驳,或是只要这些假设条件能够使人想起该假说的其他含义能够被不经意的经验观察所证实。[18] 之所以说这种证据是间接的,原因在于,这些假设条件或伴随的含义一般所指的那类现象,不同于该假说原本要说明的现象。其实,正如上面所说,这看来是我们用来确定哪些表述应称为"假设条件",哪些表述应称为"含义"时的首要标准。这种间接证据所具有的分量,取决于我们对这两类现象关系远近的判断。

另一种利用"假设条件"对一假说进行间接检验的方式是,找出该假说与其他假说的亲缘关系,从而使有关其他假说的有效性的证据与该假说的有效性相关联。比如说,为说明一类行为建立了一个假说。这个假说像往常一样能够在没有任何特定"假设条件"下得到表述。但是,如果可以表明,这个假说与其中包含了"人寻求自身利益"这一假设条件的一套假设条件等价,那么,只要可以说也作了该假设的其他假说成功地解释了其他种类的现象,这

---

[18] 要了解这类间接检验的另一个具体例子,见弗里德曼和萨维奇的文章《预期效用假说与效用的可测量性》(Friedman and Savage, "The Expected-Utility Hypothesis and the Measurability of Utility,"*op. cit.*, pp. 466—467)。

个假说就获得了间接的合理性。至少,这种情况并非完全没有先例,在其他方面也不是没有成功过。实际上,如果在表述假设条件时能显示出表面看来不同的两种假说之间的关系,那也就向提出较为一般的假说迈出了一步。

从相关的假说得到的这种间接证据,在很大程度上能够解释有着不同背景的人们对某个假说持有信心的极大差异。比如说,来看这样一个假说:在某个地区或产业中,就业上的种族歧视或宗教歧视的程度与该地区或产业中的垄断程度有着密切关系;如果该产业是竞争性的,那么,只有在雇员的种族或宗教影响到其他雇员与他们一起工作的意愿,或是影响到消费者对产品的接受程度时,才会有严重的歧视,而这种歧视也才会与雇主的偏见无关。[19]这个假说对经济学家的吸引力很可能远比对社会学家要大。它可以被说成是,"假设"(assume)竞争性行业中的雇主一心追求金钱上的私利;而这个"假设条件"适用于广泛的各种经济学假说,同经济学探讨的许多群体现象(mass phenomena)都有关。因此,如果经济学家认为这个假说也适用于上面所说的情况,看来很可能是有道理的。另一方面,社会学家所熟悉的那些假说则有着迥然不同的模型或理想世界,"一心追求金钱私利"在其中没有多少重要性。对于社会学家,可以获得的有关这一假说的间接证据对于检验这一假说没有太大作用,而对于经济学家,可以获得的这类间接证据的作用就大多了。因此,社会学家很可能会对该假说抱有较

30

---

⑲　当然,这一假说的严格表述必须详细说明如何判定"种族或宗教歧视的程度"和"垄断的程度"。然而,为了现在的目的,正文中的宽松表述就足够了。

大的怀疑态度。

当然,经济学家的证据和社会学家的证据都不是决定性的。决定性的检验是,这一假说是否能说明它旨在解释的现象。但是,在做出任何令人满意的这种检验之前,有必要做出一个判断;而且,很可能,当这种检验在最近的未来不可能做出时,这个判断将不得不建立在可以获得的不充分证据上。此外,即便可以做这样的检验,科学家们的背景对于他们可以做出的判断也是密切相关的。科学中从来没有确定性,而证据在多大程度上能证实或否定一个假说,也永远无法完全"客观地"得到评估。在判断这一假说的含义是否与经验相一致时,经济学家要比社会学家更为宽容,而且只要有少数几个"一致"的事例,他就会被说服,去暂时接受这一假说。

五、关于经济问题的一些含义

我们在上面讨论的抽象的方法论问题,与人们持续不断地批评"正统的"经济理论"不符合现实"有直接关系,也与人们一直试图重新表述经济理论以迎合这一攻击有直接关系。经济学是一门"沉闷的"科学,因为经济学假设人是自私的,唯利是图的,是"一部计算快乐和痛苦的高速计算器;他像一滴充满幸福愿望的均质的水珠那样颤动,在冲动的刺激下随意移动,但最终完好无损";[20]经济学停留在过了时的心理学上,而且必须被重建,以符合心理学的

---

　　⑳　Thorstein Veblen, "Why Is Economics Not an Evolutionary Science?" (1898), reprinted in *The Place of Science in Modern Civilization* (New York, 1919), p. 73.

每一新发展；经济学假设，人，至少是商业人士，处于"一种持续的'警觉'状态，随时准备更改价格和（或）定价规则，只要他们敏感的直觉……发现供需情况发生了变化"；㉑经济学假设，市场是完善 31 的，竞争是纯粹的，而商品、劳动和资本是同质的。

我们已经看到，这类批评大都不靠谱，除非有补充证据能证明，有一种假说（与被批评的这种理论的这些方面中的这个或那个方面不同），能对广泛的现象做出更好的预测。然而，大多数的这类批评都没有这样的补充，而是几乎全部建立在据称直接觉察到的"假设条件"与"现实世界"的矛盾上。一个特别明显的例子是近来对"收益最大化"假说的批评，理由是：商业人士并没有，实际上也不可能，按照这一理论"假设"他们去做的那样采取行动。用来支持这一说法的证据，一般来说，要么取自商业人士被问到影响其决策因素时的回答（这样检验经济理论，大致相当于检验长寿理论时向八十多岁的人打听他们的长寿秘诀。），要么取自个别企业决策活动的描述性研究报告。㉒ 一方面，人们极少（即便有过）举出

㉑　Oliver, *op. cit.*, p. 381.

㉒　见亨德森的文章《利率的意义》(H. D. Henderson, "The Significance of the Rate of Interest," *Oxford Economic Papers*, No. 1 (October, 1938), pp. 1–13；米德与安德鲁斯的文章《对利率效应问题的答复摘要》(J. E. Meade and P. W. S. Andrews, "Summary of Replies to Questions on Effects of Interest Rates," *Oxford Economic Papers*, No. 1 (October, 1938), pp. 14–31；哈罗德的文章《企业家策略中的价格与成本》(R. F. Harrod, "Price and Cost in Entrepreneurs' Policy," *Oxford Economic Papers*, No. 2 (May, 1939), pp. 1–11；还有霍尔和希契的文章《价格理论与商业行为》(R. J. Hall and C. J. Hitch, "Price Theory and Business Behavior," *Oxford Economic Papers*, No. 2 (May, 1939), pp. 12–45；莱斯特的文章《工资—就业问题边际分析的缺点》，见本文脚注⑬；戈登的文章，见本文脚注⑬。要了解对问卷方法的详细批评，见马克卢普的文章《边际分析与经验研究》，见本文脚注⑬，特别是第二部分。

商业人士的实际市场行为(他们做了什么,而不是他们说他们做了什么)与被批评的假说的含义一致的证据;另一方面,人们也极少(即便有过)提出与另一种假说的含义一致的证据。

32　　　一种理论或是它的"假设条件"不可能在直接描述的意义上是完全"真实"的,而"真实性"这个词在直接描述的意义上用得非常多。一种完全"真实"的小麦市场的理论,不仅必须包括对小麦供需情况的直接描述,而且还要包括:用于交易的货币种类或信贷工具;小麦交易商的个人特征,如每个交易商头发和眼睛的颜色、他的前辈和受过的教育,他家庭成员的人数以及他们的特征、前辈、所受教育,等等;种植小麦的那块地的情况,它的物理和化学特性,小麦生长季节的普遍天气情况;种小麦的农民的个人特征,还有最终使用小麦的消费者的特征;等等,无穷无尽。任何打算走这么远以达到这种"真实性"的企图,肯定会使一种理论全无用处。

当然啦,"完全真实的理论"这一说法在一定意义上只是个稻草人。没有哪位理论批评家会把这种极端逻辑当作自己的目标。他会说,受到批评的这种理论的"假设条件""太"不真实了,而他的目标是提出一套"比较"真实的假设条件,虽然不是完完全全的、依样画葫芦般的真实。但是,只要以"真实性"为标准的检验是对

我并不想暗示说,对商业人士或其他人有关影响他们行为的动机或信仰的问卷研究,在经济学中全都是毫无用处的。在提供线索以继续说明预测结果与观察到的结果之间的分歧时,也就是说,在构建新的假说或修正旧的假说时,问卷调查是极有价值的。但是,无论它们在这方面所说的价值是什么,对我而言,它们看来是毫无用处,因为我要的是检验经济学假说有效性的工具。见我对哈特的文章《流动性与不确定性》的评论(Comment on Albert G. Hart's paper, "Liquidity and Uncertainty," *American Economic Review*, XXXIX (May, 1949), pp. 198—199)。

这些"假设条件"的直接觉察到的精确描述——比如说,观察到的现象是"商业人士看起来不像边际理论描述的那么贪财、那么有活力、那么有逻辑性",[23]或者是,"在现有条件下,要让一个有着多工艺流程的工厂的管理人员……在每个生产要素上都弄清边际成本和边际收益,并使二者相等,那是绝对办不到的"[24]——那就不存在做这种区分的基础,也就是说,无法在未到达上一段所描述的稻草人的地方停下来。用以判断对真实性的某次背离是否可以接受的标准是什么呢?为什么在分析商业行为时,忽略商业人士的成本大小会比忽略他们眼睛的颜色更"不真实"呢?明确的答案是,成本大小比他们眼睛的颜色更能造成商业行为的不同。但是,仅靠观察商业人士确实有大小不同的成本和不同颜色的眼睛,没有办法知道这一点。十分清楚的是,只有通过比较,考虑到这个或那个因素对实际行为和预测行为之间影响的差异时,才能知道这一点。因此,就连最极端的拥护真实假设条件的人,在把另外的假设条件按真实程度的大小分类时,也必定被迫放弃他们自己的标准,而接受根据预测进行的检验。[25]

33

---

[23]　Oliver, *op. cit.*, p. 382.

[24]　Lester, "Shortcomings of Marginal Analysis for Wage-Employment Problems," *op. cit.*, p. 75.

[25]　举例来说,戈登对"假设条件"的直接考察导致他得出了另一个假说,这个假说,一般来说,得到了"收益最大化"假说的批评人士支持。这个假说是这么说的:"在某种'正常'水平的产出下,有一种以平均总成本为基础定价的不可抗拒的趋势。这是商业人士和会计师使用的准绳、捷径,而他们的目的更多的是为了赚到令人满意的利润和保证安全,而不是使利润最大化。"(见本文脚注[13],第275页)然而,他后来说的话基本上放弃了这个假说,或者说把它变成了一种同义反复,而且在这个过程中暗中接受了根据预测进行的检验。他说的是:"全部成本和令人满意的利润可以一直是目标,甚至在总成本略减以应付竞争或略超以利用卖方市场时,也一样。"(见前引文出处,第284页)在这里,"不可抗拒的趋势"到哪儿去了?什么样的证据可以反驳这一说法呢?

介于描述的精确性与分析的相关性之间的根本性混淆,是产生大多数经济理论批判的基础(其理由是,经济理论的假设条件不真实)。这一根本性的混淆以及导致这种混乱的那些观点的貌似有理,都在一篇关于商业周期理论的文章中得到了充分说明。这篇文章中有这样一句似乎无害的评论:"经济现象复杂多变,所以,任何一种能密切结合实际的全面的商业周期理论必定是十分复杂的。"㉖一个基本的科学假说是,表面现象都带有欺骗性,而且总会有一种办法能够看到、解读或组织证据,从而揭示出表面上毫无联系的多种现象是一个更基本的而且相对简单的结构的表现。对这一假说的检验,正如对任何其他假说的检验一样,是它的成果,是看科学迄今为止取得的巨大成就。要是某类"经济现象"看起来复杂多变,我们必须假设,那是因为我们还没有适当的理论去解释它。我们不能把已知事实放在一边;而把"密切结合实际"的理论放在另一边。理论是我们理解"事实"的方法;没有理论,我们就无法理解"事实"。任何说"经济现象是复杂多变的"的主张都否认知识的暂时状态,殊不知单单这种暂时状态就使科学活动具有意义;上述主张与约翰·斯图尔特·穆勒的以下荒谬说法别无二致。穆勒宣称:"令人高兴的是,在价值法则中没剩下什么东西,需要目前[1848年]的和今后的著作者去澄清了。这个问题的理论已经圆满无缺了。"㉗

描述的精确性与分析的相关性之间的混淆,不仅导致了人们

㉖ Sidney S. Alexander, "Issues of Business Cycle Theory Raised by Mr. Hicks," *American Economic Review*, XLI (December, 1951), p. 872.

㉗ *Principles of Political Economy* (Ashley ed.; Longmans, Green & Co., 1929), p. 436.

以大量不相干的批判经济理论在大都无关的理由下被批判，而且导致了对经济理论的误解，并误导一些人致力于纠正经济理论的所谓缺陷。由经济学家提出的抽象模型中的"理想类型"，一直被看作严格的描述性范畴，旨在直接而全面地对应于现实世界中的实体，而与抽象模型所要达到的目的无关。两者之间的明显差异，已经导致了想要在全面描述性的范畴的基础之上构建理论的尝试无可避免的失败。

　　这种倾向大概可以从对"完全竞争"和"垄断"这两个概念的解读，以及"垄断竞争"或"不完全竞争"的理论发展得到最清楚的详细说明。据说，是马歇尔提出了"完全竞争"，也许曾经有过完全竞争吧。但是，现在显然没有了，因此，我们必须抛弃他的理论。我徒劳地预测，读者可以花费大量时间不辞劳苦地在马歇尔的著作中搜寻，但是我预言，很难找到任何有关完全竞争的明确假设，或是任何这样的说法：从描述性意义上说的，这个世界是由无数原子式小企业构成的，它们在从事完全竞争。相反，他会看到马歇尔这样的话："一端是世界市场，全球各地来的人在这里进行直接竞争；另一端是封闭市场，远道而来的所有直接竞争在这里均被排除在外，尽管即使是在这些市场中，也可以感觉到间接的和传导性的竞争；处于这两个极端之间的，是经济学家和企业人士必须研究的占绝大多数的市场。"⑳马歇尔接受了这个世界的本来面目，他试图建造一个分析这个世界的"引擎"，而不是对它进行照相式的复制。

　　在按照世界的本来面目分析这个世界时，马歇尔构建了一个

⑳　*Principles*, p. 329; see also pp. 35, 100, 341, 347, 375, 546.

假说:在许多问题上,企业可以按类分成"产业"(industries),这样,在每个产业之中,企业之间的相同之处远比它们的不同之处更重要。这些问题中的重要元素是,某些刺激因素会以同样的方式影响一批企业,比如说,在它们的产品需求或是生产要素供给方面出现了共同的变化。但这种情况不会出现在所有问题上:这个元素对于这些问题是重要的,但对于某些企业可能影响甚微。

对应于这一假说的抽象模型包含了两类"理想"企业:一类是,组织成各产业的原子式竞争企业,还有一类是垄断企业。在所有其他企业的价格既定的情况下,如果对于某个价格和全部产出品,一个企业产出品的需求曲线相对于其自己的价格具有无限弹性,该企业就是竞争性企业。这个企业归属于一个"产业",产业的定义是生产单一"产品"的一批企业。"产品"的定义是,对于购买者具有完全替代性的一大堆单位物品,这样,对于某个价格和某些产出品,一个企业产出品的需求弹性,相对于在同一产业中另一个企业的价格,就是无限的。如果一个企业产出品的需求曲线在某个价格上对于所有产出品不具有无限的弹性,该企业就是垄断企业。㉙ 如果这个企业是垄断的,该企业就是一个产业。㉚

像以往一样,整个这个假说不仅由这个抽象模型和它的理想
36　类型构成,还有一套规则(大都由一些事例提示或暗示),以确定实

㉙　这个理想类型又可以分成两类:寡头垄断企业(其产出品的需求曲线在某个价格上对某些但不是全部产出品具有无限弹性)和严格意义上的垄断企业(其需求曲线在任何情况下都不具有无限弹性,除非产出为零)。

㉚　对于前一个脚注中的寡头垄断,一个产业可以定义为生产同一种产品的一批企业。

际的企业属于哪个理想类型,并把企业划分为不同的产业。理想
类型不是打算用来描述的,而是用来分离出对于某个问题至关重
要的特征的。即便我们可以直接而且准确地估计出一个企业的产
品的需求曲线,我们也不可能根据这一需求曲线是不是具有无限
弹性立刻就把这个企业分类为完全竞争企业或是垄断企业。观察
到的需求曲线绝不会是完全水平的,因此,估计出的弹性总是有限
的。由此产生的问题永远是,弹性是否"足够"大,从而能被看作是
无限的。但是,这个问题无法仅用弹性数值本身就能一劳永逸地
回答,就像我们不能断然说,每平方英寸 15 磅的气压,在使用 $s = \frac{1}{2}g t^2$ 这一公式时,是否"足够"接近于零。同样,我们不能计算出
需求的交叉弹性,然后,根据"在需求的交叉弹性中有一个巨大差
距(substantial gap)"把企业分类归入不同产业中。正如马歇尔所
说:"区分不同商品[即不同产业]之间的分界线应该划在哪里的问
题,必须从便于特定讨论的角度来解决。"[31]一切都取决于所讨论
的问题。同一个企业在一个问题上被看作是完全竞争者,在另一
个问题上被看作是垄断者,这并不矛盾,就像同一个粉笔记号在一
个问题上可以看作是欧几里得线,在第二个问题上可以看作是欧
几里得面,而在第三个问题上可以看作是欧几里得体那样。需求
弹性和交叉弹性的大小,生产物理性质相似产品的企业的数量,等
等,全都是相关的,因为它们可能是一些变量,可用于限定某个问
题中理想实体和实际实体之间的对应关系,并规定该理论在其中

---

[31] *Principles* , p. 100.

能够充分适用的环境。但它们并不能"一锤定音",把企业永久性地划分为竞争企业或垄断企业。

　　有个例子可以帮助澄清这一点。设想这样一个问题:要确定37联邦香烟税的增加(预期是永久性的)对香烟零售价格所产生影响。我冒昧预测说,要想取得广泛正确的结果,就得把香烟生产企业视为它们好像是在生产同一种产品,并处于完全竞争中。当然,在这样的案例中,"必须做出某种约定":多少盒"切斯特菲尔德"牌香烟"能抵得上"一盒"万宝路"牌香烟。②

　　另一方面,"香烟生产企业会好像是在完全竞争条件下行为"的这一假说,对于它们在第二次世界大战中对价格管制的反应会是个误导,而这一点无疑在价格管制实行之前就已经被意识到了。香烟生产企业的成本在战争期间肯定上升了。在这种情况下,如果先前的价格不变,完全竞争者就会削减销售数量。但是,按这个价格,战争期间增加了收入的公众大概会增加需求量。因此,在完全竞争条件下,严格坚守法定价格不仅会导致"短缺",即需求量超过供应量,而且会使香烟的生产量绝对下降。事实反驳了这一特定:香烟生产企业较为严格地坚守了香烟的最高限价,而且产量大幅增加。成本增加这一共同力量,大概没有每个企业想要保住自己的市场份额、维护自己品牌的价值和声誉的愿望这一破坏性力量来得强烈,特别是当超额利润税将广告宣传这类成本中的一大部分转嫁给了政府时,更是如此。因此,在这个问题上,不能把香烟生产企业视为**好像**是完全竞争者。

---

　　② 引用的部分同前。

小麦种植业常常被用来作为完全竞争的例子。然而,尽管在某些问题上,认为香烟生产者就好像他们组成了一个完全竞争性产业是适当的,但是在某些问题上,把小麦生产者当作完全竞争者却是不适当的。比如说,如果问题是当地仓储经营者为小麦支付差别价格,把小麦生产者当作完全竞争者就是不适当的。

在解决这类问题(即共同刺激因素影响了一批企业,而且这些企业可以视为**好像是**完全竞争者)时,马歇尔的办法恰好变得最为有用了。这是那个错误概念(马歇尔在某种描述性意义上"假设了"完全竞争)的根源。要是有一个比马歇尔的理论更为一般的理论,一个能够同时涵盖以下这两种情况的理论就好了。一种情况是,产品的差异化或数量的稀少,会造成本质的差别,而另一种情况是不会造成本质差别。这样一种理论将使我们可以处理我们现在无法处理的问题,此外,还能便于我们确定这种简单理论适用的环境的范围,即在哪些情况下可以认为它足够好地近似于现实世界。要能起到这种作用,这个更一般的理论必须有内容和实质;而且必须使其含义能够经受经验的检验,并具有实用性(substantive interest)和重要性。

由张伯伦和罗宾逊提出的不完全竞争理论或垄断理论,就是想要建立这类一般理论的一个尝试。[33] 遗憾的是,该理论不具有可以使之成为真正有用的一般理论的属性,其贡献在很大程度上仅限于:改进了对个别企业经济学的论述,并由此导出了马歇尔模

---

[33]　E. H. Chamberlin, *The Theory of Monopolistic Competition* (6th ed. ; Cambridge: Harvard University Press, 1950); Joan Robinson, *The Economics of Imperfect Competition* (London: Macmillan & Co., 1933).

型的含义,精炼了马歇尔的垄断分析,并丰富了可以用来描述产业经验的词汇。

该理论在处理或者说没办法处理涉及成批企业(即马歇尔的"产业")的问题时,其缺陷暴露得最清楚。只要人们坚持认为产品的差异化是最基本的(而且该理论的显著特点就是它的确坚持这一点),"生产一种同样产品"的产业的定义就不可能得到使用。根据产品差异化的定义,每个企业都是一个独立的产业。用"接近的"替代物或交叉弹性中的"巨大的"差距下定义回避了这个问题,在抽象模型中使用了模糊的和不确定的说法,而抽象模型中本没有这些说法的位置,因此让这一理论在分析上变得毫无意义——"接近的"和"巨大的"这些词与"有点儿"气压别无二致。[34] 在一个地方,张伯伦暗中把产业定义为一批有着同样成本和需求曲线的企业。[35] 但是如上所述,只要产品的差异化像他所宣称的那样是最基本的,而且不能被置之不理,那么,这个定义在逻辑上也是毫无意义的。要是有人说"生产推土机的一家企业与生产发卡的一家企业有着同样的成本和需求曲线",那是什么意思呢?[36] 而且,

39

---

[34] 要了解近期按照这些线索对市场关系进行严格分类的尝试,见毕晓普的文章《弹性、交叉弹性与市场关系》(R. L. Bishop, "Elasticities, Cross-elasticities, and Market Relationships," *American Economic Review*, XLII (December, 1952), pp. 779—803)。尽管该文有独创性而且所做的分析也细致入微,但在我看来,其结果却实难令人满意。它基本上是依赖于把一些数字划分为"大"数字或"小"数字,却根本没有讨论如何确定某个数字是"大"还是"小",当然啦,在纯粹抽象的层面上,是无法做此种讨论的。

[35] 见脚注[33],第82页。

[36] 总会有量的变化会使成本曲线或需求曲线变为同样的曲线;但是,这个变化不必是线性的。在这种情况下,这个变化会涉及不同产出水平下一种产品按单位大小不同的单位。未必存在量的变化会使这一对曲线都变为同样的曲线。

要是说这对于推土机和发卡没有意义,那么,只要坚持认为两个品牌的牙刷区别具有根本的重要性,这对于这两个牌子的牙刷也没有意义。

垄断竞争理论没有为产业分析提供任何工具,所以在一端的企业与另一端的一般均衡之间没有停顿之地。[37] 因此,它没有办法对许多重要问题的分析做出贡献:一端太窄,容不下太大的实用性;另一端太宽,无法做出有意义的概括。[38]

六、结　论

作为一种实证科学的经济学,是一个暂时得到公认的有关经济现象的概括体系,它可以被用来对情况变化的后果做出预测。然而,在扩大这一概括体系,增强我们对其有效性的信心,改善其预测的精确性等方面的进步,却不仅受阻于人的能力的有限性(这阻碍了对所有知识的探求),而且受阻于一般对社会科学而言,尤其是对经济学,特别重要的一些障碍,尽管这并不是说,这些障碍只针对着社会科学和经济学。人们非常熟悉经济学涉及的内容,因而也就轻视这方面的专门知识。经济学涉及的内容对于日常生活和公共政策中的主要问题很重要,这阻碍了人们采取客观态度,

40

---

[37]　见罗伯特·特里芬著《垄断竞争与一般均衡理论》(Robert Triffin, *Monopolistic Competition and General Equilibrium Theory* (Cambridge: Harvard University Press, 1940)),特别是其中的第 188—189 页。

[38]　要了解详细的批判,见施蒂格勒的文章《垄断竞争回顾》(George J. Stigler, "Monopolistic Competition in Retrospect," in *Five Lectures on Economic Problems* (London: Macmillan & Co., 1949), pp. 12—24)。

导致了科学分析与规范判断之间的混淆。由于不得不依靠不可控制的经验(而不是可控制的实验)它难以拿出引人注目的和清晰的证据,说明接受这些暂时假说是合理的。依靠不可控制的经验不会影响到那个根本的方法论原则(即一个假说只能用其含义或预测与观察到的现象的一致性来检验),但因此而确实使检验假说的任务更加难以完成了,并使涉及的方法论原则陷入了更大范围的混乱之中。与其他科学家相比,社会科学家对自己的方法论必须有更强烈的自我意识。

　　一种特别普遍而且危害甚大的混淆,是对于经济分析中"假设条件"作用的糊涂认识。一个有意义的科学假说或理论通常主张,在理解某类现象时,有些力量重要,而另一些力量不重要。在提出这样一个假说时,方便的表述方式常常这样说:该假说想要预测的那些现象在所观察的世界中的行为,就**好像**是出现在一个假说的和高度简化的世界里一样(这个世界中只包含该假说认为是重要的力量)。一般来说,做这样一种描述的方法不止一种,也就是说,可以根据不止一套"假设条件"提出这一理论。要在这类不同假设条件之间做出选择,依据的原则一是能简便、清晰和准确地表述该
41　假说;二是能拿出间接证据,表明该假说有效性的一些含义,可以方便地用观察结果来检验,或是显示出该假说与研究有关现象的其他假说的联系,以此证明该假说的有效性;以及类似的其他考虑。

　　检验这样的理论,不能用"假设条件"与"现实"做比较的方法。其实,这么做毫无意义。完完全全的"真实"显然是无法做到的,而要解决一种理论是否足够"真实"的问题,只能是看它做的预测是否对于所要达到的目的来说足够好,或是否好于别的理论做出的

预测。然而，"一种理论可以用其假设条件的真实性来检验，而不是用其预测的精确性来检验"这样的认识普遍存在，而且成了经济理论长期被批评为不符合现实的根源。这类批评大都离题千里，因而大多数由这种批评促成的改革经济理论的尝试也都不成功。

当然，对经济理论有那么多不着边际的批评，并不意味着对现存的经济理论就该非常有信心。这些批评可能脱靶了，但需要批评的靶子可能还在。当然，从通常的意义上说，显然有应该批评的地方。任何理论必定都是暂时的，必然会随着知识的进步而改变。如果不只是说说这种老生常谈的话，那就必须具体谈谈"现有经济理论"的内容，并区分其不同分支。经济理论的某些部分显然享有更多的可信度，而其他部分则另当别论。全面评价实证经济学的现存状态，对证明其有效性的证据进行汇总，并对其每个部分享有的相对可信度加以评估，如有可能，显然是一篇专题论文或是一系列专题论文的任务，而非一篇有关方法论的短文所能完成。

这里所能做的，只是粗略地表达我的个人观点。现有的相对价格理论，旨在说明资源在不同目的之间的配置，以及产品在相互配合的资源之间的分配，并在马歇尔的《经济学原理》中就几乎呈现出了现在的形式。在我看来，这种价格理论在以西方国家为特征的那种经济制度中极富成果，且可信度甚高。尽管出现了相当多的争议，但是现有的静态货币理论也是这样。静态货币理论旨在说明绝对价格、总产出和整个经济中其他变量的结构性的和长期的水平，而且已经有了一种货币数量论作为其基本内核，经历了从大卫·休谟到剑桥学派，再到欧文·费雪和约翰·梅纳德·凯恩斯的一系列重大演变。在我看来，目前经济理论最薄弱的也是

42

最令人不满意的部分在于货币的动态分析。货币的动态分析关注的是经济整体对情况变化的适应过程，以及对总体活动中的短期波动问题。在这个领域中，我们甚至还没有一种理论能被适当地称之为现有的动态货币理论。

当然，即便是在相对价格理论和静态货币理论中，也还有可以扩展范围和改进现有理论精确性的巨大空间。尤其是，过于强调"假设条件"的描述真实性，已经致使人们忽视了一个极为重要的问题，就是确定各种假说的有效性的限度，而这些假说共同构成了这些领域中的现有经济理论。对应于这些假说的抽象模型已经得到了非常详细的论述，在严格性和精确方面也有了很大改进。有关我们经济制度的特征及其运行的描述性资料，已经积累到了前所未有的规模。这些都大有裨益。但是，如果我们要想有效利用这些抽象模型和这种描述性材料，我们就必须通过比较，探索出一些标准，以确定：哪个抽象模型能最好地适用于某种问题，这个抽象模型中的哪些实体可以被看作是与可观察到的实体同一的，所研究的问题或情况的哪些特征会最大地影响某个模型或理论产生的预测的精确性。

实证经济学的进步将不仅需要对现有假说进行检验和详述，还需要建立新的假说。在这个问题上，形式层面上的东西没有什么好说的。建立假说是个创造性的活动，需要灵感、直觉和发明；其本质是在熟悉的材料中看到新东西的洞察力。这个创造过程肯定要在心理学而不是逻辑学的分类中进行讨论；需要研究自传和传记，而不是研究有关科学方法的专题论文；需要借助于格言警句和实例，而不是三段论法和定理，来促进和加速这一过程。

第 二 编

价格理论

马歇尔的需求曲线 *

艾尔弗雷德·马歇尔的需求理论惊人地成了其"没有耐心做严格定义,以及过分让内容来解释其真实意思的倾向"[①]的范例。需求曲线这个概念,作为某种商品的数量与价格之间的函数关系,在《经济学原理》中反复而明确地做了说明:在正文中以文字说明,在脚注中以平面曲线说明,在数学附录中以符号形式说明。但是,他却从来没有明确给出一个需求曲线的完整定义。这个定义尤其应该包括对两种变量的阐述,一种是被认为对应曲线上的各点完全一样的变量,另一种是可以允许变化的变量。读者必须从一般的和含糊的陈述中、从补充说明的话语中、从本意并非要做详尽论述的事例中以及附录里简明的数学注释中,去推导出"其他情况不

* 重印自《政治经济学杂志》(*Journal of Political Economy*,LVII(December,1949),pp. 463—495)。

我对 A. F. 伯恩斯、阿伦·迪雷克托、C. W. 吉尔博、H. 格雷格·刘易斯、A. R. 普里斯特、D. H. 罗伯特森、G. J. 施蒂格勒很有帮助的批评和建议深表谢忱,尤其要对雅各布·瓦伊纳表示感谢,因为我从瓦伊纳开设的经济理论课上对需求曲线所做的鞭辟入里的讨论中,得出了本文的一些中心思想,甚至是一些细节。在这里,俗套的说法是:"没有人对这里表述的观点负有责任",这特别适用于本文,因为在我先前提出本文的一份简要草稿时,大多数人都不同意我对马歇尔的解读。

① C. W. Guillebaud, "The Evolution of Marshall's *Principles of Economics*," *Economic Journal*, LII (December, 1942), p. 333.

变"(ceteris paribus)的内容。

从马歇尔所做分析中需求曲线的重要性来看,自然应该有别的经济学家建立起严格的定义,来填补马歇尔留下的空白。这在先前的某一天出现了,而且显然是对马歇尔所做论述无可争议的解读。由此产生的这个需求曲线的定义,现在已经到了这种地步,它成了目前经济理论中本质的一部分,而且被公认为是马歇尔自己的定义,以至于"马歇尔本人没有给出明确严格定义"的说法,可能会使大多数读者感到震惊。

然而,为什么是这种解读得到了发展,为什么是这种解读得到了如此没有争议的认可,却是个需要做出解释的令人疑惑的事情。目前公认的这种解读只能是一个自由主义者(而且我认为是个做作的自由主义者)阅读马歇尔的著述得出的马歇尔的意思,而且这种公认暗示地表明了他在逻辑上的不一致和他在需求理论基础层面上的数学错误。更重要的是,对需求曲线的另一种解读(照字面上阅读马歇尔的著述得到的),不仅使他论述需求理论的原创性著作彻底摆脱了逻辑上的不一致和数学错误,而且在分析大多数经济问题时更为有用。

本文的第一节提供了对需求曲线的这两种解读,并对这两种解读进行了详细比较;第二节说的是,在我的解读之上建立的需求曲线,对于分析实际问题更有用,无论别人对这种马歇尔解读的正确性如何评论;第三节证明了,我的解读与马歇尔的货币理论是一致的,与他论述消费者剩余的著作也是一致的;第四节提出了对我的解读的正确性的原文证据。最后,第五节说的是,需求曲线解读上出现的变化,反映了分配给经济理论的作用的相应变化。

第一节　对马歇尔需求曲线的不同解读

一个特定群体(作为一个特例,这可以是单个个人)对一种特定商品的需求曲线,表明了这个群体在单位时间内在每一价格上能够购买该商品的数量(严格地说,是最大数量)。至此,没有疑问提出,定义的这个部分在马歇尔的书里是明确的,在我们讨论的两种解读中也是共有的。解读中的问题出现在通常附着在这个定义上的,"其他情况不变"这一短语上。

首先,应该指出,这个短语中的"不变"并不意味着"长期不变"。需求曲线上的点是一些不同的可能性,不是按时间排列的数量与价格的组合。"不变"说的是"对于曲线上的所有点都不变";不同的点代表着不同的数量与价格,但"其他情况"不变。[②]　其次,不能认为,"所有"其他情况不变一点也不会阉割这个概念。比如说,如果假设(a)购买所有商品的货币总支出,(b)除了正在讨论的商品之外,每种商品的价格,还有(c)购买每个其他商品的数量是不变的,那么,简单计算一下就会知道,用于购买正在讨论的这种商品的货币支出数量,在所有价格上必定会是相同的,因而需求

49

[②]　当然,当统计的时间序列中的相互关系被看作是对需求曲线的估计时,这个假定就是,"其他情况"长期大致保持不变,或者是,允许其中有适当变化。同理,当跨部门数据中的相互关系被看作是对需求曲线的估计时,这个假定就是,"其他情况"对于特异单位大致一样,或者是,允许其中有适当差别。在这两种情况下,估计的问题都应该明确与被评估的理论模型区分开来。

曲线在任何地方都会具有单位弹性(unit elasticity)。③ 对这个"其他情况"的不同规定将产生不同的需求曲线。比如说,在"其他情况"的列表中不包括 b,将得到一条需求曲线;如果不包括 c,则会得到完全不同的另一条需求曲线。

A. 目前的解读

目前对马歇尔需求曲线的解读,在"其他情况"的列表中明确地包括:(1)购买人群的品味和偏好、(2)他们的货币收入以及(3)每种其他商品的价格。其他商品的数量被明确地看作是在需求曲线上的不同点上是有差异的,而且还忽略了其他变量。④

50

---

③　然而,西德尼·温特劳布不仅说,马歇尔是有意让 a,b,c 同时都不变,而且还说:"显然,马歇尔的假设条件意味着,在我们考察的市场中有一个需求的单位弹性,而且在其他地方没有派生物。这就是马歇尔采用这一概念的原因。"(《需求曲线的基础》("The Foundations of the Demand Curve," *American Economic Review*, XXXII [September, 1942], pp.538－552),引证摘自第 541 页脚注⑫。)温特劳布甚至给 a,b,c,添加了不变的品味和偏好这个条件,说品味方面的变化会使需求曲线移动。显然,a,b 和 c,合在一起并没有给品味和偏好留下余地,或者说,其实除了简单的算术,没有给任何东西留下余地。

④　马歇尔的追随者以这种方式给需求曲线下的明确定义,时间至少可以追溯至 1894 年(见埃奇沃思的文章《需求曲线》(F. Y. Edgeworth, "Demand Curves", [art.], *Palgrave's Dictionary of Political Economy*, ed. Henry Higgs [rev. ed.; London: Macmillan & Co., 1926]))。埃奇沃思的文章显然在这本 1894 年问世的第一版上就有了。尽管埃奇沃思没有明确地把这种解读归结为马歇尔的意思,但是从上下文中可以看出,他显然是在谈马歇尔的需求曲线,而且他也不认为他的说法与马歇尔的《经济学原理》有什么不一致。虽然希克斯在《价值与资本》(J. R. Hicks, *Value and Capital* (Oxford, 1939))一书中并没有明确列出"其他情况"都包括什么,但上面给出的列表在第一、二章的全文中都有暗示,而这两章显然是专门用来详细论述和扩充马歇尔的需求分析的。要了解现代教科书中对高级经济学理论的陈述,见施蒂格勒的《价格理论》(G. J. Stigler, *The Theory of Price* (New York: Macmillan Co., 1946), pp.86－90)

关于这种解读，很清楚的是，尽管货币收入对于需求曲线上的各点是相同的，实际收入却是不同的。以正在讨论的商品两个价格中较低的那个价格为例，不减少购买其他商品的数量，也能买到更多这种商品。因此，价格越低，实际收入越高。

B. 另一种解读

我认为，从马歇尔著作中的字面意义和精神来看，更为可信的是在"其他情况"的列表中包括（1）购买人群的品味和偏好、（2）他们的实际收入以及（3）每一关系相近商品的价格。

依据为使需求曲线上不同点的实际收入保持不变所使用的工具，这一解读可以分为两个变体。一个变体是马歇尔在《经济学原理》的正文中使用的，由用（2a）他们的货币收入和（2b）"货币的购买力"替代"（2）他们的实际收入"获得。"货币的购买力"对于正在讨论商品的不同价格是恒定不变的，这就是说，有些或所有其他商品的价格有补偿变化（compensating variations）。其实，如果正在讨论的商品在总开支中所占比例甚微，可以忽略不计的话，这些变化也将被忽略。但是不应该漠视这些变化的存在，不仅是因为经验方面的考虑必须明显区别于逻辑方面的考虑，而且因为，需求曲线不必仅限于在这类商品上使用。实际上，在这个变体中，所有商品被分为三组：（a）正在讨论的商品、（b）关系近的商品以及（c）所有其他商品。在 b 组中每一商品的绝对价格对于需求曲线上各个

51

和博尔丁的《经济分析》(Kenneth E. Boulding, *Economic Analysis* (rev. ed. ; New York: Harper & Bros. , 1948), pp. 134－135)。

不同的点应该是一样的;只有对 c 组才考虑使用"平均价格"或价格指数;而且应该认为,它会随 a 组的价格下降或上升而上升或下降,以使"货币购买力"保持不变。

另一个变体是马歇尔在《经济学原理》的数学附录中使用的,由保留(2)"他们的实际收入"和加上(4)所有其他商品的平均价格获得。此时,实际收入对于正在讨论商品的不同价格是恒定不变的,这意味着,货币收入有了补偿变化。当正在讨论的这一商品的价格上升或下降时,货币收入也应该上升或下降,以保持实际收入不变。

这两个变体在数学上基本上是等价的,[5]但是,其他价格的补

---

⑤　设 x 和 y 分别代表正在讨论的商品的数量和价格;x' 和 y' 代表由所有其他商品构成的一个商品组合的数量和价格;m 代表货币收入。设

$$x = g(y, y', m, u) \tag{1}$$

为正在讨论的商品的需求曲线,给定一个效用函数,

$$U = U(x, x', u), \tag{2}$$

其中,u 是一个允许品味变化的参数,并服从于条件

$$xy + x'y' = m. \tag{3}$$

从方程式(3)和通常的效用分析可以知道,方程式(1)像(3)一样,也是一个以 y、y',和 m 表示的零度齐次函数;也就是说,

$$g(\lambda y, \lambda y', \lambda m) = g(y, y', m). \tag{4}$$

在目前的解读中,赋予 y'(其他价格)、m(收入)和 u(品味)以固定值,便可直接由方程式(1)得到一个二维需求曲线。于是,y 的一个给定值就意味着从方程式(1)得出的 x 的一个给定值,从方程式(3)得出的一个 x' 的给定值,因此还有从方程式(2)得出的 U(即,实际收入)的一个给定值。U 的值将会随 y 而变动,y 高或低时,U 也高或低。

在我的另一种解读中,u 和 U 被赋予固定值,x' 由方程式(2)和(3)估计得出,这样给出了一对方程式,

$$x = g(y, y', m, u_0), \tag{5}$$

$$U_0 = U_0 \left(x, \frac{m - xy}{y'}, u_0 \right), \tag{6}$$

其中下标0可以赋予固定值。取消方程式(5)和(6)中的 y',并给 m 一个固定值,就得

偿变化这个假设条件,较易于用语言表达,而且可以用货币理论的 52
考虑因素证明在经验上是相关的。这大概就是马歇尔在他的正文
中使用这一变体的缘故。另一方面,收入的补偿变化这个假设条
件,比较便于用数学表达,这大概是马歇尔在其数学附录中使用这
一变体的缘故。

　　在我的解读中,马歇尔的需求曲线与斯卢茨基在其著名的有
关选择理论的论文中使用的一个结构是同样的,即需求数量对于
"价格补偿变化"的反应,也就是对伴随着货币收入补偿变化的价
格变化的反应。⑥斯卢茨基用可以观察到的现象表示货币收入的 53
补偿变化,认为它等于价格变化**乘以**初始价格时的需求数量。莫
萨克已经证明,在这个限度之内,这样计算出的收入变化与(在相
同的无差异曲线上)使个人保持在相同效用水平上所要求的变化

出了包含了其他价格补偿变化的二维变体;取消方程式(5)和(6)中的 m,并给 y' 一个
固定值,就得出了包括收入补偿变化的变体。

　　方程式(5)和(6)以 y、y',和 m 表示的齐次性意味着,x 是一个仅表现它们之间比
率的函数。因此,方程式(5)和(6)可以写成:

$$x = g(y, y', m, u_0) = g(\frac{y}{m}, \frac{y'}{m}, 1, u_0) = g(\frac{y}{y'}, 1, \frac{m}{y'}, u_0), \qquad (5')$$

$$U_0 = U_0(x, \frac{m - xy}{y'}, u_0) = U_0(x, \frac{1 - x\frac{y}{m}}{\frac{y'}{m}}, u_0) = U_0(x, \frac{m}{y'} - x\frac{y}{y'}, u_0). \qquad (6')$$

选择价格补偿变化就等于是选择了方程式(5′)和(6′)中从第二项到最后一项所表示的
这两个方程式;而选择收入补偿变化,就要选择最后一项形式的方程式。

　　⑥　Eugenio Slutsky, "Sulla teoria del bilancio del consumatore," *Giornale degli
economisti*, LI (1951), pp. 1—26, esp. sec. 8. 〔这篇文章的译文现在已经可以从美
国经济学会获得,《价格理论读本》(*Readings in Price Theory* (Chicago: Richard D. Ir-
win, Inc., 1952), pp. 27—56)。〕

是一样的。[7] 因而可以说，类似的说法对于其他价格的补偿变化也是正确的。在这个限度内，当一个人的货币收入不变而一种商品的价格在变化时，要使这个人保持在同一条无差异曲线上，就必须有其他价格的变化。这个变化与要保持以初始价格购买的一篮子商品的总成本不变（也就是说，为了保持常见类型的生活成本指数不变），所必须有的其他价格变化是一样的。

C. 两种解读的比较

在两种解读下建立的需求曲线的关系，由图 1 描述。曲线 Cc 代表了按照目前的解读画出的一个消费者个人对 X 商品的需求曲线。货币收入和其他商品的价格被假设为对于曲线上的所有点是一样的。结果，实际收入在 C 点比在 P 点低，因为，如果这个人想要以 OC 的价格购买 OM 量的 X 商品，他就会被迫减少自己对其他东西的购买。当然，正如画出的曲线所示，他以 OC 的价格买不到 X 商品，便总共花费了 $OHPM$ 购买其他商品。他在 OH 价格上的行为表明，他对于这一购买的评价大大低于他购买 OM 量的 X 商品。纵坐标表示的是 X 的价格与其他商品价格的比。对于需求曲线 Cc，这只是个计量单位的问题，因为其他价格对于曲线上所有的点应该是一样的。

---

[7]　Jacob L. Mosak, "On the Interpretation of the Fundamental Equation of Value Theory," in O. Lange, F. McIntyre, and T. O. Yntema (eds.), *Studies in Mathematical Economics and Econometrics* (Chicago: University of Chicago Press, 1942), pp. 69－74. 特别是其中第 73－74 页的脚注 5，其中包括了由 A. 沃尔德所做的对这一陈述的严格证明。

由需求曲线Cc的定义可知，当这个人的货币收入和其他商品的价格具有如Cc曲线画出的值时，OC显然会是他愿意为X商品 54 的极小初始增量支付的单位最高价格。假设他以OC的价格购买

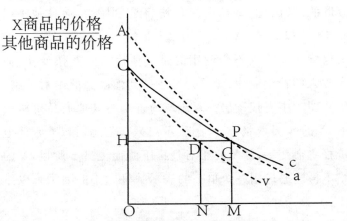

图1 两种解读下建立的需求曲线的比较

这个数量，决定了他愿意为购买一个额外增量支付的每单位最高价格，并不断以这种方式，要求在购买每一额外增量时尽可能达到最大量。让这些连续的每单位最高价格确定曲线Cv。这位消费者在C点显然具有对Cv上每一点同样的实际收入，因为每一个连续单位都让他付出了最高价格，因此，他在这个过程中没有获得效用。

Cv现在是根据我对马歇尔的解读建立的需求曲线。如果假设其他价格是一样的，当X的价格下降时，图中用HCD表示的三角形就给出了当价格为OH时在货币收入方面必然出现的补偿变化：OH是这个人愿意为X的一个额外极小增量付出的每单位最高价格。此时，他从他的最初收入中（比如说，是m）支付$OCDN$购买X

的ON量。但是,当X的价格为OH时,他的收入是($m-HCD$),
而他购买X用了$OHDN$,他的情况就是完全一样的。他还剩有同
55 样数量的钱可以购买所有其他商品,它们的价格是同样的,而他有
了同样数量的X;因此,他的需求价格将是一样的,而且他将以
OH的价格购买ON量的X,而他的收入是($m-HCD$)。[8]

    如果保持实际收入不变使用的是其他价格的补偿变化,而
不是货币收入的补偿变化,无论是X还是其他商品的绝对价格,
都不可以从图1中直接读出。对于X的价格与其他商品价格的
每一比值,X的购买量将在Cv上显示出来。但是,沿Cv的其他
商品的价格将会变动,随X的相对价格下降而上升。所以,X的
绝对价格不再能通过用一个单一的表示数量大小的因子乘以纵

---

    [8]   在脚注 5 的符号中,除了为简化而将u省略外,用任一给定的y值和y'值以及
任一给定的实际收入U_0所能购买的X和X'的数量,可由解下面的联立方程获得:

$$\frac{U_x}{U_{x'}} = \frac{y}{y'}, \tag{1}$$

    和

$$U(x,x') = U_0 \tag{2}$$

其中,U_x和$U_{x'}$分别是U关于x和x'的偏导数,即X或X'的边际效用。解出这些方
程,可以给出根据我对马歇尔的解读,使用货币收入的补偿变化,得出的需求曲线。

    $U_0(0, m/y')$是图形中C点的效用。对于任一X的给定值和y'的给定数量,X'
的购买量可通过解下面的方程得出

$$U(x,x') = U_0(0, \frac{m}{y'}), \tag{3}$$

方程(3)与方程(2)是一样的。为X(在Cv之下的面积)付款的数量是

$$m - x'y'. \tag{4}$$

将为每单位 X 支付的最高价格是方程(4)的导数,或

$$y = -\frac{dx'}{dx}y' = \frac{U_x}{U_{x'}}y', \tag{5}$$

方程(5)与方程(1)是一样的。因而,Cv是根据我对马歇尔的解读建立的一条需求曲
线。

坐标得出。

图 1 是按照 X 是一种"常规"商品的假设条件画出的，也就是说，这是种收入越多，消费量就越大的商品。这是 Cv 被画在 Cc 左边的原因，这表明在 Cv 上的每一点（不是 C 点），实际收入都比在 Cc 上相应的点少，因此，被消费的 X 也会较少。

曲线 Aa 是根据我对马歇尔的解读形成的一条需求曲线，表明在 Cc 上的 P 点，实际收入是相同的。它与 Cv 相似，但实际收入水平较高。对于 OH 以上的价格，Aa 上的实际收入高于 Cc 上的实际收入；对于低于 OH 的价格，Aa 上的实际收入较低。这就是 Aa 对于 OH 以上的价格处于 Cc 右边，而对于 OH 以下的价格处于 Cc 左边的原因。

D. 为什么可能有两种解读

之所以有可能用这两种完全不同的方式解读马歇尔的可能性，一方面是由于马歇尔的阐述含糊不清，另一方面是由于他没有给出精确而严格的定义。然而，一个更根本的原因是，在《经济学原理》的第三版和以后的版本中存在着矛盾。在第三版中，马歇尔插入了一个有关吉芬现象的著名段落。这个同时添加到数学附录中的段落以及一个有关的句子更适于目前的解读，而不适于我的解读。尽管我在《经济学原理》的各种版本中找到的只有这两项，但它们给目前的解读奠定了一定基础，这确是事实。我在本文下面第四节的 5 中，提出了一个假说，用以说明马歇尔为什么在《经济学原理》中插入了这种矛盾。

第二节　两种解读的相对有用性

这两种对需求曲线解读的相对有用性，只能用关于经济理论的作用的某种一般概念进行评估。我将使用奠定了马歇尔著作基础的那一概念，其中主要强调的是实证经济分析，强调锻造出可以相当直接地用于分析实际问题的工具。经济理论对于马歇尔来说是一部"发现具体事实的引擎"。[9]"人的力量是有限的，而几乎每一个自然之谜都是复杂的。他要解谜，每次探究一点，最后，他把用全部渺小力量解出部分谜底的巨大努力，合并成一种解出全部谜底的尝试。"[10]在马歇尔的整个分析结构中，需求与供给概念起着核心作用，马歇尔为此而提出的一条根本理由是进行经验概括，即列举出在所有问题上影响需求的力量和在所有问题上影响供给的力量，从而产生出两个包括极少共同项的列表。对他而言，需求和供给是用来组织材料的两个概念，是一个"分析用的档案盒"（analytical filing box）中的两个标签。为之画出一条需求曲线的"商品"是另一个标签，不是一个词汇，用以描述一种物理实体或技术实体，这个实体要一劳永逸地加以界定，且与要解决的问题完全无关。马歇尔写道：

---

[9]　Alfred Marshall, "The Present Position of Economics" (1885), reprinted in *Memorials of Alfred Marshall*, ed. A. C. Pigou (London: Macmillan & Co., 1925), p. 159.

[10]　Alfred Marshall, "Mechanical and Biological Analogies in Economics" (1898), *ibid.*, p. 314.

区分不同商品的分界线应该划在哪里的问题,必须从便于特定讨论的角度解决。对于某些目的而言,可能最好把中国茶和印度茶,甚至红茶和白毫茶,都看作是不同的商品;并给每一种茶做一个独立的需求表。而对于另外一些目的,可能最好把这些商品看作是一组,以区别于牛羊肉,或者甚至是把茶和咖啡合为一组,列出一张表,以表示对这两种商品合并起来的需求。[①]

A. 关系近的商品与所有其他商品的区别

一个需求函数,把一张严格定义且详尽无遗的商品表中的价格当作自变量包括在内,使它们全都处于同样的基础上,这在很大程度上似乎不适合于这种方法。它对于使人们深切认识到经济现象的相互依赖性,可以是个有用的阐述工具,但它不能成为马歇尔的"发现具体事实的引擎"的部件。处理一个具体问题的分析人员,只能采用对数量有限的因素所做的明确表述,他不可避免地要把与正在直接研究的这种商品关系近的商品同关系远的商品区分开来。他对关系近的每种商品都能给一些关注,但他不能用这种方法来处理关系比较远的商品。他往往会要么不理会它们,要么把它们看作是一组商品。在实际使用中,形式上比较概括的需求曲线将变成按照我对马歇尔的解读产生出的那种需求曲线。

由"其他情况不变"涵盖的那部分马歇尔的档案盒,包括三类

58

---

① 马歇尔著《经济学原理》(Marshall, *Principles of Economics* (8th ed.; London: Macmillan & Co., 1920), p. 100 n)。此后所有提及这本书《经济学原理》的页码,除非特别说明,都指的是这个第八版和最后一版。

完全不同的变量,依它们与另一个变量的关系来区分,而这个变量对某种变化的适应性正处于我们的直接研究之中(即一种商品的价格):(a)被认为既会受到正在研究的变量重大影响,又会反过来影响这个变量的那些变量;(b)被认为即使有影响,正在研究的变量对它们的影响也极小,但它却对这个变量有重大影响的那些变量;(c)剩下的变量,被认为既不会对正在研究的变量有重大影响,也不会受到这一变量的重大影响。

在需求分析中,关系近的商品的价格属于 a 类,它们被一个一个地放入"其他情况不变"的池子中,为进一步研究铺平道路。使它们的价格保持不变是个暂时的步骤。它们肯定不可避免地会受到影响那种正在讨论的商品的任何因素的影响,而分析这种间接影响的最方便的办法是:首先,把这种间接影响与直接影响分离开来,系统地跟踪直接影响对每种关系近的商品产生的影响(repercussions),然后,跟踪对正在研究的这种商品后续的反射影响(reflex influence)。其实,在许多方面,需求曲线本身的作用,一方面是把对正在研究的商品的直接影响分离了出去,同时也是一种有序的方法,用以分析这些间接影响。

"所有其他商品"的平均价格、收入和财富、品味和偏好是 b 组中的变量。主要影响正在讨论的商品的那些因素对于这些变量大概只有可以忽略不计的影响。另一方面,它们中的任何变化都会对那种商品产生重大影响。它们被放入池子中以便把问题分开,分离出要研究的特定反应。它们是被单个地和明确地放入池子中59 的,因为它们太重要了,以至于在任何分析中使用都将必须对它们做出说明。

在"所有其他商品"组中的价格变动,还有一个不知道有多长的其他变量的列表,包括在 c 组中。这些变量是应该被忽略的。它们的数量太大,而且每个又太无关紧要,无法对它们做出分别说明。

为了与马歇尔的分析保持精神上的一致,这种变量的分类应该被看作是说明性的,而不是定义性的。每组中适于被放入哪些特定的变量,要由待解决的问题、可获得的信息数量、结果的具体要求,以及这位分析人员的耐心和资源来决定。

B. 实际收入固定不变

我在上面指出,借助于对于在需求曲线实际分析具体的经济现象,做任何实际分析都将不可避免地采用我对马歇尔解读的一个特点——把剩余商品的列表看作是一个单独的组。由于一些比较敏感的原因,这种分析也会采用我对马歇尔解读的第二个特点——沿需求曲线的实际收入保持不变。从根据目前的解读建立的需求曲线开始,一个分析要是能始终保持内部的一致性,人们就会发现,这个需求曲线实际上已经因未能使沿需求曲线的实际收入保持不变而出现了移动。

有个例子能说明这种情况是如何出现的。假设政府给 X 商品的生产商每单位产量一笔固定数额的补贴,资金来源于一项一般的所得税,因此可支出的货币收入(即税的纯收缴额和补贴总额相抵)没有改变。为了简化,设:第一,没有哪种商品与 X 的关系近,无论是作为竞争对手,还是作为补充,因此,X 与其他特定商品在消费中的相互关系可以忽略不计;第二,这笔税由相同纳税等

级中的个人支付,这些人有着相同的消费模式,是能从这笔补贴中
60 受益的人群,因此,由收入分配改变引起的复杂关系可以忽略不
计;第三,没有闲置资源。令图 2 中的 DD 为 X 的一条需求曲线,
SS 为 X 的初始供给曲线,并令它们最初的交点位置,P 点,是个
全面均衡的位置。补贴的作用是要使供给曲线降低到 $S'S'$。由
于我们已经通过与其他市场的消费关系,以及通过货币收入水平
或分配的变化,排除了反响,期望这条新供给曲线与原需求曲线的
交点,P' 点,本身将是个全面均衡的位置(包括 X 的较低价格和较
多数量),就是合理的。然而,如果按目前的解读建立需求曲线,而
且如果这条供给曲线不是完全没有弹性,[12] P' 点就不是全面均衡

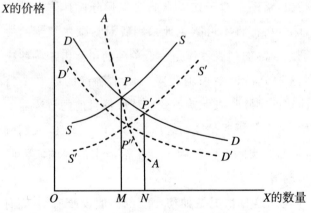

图 2　补贴作用的图形分析

的位置。设 DD 具有单位弹性,使在 P' 点和 P 点为 X 的花费数量

---

[12]　如果它完全没有弹性,X 的价格和数量都不会改变,这样,新的均衡位置就会
与旧的重合;但是,无论是按照目前的解读还是按照我的解读,这条需求曲线都将通过
最初的均衡位置;因此在它们之上两点重合为一点的现象是有关的。

相同,最容易看清这一点。那么,这个相同数量也会花费在所有其他商品上,而且,由于在目前的解读上,这些商品的价格对于DD 61线上的所有的点都是相同的,对它们中每一商品的需求量也将是相同的。不过,生产X的额外数量MN的资源从哪里来呢? 显然,我们的假设条件存在着内在的不一致。只能把生产其他商品的资源拿过来,在这个过程中提高它们的价格并减少它们的产量,才能生产出额外数量的X。因此,最终的均衡位置将包括其他商品的高价格和低数量。但是,按照目前的解读,这意味着X的需求曲线的一个位移——比如说,移动到$D'D'$——而最终均衡位置就是,比如说P''。[13]

当然,"DD的弹性是持续不变的(unity)"这个假设条件,对于这一论点并非绝对必要。如果DD的弹性达不到持续不变,就会有比先前更多的钱可以用于购买其他商品;在价格不变时,这意味着更大的需求量。结果,当DD比起它曾经具有单位弹性时是无弹性的时候,尽管生产X的增加了的需求量要求的额外资源较少,也会被生产其他商品所需资源增加了的压力所抵消。同理,在DD有弹性时,生产X增加了的需求量所需的额外资源会多于DD具有单位弹性的时候,但是,最初会有一些资源从其他商品的生产中释放出来。

---

[13]　即便是对一个"常规"商品,$D'D'$也不一定就在DD的左边。理由是,图2中的纵坐标表示的是X的绝对价格,因此,DD和$D'D'$在纵坐标上的相同高度,代表的是X的价格对其他商品价格的比值。如果纵坐标表示的是X的价格与其他商品价格的比值,对于"常规"商品,$D'D'$就会永远在DD的左边,而对"低于常规"的商品,$D'D'$总是在DD的右边。

要是根据实际收入保持相同的条件来建立需求曲线,刚刚概述的那种内部不一致就不会产生了。曲线 AA 就是这样一条需求曲线。当 X 的价格小于 PM 时,其他商品的价格应该充分地高于 P,以保持实际收入相同,其中包含了释放出刚好够用的资源,以使最终均衡的位置 P'',位于这样建立的需求曲线上——至少对于 X 的价格的小变化是如此。[14]

这个例子描述的基本原理可以做更一般的阐述。按照目前的解读建立起的需求曲线,之所以即便在所有干扰影响都能被忽略时也不能给出正确的解,是因为,这条需求曲线上的每一个点指的是该社会的不同产能(productive capacity)。讨论中的商品的价

---

[14] 令 X' 为一种单一的组合商品,代表除了 X 之外的所有其他商品;x 和 x' 是 X 和 X' 的数量;y 和 y' 是它们的价格。令下面的(1)式代表在初始均衡位置的值 P;(2)式代表在最终位置 P'' 的值。固定不变的总支出的条件就意味着:

$$x_1 y_1 + x'_1 y'_1 = x_2 y_2 + x'_2 y'_2. \qquad (1)$$

正如前面已经指出的(第一节的 2.),在这一限度内,保持实际收入不变等于保持固定一篮子商品的价格不变。因此,如果认为 P'' 接近于 P,则有

$$x_1 y_1 + x'_1 y'_1 = x_1 y_2 + x'_1 y'_2. \qquad (2)$$

在 P 的相邻关系里,y_1 可以被看作是生产 X 的单位成本;y'_1 可以被看作是生产 X' 的单位成本。因此,释放出足够资源去从事所要求的 X 额外数量生产的条件就是:

$$(x_2 - x_1) y_1 = -(x'_2 - x'_1) y'_1, \qquad (3)$$

该式等于

$$x_1 y_1 + x'_1 y'_1 = x_2 y_1 + x'_2 y'_1. \qquad (4)$$

但是,在这一限度内,方程(1)和(2)隐含了方程(4),正如从方程(1)中减去方程(2),还有分别用 $(y_2 - y_1 + y_1)$ 和 $(y'_2 - y'_1 + y'_1)$ 替代 y_2 和 y'_2 可以看到的一样。

更一般地说,固定不变的实际收入(与固定不变的总支出)涉及保持一个价格指数不变;对资源的不变使用涉及保持一个数量指数不变;而且,在限度之内,一个固定不变的价格指数和固定不变的总支出隐含了一个固定不变的数量指数。

注意,AA 在一个像图 2 的图形中不必比 DD 更陡。这个问题的关键是在脚注 13 中所做的评论。

格下降,会被看作是使该社会(如果这个社会正是这样希望的)能
够消费更多某些商品——这种商品或其他商品——也不少消费任
何其他商品。但是,供给方面的某种变化(这种变化的后果正是我
们要分析的)——因补贴而出现的变化——并不能使这个社会得
到任何额外的资源;正在讨论的这种商品在消费上的任何增加,必
定要以其他商品的减少为代价。因此,画出这一需求曲线的条件 63
与供给方面的假设条件不一致。另一方面,要是用保持"实际收
入"不变的条件来建立这一需求曲线,这类不一致必不会出现。是
的,从"效用"意义上说的"实际收入"不变,与从固定资源总量所
能获得的产出(outputs)意义上说的"实际收入"不变,是不一样的
概念,但是在一个均衡位置的相邻关系里,它们聚合到一点,并且
可以被当作相同情况来对待。

当然,并不是供给方面所有被认为适于进行分析的位移都会
在不改变社会产能的情况下出现。许多位移都涉及产能的变化。
比如说,由于技术改进或发现了先前不为人知的资源而出现的供
给方面的产能变化。然而,即便是在这些事例中,按照目前解读建
立的需求曲线也不适合。没有理由去期望,不变货币收入和其他
商品的不变价格中暗示的产能差异,会与供给方面出现的产能变
化保持任何协调一致的关系。[15] 在这些情况中,更好的计划是重
新画出一条与高实际收入相对应的需求曲线,然后使用其上所有
的点指的都是高实际收入的这条需求曲线,允许产能独立而直接

---

[15] 要注意与先前产能不变事例的差异。如上所述,有理由期望沿一需求曲线的
不变实际收入保持与大致均衡的不变产能协调一致的关系。其实,这个理由是由均衡
的条件之一提供的:消费与生产无差异曲线的相切。

地增加。

　　这里讨论的要点还可以更一般地表述出来。向一个消费者开放以满足其愿望的各种机会，主要取决于两个因素：他能支配的资源总量，以及他能用一种商品交换另一种商品的条件，也就是说，取决于他的实际收入和相对价格。现在时髦的分析形式区分了此人机会变化中的三种效应：因他的货币收入变化产生的收入效应；因一种商品价格变化而货币收入和其他商品价格不变产生的收入效应；以及因一种商品的相对价格改变而实际收入不变产生的替代效应。

　　对于价格变化的所谓"替代效应"与"收入效应"的区分，是按照对马歇尔的需求曲线定义做目前解读的一个直接后果。它的基础是代数真实性：当除一种商品外的所有商品都有既定价格时，一个既定的货币收入对应的是一个较高的实际收入和剩下的这种商品的较低价格——在这种商品的价格较低时，不少买其他商品也能多买某些商品。结果，一种商品的价格下降，其他所有价格不变，被认为具有了两种效应：第一种，由于实际收入未变，它会刺激用这一商品替代其他商品——这就是替代效应；第二种，如果这些消费者的货币收入假定未变，作为价格下降的一个结果，他们实际收入的增加引起了在那种商品，还有其他商品消费上的进一步变化——这就是收入效应。⑯

---

　　⑯　Slutsky, *op. cit.*；Henry Schultz, *The Theory and Measurement of Demand* (Chicago：University of Chicago Press, 1938)，pp. 40－46；J. R. Hicks and R. G. D. Allen，"A Reconsideration of the Theory of Value," *Economica* , XIV (1934)，pp. 52 －76 and 196－219；Hicks, *op. cit.* , part I.

在这个分析中区分的这两种不同的收入效应——一个由货币收入的变化而来,另一个由一种商品价格的变化而来——其实就是一回事,实际收入的一个变化与既定的相对价格以不同方式表现的效应。把第二种收入效应与替代效应合并,很难看出有什么收获;把两种收入效应合并似乎更可取,并由此得到与替代效应的一个明显对照。

常常有人说,马歇尔"忽视了收入效应"。[17] 按照我对他需求曲线的解读,这种说法是不成立的。那么,有人会说,马歇尔意识到了区分两种完全不同效应的合理性,并建立了他的需求曲线,因此,这个需求曲线中只单独包括了他想要分离出来进行研究的那种效应,也就是说,替代效应。他不是忽视了收入效应,而是"排除"了收入效应。

本节的讨论得出的结论与弗兰克·H. 奈特在最近一篇文章中得出的结论是一样的。他在这篇文章中说:

> 在分析中,我们必须在让所有其他商品的价格保持不变和让假设的消费者的"实际收入"保持不变之间做出选择……斯卢茨基学派的处理办法采用了这个假设条件……所有其他商品的价格(和这位消费者的货币收入)是固定不变的。因此,实际收入必定是变化的。在上述两种可选项中,这看来是绝对错误的选择……简单而明显的可选项是根据**相对**价格的变化画一条需求曲线,也就是说,假设通过其他商品的补偿变化,货币

---

[17] Hicks, *op. cit.*, p. 32.

的价值是固定不变的,而不是这些其他价格保持不变。[18]

第三节　另一种解读与马歇尔著作中其他部分的一致性

马歇尔的需求曲线是一个条理清晰的思想体系的一部分,旨在与其分析结构的其他部分相适应,这个结构被大量使用并被发展。要从细节上证明我对他的需求曲线的解读与他的著作的其他部分是一致的,恐怕会让我们离题太远。然而,有两个特殊的话题要求明确的考虑:(1)需求曲线与马歇尔货币理论之间的关系,因为,在我看来,这说明了他采用这一特定工具是为了保持实际收入固定不变。(2)消费者剩余的概念,因为这是需求曲线最重要的应用之一,也肯定是最有争议的,还因为在《经济学原理》后来的版本中,有一些与我的解读不一致的段落被引入了有关消费者剩余的讨论中。

A. 相对价格理论与货币理论

假设沿需求曲线的实际收入是被保持不变的,为什么要通过保持货币收入和货币购买力不变来让实际收入不变,而不是,比如说,通过用保持其他商品的价格固定不变并让货币收入出现补偿

66

---

[18]　《需求理论中的现实与相关性》("Realism and Relevance in the Theory of Demand," *Journal of Political Economy*, LII (December, 1944), pp. 289－318),尤其是第三节"需求曲线的意义"(esp. Sec. III, "The meaning of a Demand Curve," pp. 298－301)。引文出自第 299 页。

变化,来做到这一点呢？是什么理由认为所有其他商品的价格是与正在讨论的商品的价格呈反向移动呢？

我认为,马歇尔的一个基本组织原理可以给出这些问题的答案,那就是,相对价格理论从货币理论中分离出的价格水平理论。《经济学原理》专门研究的是在货币条件既定情况下的相对价格理论;《货币、信用和商业》则是对货币条件及其对"货币购买力"影响的专门分析。在既定货币条件下,所有其他商品的价格(不是正在讨论的这种商品的价格)是否有可能,在这种商品的价格上升或下降时,平均保持不变呢？这种商品价格的上下波动就不会启动影响其他价格的货币力量吗？一个完整的答案要求对"既定货币条件"的内容给予明确的详细说明,而且,大概对于初始价格变动的来源也要给予明确的详细说明。

马歇尔选择用不变货币购买力作为抑制货币力量的一个工具,大概是在对货币力量的影响做了一系列推理后得出的最终结果,而不是他赋予"既定货币条件"的直接内容。这一系列推理很可能开始于他自己的货币数量论观点。根据这种观点,"货币的价值,一方面是货币供给的函数,另一方面是货币需求的函数,是用'人们要求随时供货的商品的平均存量'来衡量的。"[19]那么,既定的金融状况就会意味着一个既定的货币存量和一个既定的合理的"需求商品平均存量"(average stock of command over commodities)。一种商品的价格单独下降,所有其他商品的价格保持不变,与这些"既定条件"不一致。一个固定的(名义的)货币存量的真正

---

[19] J. M. Keynes, "Alfred Marshall, 1842—1924," *Memorials*, p. 29.

价值,给这个社会留下了一个比先前大的"需求商品存量",并造成
了一种增加开支的刺激(反映了"货币的"力量),并因此提高了价
格,直到固定的货币存量再次代表相同的"控制商品的存储量",也
就是说,直到"货币购买力"达到它先前的水平。[20] 这个论点说明,
不变的货币购买力不仅是从货币理论中分离出相对价格理论的一
个工具,而且也是二者之间的桥梁。马歇尔在尝试着把问题降低
到易于处理的比例时分离了这两种理论,但他是以这样的方式建
立它们的:使它们相互一致,并因而便于将二者最终合并。[21]

---

[20]　C. W. 吉尔博曾向我指出,马歇尔通常假设,合理的"控制商品的存量"是实际
收入的一个既定部分(见前引书),而如果这部分被看作是一个重要的假设,本文中的
论点就可能不适用。那么,在其他价格既定的情况下,某商品的一个价格变化产生的
货币效应,就会取决于初始价格变化的来源。如果这在实际收入总量中没有引起变化
(也就是说,在需求方面出现了一个转移),本文中的论点还会是不变的。要是它确实
引起了实际收入总量的变化(也就是说,出现了一种创新,降低了生产正在讨论的这种
商品的成本),也不一定会出现不一致,因为合理的"控制商品的存量"会根据实际收入
变动的比例而变动。这些考虑是为说明本文前一段的最后一句话"大概对于初始价格
变动的来源也要给予明确的详细说明"。

[21]　当然,要是马歇尔在大体完成了其相对价格理论之后才想出了他的货币理论,
就像人们可能从《货币、信用和商业》到 1923 年还尚未出版(《经济学原理》一书出版三
年之后)这一事实所推断的那样,这种解读可能是矛盾的。但是在马歇尔的例子中,出
版顺序对于理论建立的顺序是个糟糕的向导。凯恩斯告诉我们说,马歇尔货币数量论
的精华部分包括在"大约写于 1871 年的"一部手稿中;"到 1871 年,他已经沿着《纯理
论》一书包括的资料的线索"大大前进了;《纯理论》一书本身的大部分完成于 1873 年,
尽管在 1879 年前没有印出,甚至也没有在私下里传阅;在 1877 年,他转变方向,与马歇
尔夫人一起写作《工业经济学》;而马歇尔夫人说,"在 1881 年 11 月到 1882 年 2 月之
间,关于需求的第三篇已经想好,并在巴拉莫的屋顶上写出来。"(《纪念集》
(*Memorials*, pp. 28, 21, 23, 39n))。这些日期极有说服力,尤其是,因为货币购买力
的不变在《纯理论》一书中还没有明确提到(马歇尔大概是在与写这本书的大约同一时
期,形成了他的货币理论),尽管在开始于几年后的 1879 年的《工业经济学》一书中明
确提到了。亦见下面的脚注 36 和 37。

当然,马歇尔非常清楚地意识到了现实因素与货币因素的互动。在 1879 年的《工业经济学》一书中包括了关于贸易周期的一个极有意思的讨论。马歇尔认为其中的一部分十分重要,在 1886 年时长篇引用,来回答著名的皇家贸易与工业衰退委员会散布的问题。②

马歇尔做出的保持货币购买力对于需求曲线上的不同点不变的决定,可能不是一个适于对货币因素进行抽象的最好办法。但是,它能起到强调明确考虑货币论点必要性的作用,在这些论点中,影响相对价格的力量应该是起作用的。解决相对价格问题最好的办法,不能单独地由这些论点以及它们的运行方式来决定。尽管价格理论和货币理论能够被分离,但它们从根本上说并非独立的。从这个角度来看,近来另外一些货币理论的发展已经起到了激励对价格理论的再考察,就是自然而然的事了。

B. 消费者剩余

马歇尔对于消费者剩余的讨论,成为他使用其需求曲线最多的方面之一,大概也比他理论的任何部分引起了更多的争论和讨

---

② 见马歇尔夫妇合写的《工业经济学》(《London:Macmillan & Co.,1ˢᵗ ed.,1879;2ⁿᵈ ed.,1881) Book III,chap. i,pp. 150—157)。这里和以后提到的这本书都指第一版。《对皇家贸易与工业衰退委员会散布的有关倾向和价格问题的回答》("Answers to Questions on the Subject of Currency and Prices Circulated by the Royal Commission on the Depression of Trade and Industry (1886)," *Official Papers by Alfred Marshall* (London:Macmillan & Co.,1926),pp. 7—9)。亦见《对普遍价格波动的补救》("Remedies for Fluctuations of General Prices" (1887),*Memorials*,pp. 189—192)。

论。最近,消费者剩余已经重新引起了人们的注意,这主要是 J.
69　R. 希克斯试图复兴和重新解读这一概念的结果。[23] 这里之所以要
评论消费者剩余,不是为了要参与对这一概念优缺点的讨论或评
价,而是要表现马歇尔对消费者剩余的处理与我对他的需求曲线
解读之间的关系。

　　随便一看,由于两个不同的甚至是相反的原因,马歇尔对于消
费者剩余的处理似乎与我对他需求曲线的解读不一致。首先,消
费者剩余指的是不同情况下实际收入的一个差。但是,在我的解
读中,需求曲线上的所有点都被看作是对应于相同的实际收入。
因此,沿这样一个需求曲线的移动不可能包含消费者剩余的变化。
这是不是就取消了消费者剩余的全部想法,并使马歇尔对它的全
部讨论毫无意义了呢? 答案显然是"非也",理由是这里比较的两
种情况不必对应**同一**需求曲线上的两个点,即使一个单独的需求
曲线是用来**估计**实际收入在这两种情况下的差,也是如此。

　　其次,马歇尔认为,他对消费者剩余的分析,仅在所述商品占

　　[23]　Hicks, *op. cit.* , pp. 38－41;"The Rehabilitation of Consumers' Surplus,"
Review of Economic Studies, VIII (February, 1941),pp.108－116;"Consumers' Sur-
plus and Index Numbers," *ibid* . (summer, 1942), pp. 126－137;"The Four Consum-
er's Surpluses," *ibid*. , XI (winter, 1943), pp. 31－41. See also A. Henderson,
"Consumer's Surplus and the Compensating Variation," *Review of Economic Studies*,
VIII (February, 1941),pp.117－121; Knight, *op. cit.* ; Kenneth E. Boulding,"The
Concept of Economic Surplus," *American Economic Review* , XXXV (December,
1945), pp. 851－869, reprinted in American Economic Association, *Readings in the
Theory of Income Distribution* (Philadelphia: Blakiston Co. , 1946), pp. 638－659; E.
J. Mishan, "Realism and Relevance in Consumer's Surplus," *Review of Economic
Studies*,XV (1947－1948), pp. 27－33.

全部支出的一小部分时才成立。他提出这个限制条件，为的是证明忽略货币的边际效用的变化是正当的。但是，如果需求曲线上的所有点对应的是相同的实际收入，那么，是不是就不能说"货币的边际效用在整个需求曲线上都是同样的"了呢？是不是也不能说他对消费者剩余的估计是准确的，所以"开支中一个可以忽略不计的部分用于购买正在讨论的商品"这一假设条件就没有必要了呢？答案仍然是"非也"，而且理由大体是一样的。如果相比较的两种情况在实际收入方面不一样，沿需求曲线上实际收入相同这一事实就变成了使用它来测量消费者剩余的一个缺陷。"开支中一个可以忽略不计的部分用于购买正在讨论的商品"这一假设条件不可能从我的解读中去掉；其实，如果说有必要的话，它甚至比对目前的解读更为必要。

　　为了说明这些含义模糊的答案，并证明它们是正当的，有必要来 70 考察马歇尔对于消费者剩余所下的定义，他对其大小做出的估计，以及这一估计同在对需求曲线两种不同解读下正确价值的关系。

　　马歇尔在界定消费者剩余这一概念时，做得比他惯常所做的都要明确而完整，而且他的定义几乎没有什么含糊："他会愿意付比价格更高的款，而不肯放弃购买。那么高于他实际支付的那个愿付部分，就是这种剩余满意度的经济度量。它可以称为**消费者剩余**。"[24]

　　而后，马歇尔开始说明，消费者剩余可以由需求曲线下面著名的三角形**估计**得出。正如希克斯所说："这个与消费者剩余联系在

---

[24] *Principles*, p. 124.

一起的由曲线形成的三角形……不是定义;而是定理,在一定的严格假设条件下是真实的,而且也只有当这些假设条件是给定的时候,才是真实的。"[25]这种估计与定义的混淆,大概是在这一极为复杂的问题上造成误解的主要原因。

在前面第一节 C 小节中使用的图 1 中,详细说明了根据目前解读和我的解读画出的两条需求曲线的关系,它也可以用于表示从根据这两种解读建立的需求曲线获得的对消费者剩余的定义和估计。回想一下,曲线Cc是根据目前解读建立的X商品的一条需求曲线。货币收入和所有其他价格对于这一曲线上所有点都是一样的。Aa和Cv是根据我的解读建立的需求曲线——Aa说明实际收入和Cc上的P点是一样的;Cc说明实际收入和Cc上的C点是一样的。在Aa上的P点和Cv上的C点,货币收入和所有其他价格都与Cc是一样的。在其他点上,其他价格是完全不一样的,或者说,货币收入要补偿X的价格差,从而保持实际收入不变。

71　　现在来看当消费者在P点时由这种商品获得的消费者剩余。[26]这被定义为"他会愿意付比价格更高的款,而不肯放弃购买,即:高于他实际支付的那个愿付部分。"在这里,"价格"要解释为"总价"而不是"单价"。[27] 而且很显然的是,他宁愿支付而不愿放弃购买的这个总价要由并非在P点相同,特别是,他的货币收入和其他价

---

　　[25]　"The Rehabilitation of Consumers' Surplus," *op. cit.*, p. 109.

　　[26]　为了简化,这里的讨论仅限于从消费全部X得到的消费者剩余;为了方便,在画出的需求曲线中去掉了价格的坐标轴。

　　[27]　见《经济学原理》(第 838 页)数学注释 II。马歇尔在其中将P界定为"他刚好愿意为X量那种商品支付的价格",而后对P就x求导,得出单价。

格在 P 点相同的情况来决定。㉘现在，他为 OM 量的 X 实际支付的数额由图中的长方形 $OHPM$ 给出。根据第一节 C 小节的论点，他会愿意为 OM 量的 X 支付的最大数额而不是放弃购买，由 Cv 下面 O 与 M 之间的区域给出，即 $OCDGM$。因此，三角形面积 CDH 减去三角形面积 DPG，给出了这位消费者的剩余。这个面积必定是正值。我们知道，他至少愿意为 OM 量的 X 支付 $OHPM$，因此，$OCDGM$ 肯定大于 $OHPM$。

马歇尔对于这个最大和的**估计**是需求曲线之下的面积：要是用目前的解读，就是 $OCPM$；要是用另一个解读，就是 $OAPM$。对于一种"常规"商品，就画出这一图形的事例而言，这两者显然都太大了。这个误差有多大，一方面取决于 Aa 和 Cc 之间的差，另一方面取决于 Aa 和 Cv 之间的差。现在，我们已经看到（在第一节 C 小节中），这些差完全出自伴随着不同曲线的实际收入的差；如果实际收入有了些微变化，曲线也将会变化。就是在这里，马歇尔对于支出的一部分用于这种商品的假设条件进入了这幅图画。要是这部分很小，实际收入中的差往往也将是小的，而两种估计都接近于正确值。㉙由于这个误差对于 Aa 要比对于 Cc 大，很清楚的是，马歇尔的假定条件，要是有的话，甚至对于我对需求曲线的解读比对

72

㉘　要注意，先前引用的保持沿需求曲线的实际收入不变的理由也适用于这里。现在问的问题完全是假定的，不需要有其他反应。而且，当他没有 X 时和他有 OM 量的 X 时，保持他的实际收入不变，会使对于消费者剩余的全部讨论变得毫无意义。这个讨论的关键是，要测定在两种情况下实际收入的差。

㉙　这个阐述并不严格。由于用来购买这种商品的那部分支出在变小，所以消费者剩余将增大。这还不够，从绝对意义上说，这个误差变小了。它对正确值的比率肯定变小了。正如大家都知道的，一般来说，这总会出现。主要的限制条件必须处理在

于目前的解读更为必要。㉚

73

第四节   马歇尔真实意思的原文证据

马歇尔关于需求的著作与三个不同的问题有关:(1)需求曲线

目前解读下建立的一条需求曲线(即,Cc)对少量X的行为。最重要的问题是,P与C之间实际收入的差。但是,如果在目前的解读下建立的需求曲线极无弹性,不接近于C,用于购买该商品的支出恐怕就是P点上总支出的很小一部分。在这种情况下,实际收入的差恐怕是很大的。

这个限制条件是马歇尔强调的。例如:"如果该商品的一定数量b是生存所必需的,则对于不于b的各X值来说,$f(z)$〔sin〕〔需求曲线的纵轴〕将会是无穷大的,至少是无穷大的。因此,我们必须认为生活是当然的,并单独估计绝对生活必需品以外的那部分商品供给的总效用。"(第841页)亦见第133页和第842页。$f(z)$显然应该是$f(x)$,正如在前四版的《经济学原理》中都是这样。见本文的附录。

对于"该商品只吸收了一小部分收入"的这一假设条件的这个讨论,在某种程度上有助于说明我们已做了大量讨论的另一个问题。这个问题就是,马歇尔是否认为,货币的边际效用相对于价格变化或收入变化是大致不变的。上述分析表明,他认为相对于收入变化是不变的。这也是希克斯的结论(《价值与资本》(*Value and Capital*,p. 40)和《消费者剩余的复原》("The Rehabilitation of Consumers' Surplus," *op. cit.*, p. 109))。萨缪尔森否认这一点,并坚称,他认为是相对于价格变化不变(见萨氏的文章《收入边际效用的不变》(Paul A. Samuelson, "Constancy of the Marginal Utility of Income," in *Studies in Mathematical Economics and Econometrics*, p. 80))。

㉚   这个论点可以轻易地沿用到"低等"商品。那时,图1中三条曲线的顺序就倒过来了,估计值会变得太小,而不是太大。但是,产生的误差仍然是,在另一种解读下的绝对值大于在目前解读下的绝对值。

用希克斯在《四种消费者剩余》一文中使用的术语来说,我所谓的消费者剩余的概念,就是希克斯所说的"数量补偿变化"。由我的解读建立的需求曲线得出的对消费者剩余的估计(APH区域),希克斯称为"等量变化"。图1中的CDH区域,希克斯称为"价格补偿变化"。希克斯的第四个概念"等价变化"在图1中没有直接显示,画一条通过C的横线可以获得。令E点为这条线与Aa的交点。那么,"等价变化"就等于APH的面积减去AEC。只要注意到希克斯图3中的mep就是我们图1中的Aa;他的PCM曲线就是我们图1中的Cv,这些关系就可以核对清楚。而且,在比较这两张图时,希克斯的图形中少于hN的数量部分应该被忽略不计。也就是说,他的P点等于我们的C点,

的定义——形式问题;(2)需求曲线的形状——内容问题;(3)需求
曲线的使用——应用问题。按照马歇尔惯常的方式,他优选解决
的是内容问题,没有把他对内容的讨论与对形式的讨论明确区分
开来。他给出的定义带有插入语的特点,而且不明确。他用了很
大篇幅表现他在处理具体问题时使用的工具,结果定义变得过长,
无法使用。[31]他在《经济学原理》讨论效用和效用递减的那章中提
出了需求曲线的概念(第三篇,第三章,"消费者需求的等级"),那
是讨论内容的部分,尽管这早于他的定义。这是他用以使他的"一
个普遍需求法则——销售数量越大,售价就必然越低,这样才能有
人购买"——合理化的手段。[32]这并不是他需求曲线定义的一部分。

同样,马歇尔对需求曲线的主要应用之一,就是他对消费者剩
余的分析。这种分析也必须与他对需求曲线的定义区别开来。他 74
讨论消费者剩余时所做的假设,若没有额外的证据,不能被认为同
样适用于"需求曲线"的其他应用。

A.《经济学原理》正文中的核心段落

在我看来,第八版和最后一版《经济学原理》正文中有三个核

他的p点等于我们的P。我们的图 1 也相当于博尔丁《经济剩余的概念》(Boulding,
"The Concept of Economic Surplus")一文中的图 3 B。

   [31] 参见凯恩斯《纪念集》(J. M. Keynes, *Memorials*),特别是第 33—38 页;亦见
吉尔博的前引书。

   [32] 《经济学原理》,第 99 页。注意,根据我的解读,这是一个真正的"普遍"法则,
直到最近的文献中还没见到有例外。其正确性取决于:(a)假设消费者可以这样来对
待:就好像他们的行为完全一致,并且试图使所消费商品数量的某个函数最大化;(b)
观察到的事实是,消费者喜好选择高收入而不是低收入,其他情况不变;而且(c)观察到
的事实是消费者不会把他们的所有收入都用于买一种商品。为了证明,根据我的解读
建立的需求曲线的斜率必须是负的。见斯卢茨基,前引书,第 8 节。

心段落讲到了要其他条件保持不变：一个段落是针对全书的，还有
两个段落实质上是他在讨论需求曲线时的插入语：

> 我们可以在全书中忽略一般货币购买力的可能变化。这
> 样，任何物品的价格都将以它相对于一般物品的交换价值来
> 代表。［第 62 页］

> 一个人拥有的某件物品的数量越大，则在其他条件不变
> **（也就是说，货币的购买力，以及此人能掌握的货币数量不变）**
> 的情况下，他愿意为再多得到一点该物品支付的价格就越少；
> 或者换句话说，他想要购买这一物品的边际需求价格就会下
> 降［第 95 页；黑体字是后标的］。

> 我们列出的需求价格是**在既定时间和既定条件下**的某个
> 市场中，一个物品能够售出不同数量时的那些价格。如果哪
> 个方面的条件发生了变化，这些价格大概也要发生变化；当购
> 买意愿由于**风俗习惯的变化、一种竞争商品的供应使价格下
> 跌，或是一种新商品发明**而发生了根本改变时，这种事总是会
> 发生的［第 100 页；第二部分的黑体字是后标的］。

就我们的目的而言，第二段引语中的重要部分是黑体字的插
入语，而第三段引语中重要部分是第二部分黑体字短语。

尽管这些引语摘自《经济学原理》的第八版，但它们的实质内
容在马歇尔已出版的有关需求曲线的早期著作中就已经包含在内
了。除了货币购买力不变，所有内容都是在《（国内）价值的纯理

论》一书中提出的,该书在 1879 年印出供私下传阅,[33]但据凯恩斯所说,"主要完成于 1873 年";[34]而货币购买力不变是在他与马歇尔夫人合写的《工业经济学》中谈到的,该书出版于 1879 年。[35] 第 75 一段和第三段引语中的实际措词可以追溯至《经济学原理》的第一版(1890 年),而第二段引语可追溯至第二版(1891 年)。[36]

B. 针对这些段落的两种解读

76

上面引用的三段话中列出的"其他情况"如下所述:

(1)"货币的购买力"

---

[33] 已与伴随的论文一起重印,《外贸纯理论》(*The Pure Theory of Foreign Trade*, by the London School of Economics and Political Science (1930))。

[34] *Memorials*, p. 23.

[35] 不应将此书误认为是《经济学原理》一书的浓缩本,该书出版于 1892 年,有相同的书名,但只有马歇尔一人为作者。

[36] 在《经济学原理》的所有版本中,对应于第一段引语的陈述都在论及"价值"一词意义的一个小节中。在第一版(1890 年)、第二版(1891 年)和第三版(1895 年),这个"价值"的那一小节在第一篇"绪论"第一章"导论"的末尾处,还包括如下陈述:"在我们工作的全部最初阶段,最好是把一个物品在任何地点和时间的交换价值说成是以其价格来衡量的,也就是它当场交易的货币量,并假设货币的一般购买力没有变化"(在三个版本中均在第 9 页)。在第一版中,这个假设条件在题为"需求法则"的一章(第三篇第二章)一开始就得到重申:"这个货币的购买力经常变化,但是在我们工作的这些早期阶段,我们假设它是不变的"(第一版,第 151 页)。但在后来的版本中,这个重申被取消了,显然是在第二版引进了题为"需要与各种活动的关系"(Wants in Relation to Activities)一章的过程中消失的。在第四版(1898 年)中,论及"价值"的这个小节被剥离,部分内容仍留在第一篇第一章的末尾,其余内容,包括有关货币购买力的资料,被移动到第二篇"一些重要概念"第二章"财富"的末尾。措词基本上已经变成了其最终形式;唯一的不同在于,第一句是被动态,读作:"在全书中,货币购买力的可能的变化将会被忽略"(第四版,第 130 页)。在第五版(1907 年)中,有关"价值"的小节的其余内容被移动到第二篇第二章的末尾,而这段引语也被修正为目前的样子;甚至连页码在第五版和第八版中也是一样的(第 62 页)。

(2)"他能掌握的货币数量"

(3)"习俗"

(4)"一种竞争性商品"的价格(以避免"一种竞争性商品的供应造成的价格下跌")

在两个版本的《工业经济学》中,第二篇"正常价值"第一章"定义。需求法则"的第4小节,基本上包括了与上段所说的《经济学原理》中有关"价值"的小节中同样的资料,包括下述陈述:"但是,在考察正常价值的理论时,为方便起见,我们将假设货币的购买力是保持不变的。这样,一件物品价格的升或降就将永远意味着其一般购买力或交换价值的升或降"(第68—69页)。在《纯理论》一书中没有出现相应的陈述。

第二段引语中的黑体插入语在《经济学原理》的第二版和以后各版中是一样的。这段引文的其余部分在第二版中的措词如下:"一个人拥有的某种物品,数量增加,其他情况保持不变,将减少他对这一物品的边际需求价格(Marginal Demand-price)"(第152页)。在第三版中,"边际"、"需求"这些词都没有大写,还取消了"需求"一词后的连字符(第170页)。在第四版,这段陈述的末尾有了延伸,读作:"减少他愿意为再多买一点儿这一物品的价格:或者换句话说,减少了他购买这一物品的边际需求价格"(第169—170页)。在第五版,这段引语采取了其现在的形式,除了增加了一个逗号,就连页码也与第八版中的一样(第95页)。在从第二版以来的所有版本中,指明的引语都在第三篇第三章,即第一次引入了需求曲线的那章。这章的标题在第二版和第三版中是"需求法则",在第四版中是"需求的等级",在第五版及以后的版本中是"消费者需求的等级"。

第一版中那个陈述的缺失,反映了说明方式上的差异,而非实质上的差异。正如前面已经提到的,"假设货币购买力是不变的"这一明确陈述出现在第一版中论"需求法则"的那一章。在所有版本中,这章都包含了一个涵盖第二部分黑体插入语的陈述,这在第一版中的措词如下:"他的财力每有增加,都提高了他愿意为了某种既定的愉悦去支付的价格。而他的财力每有减少,都提高了货币对他的边际效用,并降低他愿意为了任何愉悦去支付的价格"(第156页)。这个陈述在以后版本中的唯一一变化,是用"好处"(benefit)代替了"愉悦"(pleasure)(第八版,第96页)。

《工业经济学》中也包含了一个陈述,预见了这第二部分的黑体插入语:"他愿意为一件物品支付的价格,不仅取决于这物品对于他的效用,而且取决于**他的手段**;即货币的数量,或他能处置的一般购买力"(第70页)。

在《经济学原理》的所有版本中,对应于第三段引语的陈述在首次引入需求曲线那章的最后一小节(第一版的第三篇第二章;以后各版的第三篇第三章)。在第一版中,它说:"人们肯定记得,需求表给出了一件物品在既定时间和既定条件下能在市场中卖

　　(5)可知的竞争性商品的范围(以避免"创生一种新的竞争性商品")㊲

掉的不同数量时的价格。如果任一方面的条件变化了,表中的数字大概也将要求改变。要观察的一个特别重要的条件是,竞争商品(rival commodities)的价格,也就是能替代这种物品的商品的价格"(第160页)。"竞争"一词后附有一个脚注。这个脚注的第一句话说:"或者用杰文斯的话说(《政治经济学理论》(*Theory of Political Economy*),第四章},几乎是'相等的'商品"(第一版,第160页,脚注②)。

　　第三段引语的第二句话那个部分(紧跟着分号)被认为是其在第二版中的最终形式(第157页),参照杰文斯的脚注被放弃了。这段引语的其他部分在第二版和第三版中与在第一版中是一样的,并被认为在第四版中的是其最终形式(第174页)。这第二句话从第一版到第二版的变化强调,没打算让这个列表详尽无遗,只是想做了详细说明。没有涉及实质性的变化(见第一版,第155页)。在所有版本中,这个引用的陈述都有茶和咖啡的事例跟随,以说明假设竞争商品的价格已知是必要的。在第二版中增加了汽油和电的事例,而在第三版中用的事例是不同的茶叶。这段文字本身、其中的变化以及事例,都表明,马歇尔认为"竞争"商品的价格特别重要。这些事例,加上第一版中的脚注,说得很清楚,他就是指的"相近的"竞争品。

　　要了解《纯理论》中包含了这些引语实质(不包括货币购买力不变)的一个陈述,见下面的脚注㊲。

　　㊲　这个列表作为马歇尔观点的一个摘要的适当性可以通过把它与马歇尔的另外两部著作相比较而得到核实。在《(国内)价值的纯理论》一书中,他写道:"我们关注的这些期间……已足够长,以消除……偶然的干扰因素……但是,它们又非常短,以排除需求和供给情况中发生的根本性变化。在需求方面,对于正在讨论的物品,必备的条件是,这些期间不应该包括(i)繁荣中,以及该社会购买力中,任何非常大的变化;(ii)影响到该物品使用的时尚方面的任何重大变化;(iii)任何在很大程度上能作为该物品替代物的另一物品的创新或价格大幅下跌;(iv)任何可以用作该物品替代物的供应短缺,无论这种短缺是由歉收、战争引起,还是由进口税或消费税的征收引起;(v)对该商品的突然大量需求,如在爆发海上战争时对绳索的需求;(vi)发现了利用该物品的新方法,或开办了一些可销售该物品的重要市场"(第15页)。

　　在这个列表中,第 i 项大概对应着我的列表中的第 2 项;第 ii 项对应第 3 项;第 iii 项和第 iv 项对应第 4 和第 5 项,第 iii 项中不包括一个竞争商品价格的下降,第 iv 项中不包括一个上升。第 v 项和第 vi 项的第一部分似乎可以在第 3 项中包括,并在很大程度上是对第 ii 项的赘述。第 vi 项的其余部分大概可以由把对需求曲线的讨论限制在某个特定市场而被涵盖。

　　马歇尔在《经济学原理》讨论需求的统计研究(第三篇,第四章)的困难时提出了另

77   1.目前的解读。—— 对马歇尔需求曲线目前的解读把第 2 项
78 当作指的是与这条需求曲线有关的购买者人群的货币收入,把第 3
项当作这些人的品味和偏好,而把第 4 项当作每种其他商品的价
格,而不只是**竞争性**商品的价格。它完全忽略了第 1 项和第 5 项。

第 2 项也不是一点不含糊的。它可以被解读为指的是购买者
的现金余额,要么指他们的财富,要么除此之外,指他们的收入。
总之,最合理的方向似乎是将它解读为指的是收入和财富两者,⑧
尤其是因为,作为影响消费的一个因素,财富有其可能的重要性这
一长处,使之适于进入"其他情况"的列表。对于目前解读的这一
79 扩展,并没有从本质上改变它;它只不过是把"财富"从"其他情况"

一个列表,他在那里写道:"另外一些情况实际上极少是在从收集全面而值得依赖的统
计数字的角度而言足够长的时间段里不变的……首先,[a] 货币购买力是持续变化的
……其次,[b] 普遍繁荣中的变化,以及该社会最大程度可处置的全部购买力的变化
……再次,[c] 由于人口和财富逐渐增长产生的变化……然后,必须允许在 [d] 时尚、
品味和习性方面的变化,以 [e] 开发一种商品的新用途,以 [f] 发现或改善或使能与
之有同样用途的其他商品大幅降价 "(《经济学原理》,第 109—110 页;方括号中的字母
是后标的)。这个陈述可以追溯到第一版(第 170—171 页);在其后的版本中只有编辑
的些微改动。

这个列表中的 a 项对应我的列表中的第 1 项;b 项对应第 2 项;d 项大概还有 e 项对
应第 3 项;f 项对应第 4 和第 5 项。c 项大概在一定程度上由限制对需求曲线的讨论在
某个特定市场而被涵盖,在一定程度上它包含了应该被加入到这个列表中的一项,即、
"财富"。f 的措词有些含糊,因为它可以指正在讨论的物品,也可以指补偿品,或是指
这两者。后来引用的正文和事例说得清楚,它指的是替代品;而石油和油灯的一个例
子,本身措词也很糊,表明它指的可能也是补偿品。

⑧ 在从第三篇第四章中摘取的引语中,在前一个脚注中,都明确提到了"财富",
尽管是分别由"普遍繁荣"和"全部购买力"来提的。亦见脚注 36 中第四段和第五段中
的引语。马歇尔反复使用"富人"和"穷人",而不是高收入的人和低收入的人(见第 19、
95、98 页)。然而,在一个说明性的例子中,富人和穷人是由他们的年收入来确定的(第
19 页)。而且在第三篇第四章中,他说:"我们已经说完了这个问题,而先前各章谈到了
富人、中产阶级和穷人,他们分别有着高、中、低收入——不是财产"(第 134 页)。

的分类中暗地里转移到了应该是同样的,但是明确提出的情况列表中。

第 3 项无须讨论,因为对它的唯一合理的解读是,它指的是品味和偏好。[39]

目前解读的重要缺陷在于它对第 4 项的处理,而这一处理,反过来,也造成了对于第 1 项和第 5 项的忽略。"竞争性商品"被"任何其他商品"取代了,或被读作了"任何其他商品",因此第 4 项被认为讲的是,假设每一种其他商品的价格是一样的。例如,亨利·舒尔茨说,好像这是很明显的事,而且没有引用任何马歇尔的话:"马歇尔也认为,在为任何一种商品建立需求法则给出的定义形式中,所有其他商品的价格保持不变。"[40]还可以引证无数具有同样效果的其他陈述。就我所见,唯一为得到支持而提及马歇尔的地方是在上面第四节 A 小节中包含第三段引语的页面——第 4 项引用的话语就来源于那里。这真是对我们自欺能力的一个绝妙注释。[41]那段引语中的第一部分黑体字,是那页中仅有的即便是遥

---

[39]　见上面的脚注[37]。在讨论边际效用递减的法则时,马歇尔说:"我们并没有假设时间可以对人本身的特性或品味有任何改变"(第 94 页)。

[40]　见前引书,第 53 页。紧接着他做出的这段陈述,他提供了埃奇沃斯关于"需求曲线"的文章(在前面脚注[4]中也引用了),不是作为他对马歇尔的解读正确性的证据,而是指出,该文提出了许多困难。

[41]　琼·罗宾逊没有用引证的话说:"马歇尔指导我们拉出一张需求表,其假设条件是:所有其他商品的价格是固定的"(《不完全竞争经济学》(*The Economics of Imperfect Competition* (London: Macmillan & Co., 1934), p. 20))。保罗·萨缪尔逊说,也没有引证:"根据'马歇尔部分均衡需求函数'中**其他情况不变**的假设条件,所有其他商品的价格和收入都被认为是不变的"(《经济分析基础》(*Foundations of Economic Analysis*, (Cambridge: Harvard University Press, 1947), p. 97))在 1939 年我为备课用的

80　远地支持用"任何其他"商品代替"竞争性"商品的文字。而跟着这段引语的具体事例——茶和咖啡、汽油和电灯、不同各类的茶、牛肉和羊肉——清楚地表明，马歇尔是在狭义上而非广义上使用"竞争"这个词的。若在广义上使用，或许可以说所有商品都是这位消费者收入的"竞争者"。⑫无论目前的解读有着怎样的好处，都不能在马歇尔的著作中找到明确的表述。

　　把第4项解读为指所有其他商品，使第5项变得不必要了，而且与第1项矛盾。第5项不必要，是因为引入一种新商品就相当于它的价格从无限量到有限量的一个下降；因此，如果每种其他商品的价格是保持不变的，第5项就被排除了。与第1项矛盾是因为，如果所有其他商品的价格不变，货币购买力就将降低，正在讨论的这种商品的价格就会升高。因此，货币购买力不可能对需求曲线上所有的点保持不变。

　　对第4项的这种解读使第5项多余并且不重要；该项是在一个举例说明的列表中，不是在一个包罗万象的列表中，而且也没有理由能说明马歇尔为什么就该小心翼翼地避免重叠。然而，第1项与第4项的逻辑矛盾被如此轻松地漏掉了。要保留目前的解读，

一篇关于收入和替代效应的未发表论文中，我说，也没有引证："毫无疑问，不过它［马歇尔的需求曲线］并没有打算……被解读"为"要表明价格中补偿变化的作用。"类似的陈述，全都引用《经济学原理》第100页的内容作为权威，由特里芬的《垄断竞争与一般均衡理论》(Robert Triffin, *Monopolistic Competition and General Equilibrium Theory* (Cambridge: Harvard University Press, 1940), p. 44; 诺里斯的《消费者需求的理论》(Ruby Turner Norris, *The Theory of Consumer's Demand* (New Haven: Yale University Press, 1941), p. 82)和温特劳布的前引书(*op. cit.*, p. 539)做出。

　　⑫　要是还有什么疑问，第一版中附加在"竞争者"一词上的脚注可以释疑，指的是杰文斯的短语"接近于'等价'的商品"（见上面脚注㊱）。

就必须：要么取消第 1 项，理由是它所依据的那些引语是例外的和外围的；要么宣告马歇尔的需求理论的一个根本点中存在逻辑矛盾。[43] 我认为，第 1 项不能被取消。货币购买力的不变在马歇尔的思想中显然是十分重要的，大概比我们列表中任何其他项都更 81 重要。[44]

尽管对马歇尔的目前解读引入了逻辑矛盾，但保留这种解读的一个借口是，假设马歇尔有意要把他的需求曲线的使用限于只占总支出一小部分的那些商品。这样一种商品的价格变化将会对货币的购买力产生很小的影响，而且这也可以被说成是马歇尔把它当作"第二层的影响"而予以忽略了。根据这种合理化解释，第 1 项就变得多余了，但是在限度内，与第 4 项指的是所有其他商品不存在逻辑矛盾了。

我并不认为马歇尔故意要把他的需求曲线的使用限于只占总支出一小部分的那些商品。他谈到的需求曲线有关于小麦的（第

---

[43]　目前的解读在经济思想界占优势的程度，不可能比这样一个事实更惊人地得到说明，精如 J. R. 希克斯的经济理论家能写下这样的文字："毫无疑问，它［货币边际效用的不变］……在他［马歇尔］的心中，是与一个货币不变价值（其他消费品对于讨论中的一个商品，有时候是一些商品的不变价格）的假设条件联系在一起的"（《消费者剩余的复原》（The Rehabilitation of Consumers' Surplus, *op. cit.*，p. 109））。在这里，希克斯把所有其他价格的不变当作第 1 项的一种替代说明来对待，但实际上，它与第 1 项在逻辑上是矛盾的。

[44]　见上面的脚注㊱和㊲。还要注意到，货币购买力不变在马歇尔时代之前很久就已经是一个标准的经济理论假设条件。它是李嘉图在其价格理论中提出的，而马歇尔谈到库尔诺对提出这一假设条件原因的讨论（见马歇尔的《经济学原理》（Marshall, *Principles*，pp. ix，62）；古诺的《财富理论的数学原理研究》（Augustin Cournot, *Researches into the Mathematical Principles of the Theory of Wealth* [1838]，trans. Nathaniel Bacon（New York：Macmillan Co.，1897），p. 26））。

106 页）、关于房屋空间的（第 107 页），以及关于他认为肯定是重
要的其他商品的。他第一次明确引入对不重要商品的限制，是同
他对消费者剩余的讨论联系在一起的，这一讨论紧跟在他对需求
曲线的初步讨论之后——在第八版中，是在三章之后；而且这种限
制在论点取决于它的大多数关键问题上重复说明。在一个关键问
题上，这种限制被说成是"一般地"，不是普遍地，无可非议。这个
证据可能不是结论性的，但它肯定建立了一个强有力的假定，马歇
尔并没有故意要把这一限制沿用到需求曲线的所有使用上。⑮

82　　　应该指出，马歇尔对不重要商品明确引入限制条件与对他的
需求曲线的两种解读的相对正确性没有关系。这个限制条件对于
马歇尔明确提出的每一个关键问题的这两种解读都是必要的。所
以，这个限制条件不能被看作像第 4 项的目前解读所说，第 1 项和
第 4 项是矛盾的。

　　2.另一种解读。——我对马歇尔需求曲线的解读几乎解决了
困扰着目前解读的所有难题，由于它接受了在第四节 B 小节一开
始列出的五种"其他情况"的表面价值。马歇尔的话可以被理解为
意味着，他们所说的没有不适当的伸展，而且在第 1 项，货币购买

----

　　⑮　与消费者剩余的讨论，以及在那个讨论中暗示的货币边际效用不变的假设条
件有关，马歇尔说："这个假设条件……成为我们全部论证的基础，在任一物品上的支
出……只是他全部支出的一小部分"（第 842 页）。这个引语取自的那段话的第一句明
确将它限定在"对消费者剩余的讨论"（第 842 页）。这段引语后面跟着一个前后参照，
引到马歇尔对这一过程的著名分析的部分，通过这个分析，在他讨论的一个玉米市场
中实现了均衡。"这个潜在的假设条件是，商家花钱的意愿在整个过程中近乎完全不
变"（第 334 页）。他说："这个假设条件对于交易我们所关注的商品的大多数市场是无
可非议的。当一个人为了自己消费而买什么东西时，一般来说，他花的钱只是他全部
财力的一小部分"（第 335 页）。

力,和第 4 项,竞争性商品的价格,这两者的不变中没有逻辑矛盾。第 5 项,可获得的竞争性商品的范围,还是冗余的,因为,如果"竞争者"在第 4 项和第 5 项中有着相同的意义,一种新的竞争性产品的创新意味着其价格从无限到有限价值的一个变化。

我的解读也解释了在第四节 A 小节中第二段引语的精确措词,它的一部分是这么说的:"一个人拥有的某种物品的数量越大,他愿意为得到更多一点这种物品支付的价格就越少……"从目前的解读看,这是一种奇怪的措词形式。为什么要强调一个人拥有的某个物品的数量,以及能诱使他做出的边际支出,而不是他购买的数量和他支付的平均价格呢?从我的解读看,这个措词是从上面第一节 C 小节的论点(还有马歇尔数学附录的注释 II)直接得出的。根据这个论点,一个在我的解读上建立起的需求曲线可以被看作是表示了,能诱使一个人为该商品的连续增量购买支付的单位最大价格。

在我的解读中还有一个小问题。为什么马歇尔把他的注意力限制在"竞争性"商品上呢?为什么不是"关系近的"商品,包括竞争品或补充品?在他讨论需求曲线时对于"竞争品"这个词的使用,

---

在第三篇第三章中,马歇尔在任何地方都没有明确把他的讨论限制在不重要的商品上。在那章中有一个说法或许会被看作是做了这种限制性讨论,是在第 95 页,说的是"货币的边际效用对他是一个固定的量。"但是,从上下文中看,还有数学附录中的注 II 证明,这只是对一个特征(若收入不变,货币的边际效用也不变)的文字说明,因此,与这个问题并非真的相关。在第八版中,注 II 只是在那个小节的末尾才被提到,后面跟着的就是含有引语的那个段落。然而,在第一版中,相应的注释(注 III)是在含有引语的那段末尾时被提到的,因此清楚地包含了它(第 155—156 页,第 737—738 页)。

上面的引语自第一版以来基本上是没有变动过的。然而,限于不重要商品的限制条件,在马歇尔夫妇的《工业经济学》中没有提及,在《纯理论》中也没有提及。

显然并不是一个文字上的失误。他反复使用这个词；他的几乎所有事例谈的都是替代品的影响或通过替代品产生的影响。对于这个问题，我还没有好的答案；唯一看来有说服力的答案是，他认为"连带需求"（joint demand）的概念和伴随的分析工具能更好地适于解决包括补充品在内的问题。[46]

我的解读可以从马歇尔的话语中非常直接地得出，以至于假如不是因为目前的解读在过去半个世纪的经济思想和著作中占据着无可争议的主导地位，则也许没有必要为我的解读作进一步的辩护。正是由于这一原因，才有必要从《经济学原理》的正文中寻找更多的证据，来证明另一种解读的正确性。

C. 从《经济学原理》的正文中得出的反证

我在《经济学原理》第八版的正文中只找到了一段与我对马歇尔的解读有些矛盾的话。这是著名的一段话，前面已经注意到了，是谈所谓"吉芬现象"的话，在第三版中第一次引入的：

> 例如，像 R. 吉芬爵士曾经指出的，面包价格的上升会很快吸干**穷困劳动家庭**的财力，并且会使他们的货币效用大幅上升，他们被迫限制自己对肉类和更昂贵的谷粉食物的消费；而且，面包仍然是他们能得到和将会接受的最廉价的食物。

---

[46]　在数学附录的注释 II 中，马歇尔对一个为把从不同商品获得的消费者剩余合并起来而提出的公式做了限定，他说："要是我们能找到一个方案，能把满足相同愿望的所有那些东西都组织进一条共同的需求曲线，对竞争品也是这样，对每一组可以作为补充品起作用的那些东西也这样处理（见第五篇，第六章）……"（第 842 页）。第五篇，第六章，包括了对共同需求的讨论。引用的这个限制在第三版第一次出现。

他们消费的面包更多了,而不是更少了[第 132 页;黑体字是后标的]。

这段话清楚地使收入效应抵消了替代效应,而在我对马歇尔的解读中,实际收入在需求曲线的所有点上是相同的,所以没有"收入效应"(见上文第二节 B 小节)。因此,这段话反映了目前解读的精神。然而,我标为黑体的那些字表明,它不一定与我对马歇尔的解读矛盾。货币的购买力和社会的实际收入在很大程度上可能还是不变的;而社会中一个有着特殊消费模式的特定人群的实际收入,却可能表明,受到特定商品价格上升的负面影响。⑰

D. 马歇尔数学附录中的证据

《经济学原理》的数学附录确认和扩展了在该书正文中和马歇尔的其他著作中已经表达的证据。注释 II(在第一版是注释 III)明确地得自需求物品价格与数量的一种关系,这种关系与依据我的解读建立的需求曲线是一样的,其中的实际收入因货币收入的补偿变化而保持不变。其实,我的这样一个需求曲线(在上文第一节 C 小节中)的出处是马歇尔的数学式的一种文字解释。马歇尔并没有明确地说,他得出的关系是需求曲线,但是注释 II 被附加到了他对需求曲线的初步讨论中(在第八版中是第三篇第三章),而且被赋予了对需求曲线做出陈述的权威;因此,可以说毫无疑问,它呈现出了马歇尔需求曲线的纯理论。

---

⑰ 见马歇尔在《普通价格波动的补救》("Remedies for Fluctuations of General Prices"(1887), *Memorials*, p. 207)中对这种可能性明确而着重的讨论。

85 　　在《经济学原理》的所有版本中，附加给马歇尔消费者剩余讨论的注释 VI，包含了一句话；从对马歇尔需求曲线的目前解读来看，它完全是错误的，而从我的解读来看，它却是正确的。

　　最后，在第三版的注释 VI 中加的一句话（《经济学原理》正文中在附带地谈到吉芬现象时提到了这句话），包含了一个隐含的数学命题；从目前解读来看是正确的，而从我的解读来看是不正确的。正在讨论的这个数学问题要比前面两段中提到的那些问题要敏感得多，因此不能用同样的权重来对待。

　　这两个注释要在本文的附录中详细考察。读者可以从中了解对上面陈述的证明。

E. 证据的综合

　　在对马歇尔需求曲线的目前解读与我的解读之间有两个不同：(1)按照目前的解读，分别考虑到了每种其他商品的价格；按照我的解读，考虑到的只是所有商品的平均价格，而不是正在讨论的那种商品及与其接近的竞争性商品的平均价格。(2)按照目前的解读，沿需求曲线的实际收入对于正在讨论的商品的价格是变动的；按照我的解读，沿需求曲线上的实际收入是不变的。

　　第一点，不大重要，分别考虑每一个其他价格是出于数学上的方便，而这种方法对于数学注释 XIV 和 XXI 的作者或许证明是非常好用的。另一方面，在实际分析中不可能分别考虑每一个价格；所以《经济学原理》正文的作者显然就会使用平均价格，而这完全符合马歇尔明确阐述的方法论原则（见上面第二节 A 小节）。马歇尔没有明确地讨论这一点，因而正文中的证据全都是间接的。

第二点,是根本的不同,证据几乎没有为怀疑留下空间:马 86
歇尔的需求理论,在其《经济学原理》第一版的表达形式中,明确
地建立在沿需求曲线的实际收入不变的基础之上。这种解读不
仅与《经济学原理》第一版全部正文的字面意义和精神是一致
的,而且借助上面从第一版的数学附录的两个注释中引证的证
据,几乎是最终得到了确认。在马歇尔要做到有说服力并使有
教养的专业人士接受其工作的坚决努力中,他的文字表达或许
是有些含糊,尽管,他似乎不大可能会有逻辑上的矛盾。令人难
以置信的是,他还会不只是含糊,而且还会在以数学语言表述的
简单数学问题上出现明显的错误,特别是由于,如果他是在明确
地使用目前对需求曲线的解读,正在讨论的这些数学问题甚至
都不可能出现。

然而,我倾向于相信,在马歇尔在《经济学原理》的第三版中加
进了一些修改的那个时候——大概是在 1891 年第二版出版和
1895 年第三版出版之间——他自己受到目前解读的影响,大概没
有意识到这种解读与他自己的不一样。这个推测主要以上面引用
来说明与我的解读相矛盾的两段话为依据:谈论吉芬现象的那段,
还有数学附录中注释 VI 的最后一句话。这两处都是在第三版中
加进去的,而且这是我能在《经济学原理》的任一版本中能找到的
仅有的,适合于目前解读而不适合于我的解读的部分。此外,这两
处都是证据,表明在马歇尔需求理论精雕细琢的要点上存在着混
乱(见本文附录的最后一段)。

如果《经济学原理》第一版和第三版合并工作之间的时间间隔
像这两版之间的出版时间那么短,认为马歇尔没有意识到目前解

读与他早先工作的矛盾这一假定恐怕就难以成立了。但是,正如
前面已经指出的,情况并非如此。马歇尔的需求理论和他对消费
者剩余的分析这两者的精华早已包含在《(国内)价值的纯理论》一
87　书中,尽管该书直到 1879 年才付印出版,但"大约在 1873 年肯定
就已大体完成了"。[48] 在该书中没有提到的需求理论的一个重要
问题——对货币购买力不变的明确论及——是在于 1879 年出版
的《工业经济学》中提到的。在《经济学原理》中唯一重要的增加是
"需求弹性"的概念;而且就连这个概念(与现在的问题无关)也是
完成于 1881 年到 1882 年之间。[49] 在《经济学原理》的后续版本中
没有对需求理论做重要的实质性改动,尽管对说明做了扩充和重
新安排,具体措词有了变化,并修订了一些事例。(在第三版中)讨
论消费者剩余时引入的唯一重要的实质性变化,与我们现在讨论
的问题无关。[50]

---

[48]　Keynes, *Memorials*, p. 23.

[49]　*Ibid.*, p. 39, n. 3.

[50]　这个变化并没有以赞赏的态度反映出马歇尔承认错误的愿望。第一版说:"那
么,有了这些更正,我们可以把用货币总量衡量的财富的全部效用看作是由财富决定
的那部分幸福的公平测度"(第 179-180 页),这些更正指的是"不同购买者的财富存
在差异"(第 178 页)和"往往为人们所忽视的集体财富的因素"(第 179 页)。第一段引
语的一个脚注指的是数学注释 VII,他在其中说,服从于同样的两个限制条件:"若 a_1,
a_2, a_3, …… 是几种商品被消费的数量,其中 b_1, b_2, b_3 …… 是生存所必需的,若
$y = f_1(x)$, $y = f_2(x)$, $y = f_3(x)$ … 是它们需求曲线的方程式,则他的财富的全部效
用,当然包括生活资料,由下式得出

$$\sum \int_b^a f(x) dx"$$

(第一版,第 741 页)

第八版中并不包括第一个陈述。相反,在正文中包括了一个明确的告诫,说不要
将不同商品的消费者剩余相加,还有一个脚注说:"先前各版中有一些含糊的说法,似乎

　　马歇尔自己写道:"关于价值和分配的理论,我的主要看法实 88
际上在 1867 年到 1870 年的那些年中就已经形成了……到此时
〔从上下文看,是 1874 年〕,我实际上已经完成了我的数学附录的
全部实质内容。"① 如此说来,马歇尔似乎在 18 世纪 70 年代初期
就已经完成了他在需求理论上的基础工作,而且此后没有做出重
要的实质性修改。第三版大约在二十多年后问世——这么长一段
时间足以让本来精确细致的数学分析变得模糊,使人们不注意它
们与一套表面看来相似的具体分析的差别。从其他人接受了目前
的解读以及完全缺少对它的争论来看,这好像特别有道理。

　　还有旁证可以证明,"马歇尔没有意识到目前解读与他先前工
作之间的矛盾"。那就是,在马歇尔或他的比较著名的学生的著作
中,显然都没有明确讨论过,甚至没有任何话语可以合理地解释为
他们认识到存在着对需求曲线的各种不同解读。然而,正如前面
提到的(脚注 4),目前的解读是由埃奇沃斯早在 1894 年在《帕尔
格雷夫政治经济学辞典》中论及"需求曲线"的一篇文章中给出的。
人们认为,马歇尔肯定已经读过这篇文章。尽管"除正在讨论的这
一商品外其他商品的价格不变"这一假设条件不能明确归结为由
马歇尔提出,但该文的大部分内容依据的是马歇尔的观点;而且

是向读者提供了与此相反的意见"(第 131 页)。数学附录的注释 VII 被修正,用"收入"
取代了"他的财富",而且更重要的是,用"或许可由下式得出"取代了"由下式得出",并
在公式后加上了重要的限制条件,"如果我们能够找到一个方案,把所有满足同样需要
的物品和竞争品全都归入到一条共同的需求曲线中,也把起补充作用的每组物品放进
去……但是,我们不可能这么做;因此,这个公式仍然只是一种概括的表达,没有实际
用途"(第 842 页)。如上所说,这些改变可追溯到第三版。

　　㉠　Letter to J. B. Clark, *Memorials* , p. 416.

没有人认为,这个假设条件不适用于马歇尔的需求曲线。此外,瓦尔拉斯对需求曲线的定义(大概是受埃奇沃思的影响)与对马歇尔需求曲线的目前解读是一样的,而马歇尔在《经济学原理》第一版中数次提到瓦尔拉斯,尽管马歇尔不依赖于瓦尔拉斯而独立地提出了他的需求理论,这一点看来是很清楚的。[52] 所以,在马歇尔还在对《经济学原理》做重大修订的那个时候,他必定已经接触到了对应于目前解读的需求曲线的定义。要是他已经意识到这一解读是不正确的,难道他会不利用机会在后来的版本中澄清他的阐述吗?

第五节　经济理论的不同概念

对马歇尔需求曲线的目前解读如何能在那么早的时候就获得了如此不容置疑的领导地位,并且不仅作为对马歇尔的解读,而且作为"那个"需求曲线的"专门"定义保持了如此长的时间,仍然是个谜。

一个明显的解释是,数理经济学家大概比其他人更喜欢明白而精确地阐明他们对其他价格变动的假设条件;数理经济学家大概熟知瓦尔拉斯独自做出的定义,并以它作为起点;而且无论如何,目前的解读从数学上说比较方便。人们可以认为,其他经济学家,遵从了数理经济学家的引导,并因此,目前的解读被当作是理

---

[52]　*Principles* (1st ed.), pp. xi, xii, 425; Keynes, *Memorials*, pp. 19—24; Marshall's letter to J. B. Clark, *ibid.*, pp. 416—418.

所当然的,而且没有置疑就被接受下来。

然而,在我看来,这个解释好像是答案的一个重要部分,但我不相信这就是全部答案。诚如我上面所说,要是我对马歇尔的解读对于大多数实际问题更有用处,为什么极少有人建议使用它;为什么人们对于目前的解读还没有感到普遍的不满意呢?看来,肯定有某种指定给经济理论的作用,使得目前的解读能够被接受。

我倾向于认为,事实上,情况就是这样。通过缓慢而渐进的一些步骤,指定给经济理论的作用在到今天的时间过程中已经改变了,我们指定给理论的作用完全不同于马歇尔的。我们向马歇尔屈膝行礼,但我们与瓦尔拉斯一同前行。

马歇尔与瓦尔拉斯之间公认的区别是,马歇尔研究的是"部分均衡",瓦尔拉斯研究的是"一般均衡"。我认为,这个区别是虚假的,也是不重要的。马歇尔和瓦尔拉斯以同样的方式研究一般均衡;部分均衡分析通常被认为只是一种特殊的一般均衡分析——当然,除非说,部分均衡分析是错误的一般均衡分析。马歇尔在1908年写给 J. B. 克拉克的信中说:"我毕生致力于并仍将致力于尽可能地以现实主义形式表达我的注释 XXI。"[53]注释 XXI(从《经济学原理》的第一版到最后一版,它基本上没有变动过)提出了一个一般均衡的方程组。它以这句话结束:"这样,无论这个问题变得多么复杂,我们都能看到,它在理论上是确定的,因为未知数的数目永远正好等于我们获得的方程数。"[54]这给出了对上面问题

90

---

[53] *Memorials*, p. 417.

[54] 《经济学原理》(*Principles*, p. 856)。这个注释在第一版中标的序号是 XX。

的解释,为什么马歇尔完全可能在构建需求曲线时已经决定让货币购买力保持不变,因为这样就会使它与这个方程组中没有直接研究的那些部分中的一般均衡保持一致。

在马歇尔和瓦尔拉斯著作中暗含的经济理论概念之间的重要区别,存在于建立和使用这种理论的目的之中。对于马歇尔来说——还要重复先前引用的说法——经济理论是"发现具体事实的一部引擎"。"经济工具论"提出了"系统的和有组织的推理方法"。马歇尔写道:

> 事实本身是沉默的……所有理论家中最莽撞而又靠不住的人表示,要让事实和数字自己说话,暗地里却一直在,或许是无意识地,选择和组合事实和数字,并提出论点,*post hoc ergo propter hoc*(然后必然地)……这位经济学家……肯定会怀疑任何据说是过去对目前问题的直接说明。他肯定会坚持己见,绝不让步,制订更加勤奋的查询事实的计划,以了解各种原因单个的与合并的作用方式,用这样了解到的情况去建立经济理论的工具论,然后借助于这个工具,来研究社会中的经济问题。⑤

91　　按照这种观点,经济理论有两个相互混合的作用:一是,对经济问题提供"系统的和有组织的推理方法";二是,根据事实证据,对"原因起作用的方式"提出一套实质性假说。在这两种作用中,对理论的检验是,它在说明事实和预测经济环境变化产生的后果中体现

---

⑤　这段引语摘自马歇尔的文章《经济学的现状》(Marshall, "The Present Position of Economics" (1885), *Memorials*, pp. 159, 161, 164, 166, 168, 171)。

出的价值。抽象性、概括性、数学的精致表达——这些都是次要的，它们自己还要由对应用的检验来判定。方程式和未知数的计算是对推理完整性的一个检验，是分析的开始，而不是分析的结束。

毫无疑问，大多数现代的经济理论家都会接受这些对经济理论目标的概括表述。但是，我们的工作与我们的表白不一致。抽象性、概括性和数学的精确表达在一定程度上变成了目的本身，成了判定经济理论的准则。事实被描述，而非被说明。检验理论的标准是，看其"假设条件"是否对现实照相般精确地描述了现实，而不是看依据理论所做的预测是否正确。从这个观点来看，对需求曲线的目前解读显然更好。它更加概括而精确，在需求函数中包括了世上每一种商品的价格，而不是一组剩余商品的平均价格。任何价格都会影响到其他价格，所以一个包括了每一价格的需求方程是一种更精确的照相般的描述。当然，不能用它来发现"具体事实"，它不包含能够被反驳的经验概括——而这些却是马歇尔反对的。从经济理论的最近的发展中再兴一个例子：从"瓦尔拉斯式的"观点看，取消"产业"的概念是一个进步，以个别企业作为分析的单位，把每个企业都作为一个垄断者来对待，将所有的分析要么限定为个别企业的经济学，要么限定为整个经济的一般均衡分析。⑤ 从马歇尔的观点看，这种垄断竞争分析的逻辑终点是一个死胡同。它的范畴是僵硬刻板的，不是由要解决的问题确定的，而是由数学方面的考虑确定的。它产生不了预测，归纳不出经验概括，无法提供有用的分析框架。

92

---

⑤ Triffin, *op. cit.*, pp. 188—189.

　　当然,要是从这个意义上把当代经济学都说成带有"瓦尔拉斯式"的特征,那也是言过其实。例如,凯恩斯的就业理论,无论从其他理由说好说赖,在方法上是马歇尔式的。它是包含了重要经验内容的一个一般均衡理论,是为便于作出有意义的预测而构建的。另一方面,最近以凯恩斯就业理论以基础开展的大量工作则是瓦尔拉斯式的。

第六节　结论

　　现代经济理论通常将需求曲线定义为,在品味、货币收入和其他商品价格既定的情况下,它表现一种所需商品的数量和其价格之间的关系。这个定义也始终被认为是对艾尔弗雷德·马歇尔在其《经济学原理》中界定和使用的需求曲线的正确解读。极少有人说,一种不同的定义或许更可取。

　　尽管这种对马歇尔的解读无可争议的公认地位已经确立了半个多世纪,在我看来,它却是错误的。马歇尔的早期著作、《经济学原理》的正文,还有,甚至更为肯定地,数学附录,提供了几乎是决定性的证明:马歇尔的需求曲线在两个方面与人们常常使用并归结为他的那个需求曲线不同。第一,除了正在讨论的商品和与它相近的竞争品外的其他商品被当作一组商品而非个别的商品来对待,而且明确考虑的只有它们的平均价格;第二,更重要的是,实际收入被认为在需求曲线的所有点上是相同的,而不变的货币收入和其他价格暗示了,正在讨论的商品的价格越低,实际收入越高。马歇尔的需求曲线可以区分为两个变体:一个是在《经济学原理》

正文中使用的,利用其他商品的价格变化补偿正在讨论的商品的价格变化,并由此,使货币的购买力保持不变;另一个是在数学附录中使用的,利用货币收入的变化补偿讨论中商品的价格变化。 93

　　在正文中,唯一与这种解读有冲突的证据是正文中的一段话,在附录中还有有关的一句话,是在《经济学原理》的第三版加上的。这些与《经济学原理》其他部分的不一致,可以用一个假说来解释,即马歇尔本人后来受到对需求曲线目前解读的影响,而没有意识到它与其先前的著作不一致。有些旁证也支持这一假说。

　　对需求曲线的另一种解读不仅忠实于马歇尔著作的字面意思和精神,而且对于分析具体问题也比常用的需求曲线更有用。在我看来,接受一个不大有用的定义,是在经济分析中理论的作用发生了概念变化的结果。对需求曲线的目前解读是瓦尔拉斯式的,因此,目前的经济理论一般也是瓦尔拉斯式的。㊗

㊗　要是举例,兰格的《价格的灵活性与就业》(O. Lange, *Price Flexibility and Employment* (Bloomington, Ind.：Principia Press, 1944))大概是个好例子。

关于《经济学原理》数学附录中
两个注释的附录

I. 第八版中的注释 II

这个注释在《经济学原理》第一版中的编号是 III,在其他版本中的编号是 II。在第一版中,相关部分的措词如下(第 737－738 页):

"设 m 一个人在任何时间所能支配的为货币数量或一般购买力,μ 代表货币对他的全部效用,于是,$d\mu/dm$ 代表了货币对他的边际效用。

设 p 是他为购买 x 量某种商品刚好愿意支付的价格,这给他的全部快乐为 u,那么

$$\frac{d\mu}{dm}\Delta p = \Delta u \; ; \; 并且 \; \frac{d\mu}{dm}\frac{dp}{dx} = \frac{du}{dx} \cdots\cdots$$

他的财力每有增加,货币的边际效用对他就下降……

因此,对他而言购买 x 量某种商品的边际效用 $d\mu/dx$ 保持不变,他的财力的增加……使 dp/dx 上升,也就是说,dp/dx 是一种比率,按照这种比率,购买更多的商品。把 μ 当作一个变量,也就是说,允许这个人对此种商品的喜好出现可能的变化,我们可以把 dp/dx 看作是 m,u 和 x 的一个函数……"

在第八版中的措词，除了用"货币效用的边际度"取代了"货币的边际效用"，并把"du/dx"和"把 μ 当作……此种商品"从上述引语的最后一段中删去之外（第 838—839 页），都是一样的。这些变化都是在第三版首次出现的。

在这个注释的第二句话中，"价格"这个词被解读为"总量"，而不是"单位价格"。从上下文看，这一点是很清楚的，而且为跟在其后的方程式和规定 dp/dx 为"一种比率，按照这种比率，他愿意为购买更多的商品的比率"所证明。第二句话中的"只愿意"和跟在其后的方程式表明，p 是他能为 x 量支付的最大数额，并且具有与他不买这种商品同样的效用。因此，马歇尔正在描述的过程就像本文第一节 C 小节中略述的那样，由此得出此人为该商品的后续增量可能付出的最大数额，此人得到的"实际收入"不变，也就是说，在整个过程中，一直处于同样的无差异曲线上。

最后一句引语表明，u 应被看作是一个允许品味变化的参数。这句话的其余部分只是描述了一个像在本文脚注 5 中从(5)和(6)两个方程式中消除 y' 得到的一个函数。在马歇尔的函数中，参数 m 取代了我们脚注中的 U_0，因为 dp/dx 仍然被看作是支付给该商品增量的单位价格，而不是可以购买的任何数量该商品的单位价格。结果，无需明言，在马歇尔的分析中已经暗含了收入的补偿变化。

"需求"一词在这个注释中没有出现，但是这个注释是附在《经济学原理》中马歇尔第一次引入需求曲线的那一章（在第一版中是第三篇的第二章；在最后一版中是第三篇的第三章），并被当作为对需求曲线陈述的证明；因而可以毫无疑问，最后一句引语中提到的"函数",就是马歇尔需求曲线的函数。

　　我无法拿出一个对这一注释的解读,说它与对马歇尔需求曲线的目前解读是一致的。

II. 注释 VI

　　这个注释的编号在所有版本中都是一样的。在第一版中,有关部分的措词如下(第 740 页):

95　　"设 y 是一种商品的 x 量能在某个市场中找到买主的价格,而且 $y = f(x)$ 是需求曲线的方程式,那么,该商品的总效用由下式得出

$$\int_0^a f(x)dx,$$

其中 a 是消费量。

　　"然而,若该商品的 b 数量是维持生命所必需的数量,则对于小于 b 的各 x 值来说,$f(x)$ 将为无穷量,或者至少是无穷大。因此,我们必须假定生命的存在,并且必须单独估计该商品超过绝对必需品的供应部分的总效用:这当然就是

$$\int_b^a f(x)dx\cdots\cdots$$

　　"应该指出,在讨论消费者租金时,我们假设货币对于单个买主的边际效用始终是不变的。……"

　　在其后的版本中,对这些句子只做了微小的改动:在第五版中有一个排版错误,这个错误在以后的版本中也没更正,在第二句中用 $f(z)$ 替代了 $f(x)$;还有就是用"消费者剩余"取代了"消费者租金"。在第三版中,下面的句子被添加到这个注释的末尾:

"如果,无论出于什么理由有必要考虑到他在茶叶上的支出对于货币对他的价值产生的影响,则只要在上述积分中用 $f(x)$ 乘以 $xf(x)$(即他购买茶叶已经用掉的钱数)的函数就可以了。这个函数表示的是,当他的货币存量因用掉的数额而减少后,货币对于他的边际效用"(第三版,第 795 页)。后来的改动只是在"理由"后面加了一个逗号,并在"在上述积分中"前面删去了一个逗号(第八版,第 795 页)。

在其最后形式中,注释 VI 好像有些内部矛盾:第二句话从对马歇尔的目前解读来看是错误的,从我的解读看则是正确的;而最后一句话,即在第三版中加上的那句,好像从目前的解读来看是正确的,而从我的解读看则是错误的。

A. 第二句话

从目前的解读来看,第二句话是错误的,它让沿需求曲线的货币收入和其他价格不变,因为需求曲线纵坐标上 x 的任何数量都不能超过用 x 来除的货币收入,而这对于 x 的任何一个固定值——比如说 x_0,并非"无限大"——无论 x_0 大于还是小于 b。是的,当 x 趋近于零时,$f(x)$ 或许会趋近于无穷,但马歇尔没有这么说;他说的是,"对于小于 b 的各 x 的值"(也就是说,对于任何小于 b 的 x 的特定值,比如说,$x_0 = 0.99b$),它是"无穷大"。

依据我的解读涉及了货币收入的补偿变化的那个变体(第八版注释 II 使我相信,马歇尔在数学附录中使用的就是这个变体),这句话是完全正确的。当 x 从一个大于 b 的值下降时,保持此人实际收入不变所必需的货币收入补偿变化就会变得越来越大,随 x 趋近于 b 这个维持生命所必需的最小数量而趋近于无穷。这使得需求曲线的纵坐标很可能随 x 趋近于 b 而趋近于无穷。依据涉及其他价格补偿变化的变体（马歇尔用在正文中的变体），对于小于 b 的各 x 值，需求曲线的定义不成立：对于讨论中的商品的有限价格，如果该商品足够高，以至于既定的货币收入只能购买小于 b 的 x 量，那么，对其余商品将不存在一组（在能使同样的货币收入提供同样的效用水平的意义上）保持货币购买力不变的非负价格；货币收入和实际收入这两者不可能都保持不变，而且同时使所有价格保持非负。因此，从我的解读的两个变体来看，这句话是正确的。

删去这个作为反对目前解读的证据的句子，一个可能的理由是，那种解读的所谓"错误"是我自己造出来的，是由于那个注释做过于微妙也过于字面化的阅读而出现的。人们可以认为，马歇尔使用需求曲线是为了说"效用曲线"，使用 $f(x)$ 是为了说"边际效用"，因此，他并没有考虑，如果从字面上 $f(x)$ 被解读为需求曲线的纵坐标，这句话是否正确。马歇尔在 1893 年出版的论"消费者剩余"文章中的一个注释可以引为这一论点的证据。⊗ 他在这个注释中引用了注释 VI 的部分如下："'然而，若该商品的 b 量是维持生命所必需的，［第一个因素的效用］a 将是无穷的。'"马歇尔用以替代 $f(x)$ 的方括号中的表达会支持以下看法：他对"需求曲线"和"效用曲线"是互换使用的。

⊗ 《消费者剩余》（"Consumer's Surplus," *Annals of the American Academy of Political and Social Science*, III（March, 1893），618—621）（方括号是原文里的）。这个注释是对西蒙·帕滕一些评论的答复。在这个记录（*Annals*）中出现的方括号后的 a，在《经济学原理》中并没有出现，而我能给出的解释是，它只是个排版错误。

我自己并不接受这种论点；在我看来，它对马歇尔太不公平。首先，我倾向于不重视马歇尔晚至 1892 年或 1893 年插入的一个偶然的、解释性的措词，那已是合并到注释 II 中的基本分析完成后约 20 年了。我在上面已经提到，在这里还将引用证据说明，到 1890 年代初，马歇尔对他自己完成的需求理论的精细之处可能已经有些糊涂了。其次而且更重要的是，马歇尔在数学附录较早的注释中清楚地区分了效用曲线和需求曲线和，反复使用"效用"这个词，并在注释 VI 的第一句话中说："该商品的总效用由下式**测得**

$$\int_0^a f(x)\,dx \text{ ”}$$

（第一版，第 740 页，黑体字是后标的）。要是他曾用 $f(x)$ 代表边际效用，我用黑体字标出的词就会被省略。最后，注释 VI，像数学附录中的其他部分一样，概述了一个微妙的、近乎理由充分的，但并非显而易见的数学论点，据我所知，其中还从来没有发现过错误。要是说，这个数学论点因为要接受批判而在措词上有意表达得松散而粗疏，或者要是说，在它发展的某个阶段上，马歇尔没能看出对需求曲线的目前解读从字面上理解他的话中隐含的简单数学错误，这可信吗？在我看来，他所说的就是他的真实意思更为可信，而依据我对他的需求曲线的解读得出他的话的正确性，就是给这一解读提供的强有力证据。

B. 最后一句话

对于在第三版的注释 VI 中添加的最后一句话的解释，尽管还不是完全令人满意的，却是较为令人满意的，而且我也拿不出远

比这令人满意的其他解释。

令 U 为这位"个人购买者"的效用函数，U_x 是 x 单位的茶叶对他的边际效用，即 U 关于 x 的偏导数。现在，由于拥有 a 而不是 b 单位茶叶导致的效用增加——用效用单位衡量的消费者剩余——由下式给出

$$\int_0^a U_x dx, \qquad (1)$$

在这里，这个积分计算的是其他商品的不变量。当 a 单位的茶叶被消费，而且其他条件是对应于需求曲线 $y = f(x)$ 的那些条件时，这个不变量等于被消费量。

在这条需求曲线上的每一个点，

$$U_x = ny = n(x)f(x), \qquad (2)$$

其中，n 是货币的边际效用，当然，它本身是需求曲线上 x 的一个函数。对 (2) 式的两边积分，得出

$$\int_b^a U_x dx = \int_b^a n(x)f(x)dx \qquad (3)$$

(3) 式的左边，在符号上与 (1) 式是一样的；然而，两者之间有一个重要的不同。在 (1) 式中，U_x 的计算，当 x 变化时，保持其他商品的数量不变；而在 (3) 式中，U_x 的计算，则使需求曲线上任何保持不变的东西，(依据目前的解读是货币收入和其他价格，依据我的解读是实际收入) 继续保持不变。一般来说，(依据两种解读)，其他商品的数量会沿需求曲线而变化，而 U_x 可能取决于其他商品的数量，于是，对于 x 的值而非 a 的值来说，(3) 式中的 U_x 与 (1) 式中的 U_x 在数字上会不同。如果假设 U_x 独立于其他商品的数量——这个假设条件是马歇尔相当明确地作为一般原则规定的

（例如，见数学附录的注释 I 和 II），这个困难就会消失。那么，根据这个假设条件，（3）式右边测量的是用效用单位衡量的消费者剩余。

正是在这一点上，出现了解读的难点；因为（3）式的右边是通过"上面给出的积分中的 $f(x)$"乘以"x 的函数"得出的，x 的函数"表示……货币的边际效用"。为什么马歇尔说"$xf(x)$ 的函数"而不说单独 x 的函数呢？做出这种替代是正确的吗？人们可以认为，对于 x 的每一个值，有一个相应的 $f(x)$ 的值，并因此有一个 $xf(x)$ 的值，所以这两种表达形式是等价的：马歇尔只是做了一个转换，$z = xf(x)$，并把 $n(x)$ 转变为 $n(z)$。然而，这个论点并不严谨。一般来说，x 不会是 z 的一个单值函数；因此，对于 z 的任何一个既定值，会有不止一个 x 的对应值，并因此有不止一个 n 的值。当且仅当 n 是 z 的一个单值函数时，即当 $n(x)$ 对于 x 的所有值都是同样的，$xf(x)$ 对于 x 也是同样的时，这两种表达方式才是等价的。

假设茶叶的边际效用独立于其他商品，依据目前的解读，这个条件永远能得到满足，而依据另一种解读则无法满足。令 x' 代表由除茶叶之外所有商品组成的一个综合商品的数量，y' 代表其价格，$U_{x'}$ 代表其边际效用。在需求曲线上的每点有

$$\frac{U_x}{y} = \frac{Ux'}{y'} = n.$$

依据对需求曲线的目前解读，货币收入和其他商品的价格在需求曲线的所有点上是一样的。于是，对于产生了 $xf(x)$ 同样值的 x 的所有的值，用在购买其他商品上的钱数是同样的；所以 x'

是不变的(因为根据定义 y' 是不变的); $U_{x'}$ 不变(因为,根据茶叶的边际效用独立于其他商品的那个假设条件, $U_{x'}$ 只取决于 x'); n 也不变。因此,依据对需求曲线的目前解读,马歇尔使用 $xf(x)$ 而不是 x 是正确的。

依据我的解读,沿需求曲线的货币收入是变化的,以保持实际收入不变,其他价格也是变化的;因此,前面的论点就不再正确。两种表达形式并非总是等价的,这一点可以用一个相反的例子来证明。如果其他价格保持不变,并用收入的补偿变化保持实际收入不变,则

$$U = \sqrt{x} + \sqrt{x'}$$

是一个效用函数,它对于 x 的不同值,给出 n 不同的值,产生 $xf(x)$ 的同样值。如果货币收入不变,并用其他价格的补偿变化保持实际收入不变,则

$$U = 3 + x - \frac{1}{10}x^2 + \sqrt{x'}$$

是这样一个效用函数。因此,依据另一种解读的两种变体,马歇尔使用 $xf(x)$ 而不是 x 都是不正确的。

无论人们接受对需求曲线的哪一种解释,这种解释都会使马歇尔的一些言语表述不正确或含糊不清。(1)插入语 $xf(x)$ 的意含义所做的解释好像是错的——为什么要用"已经"这个词呢?如果有人想要从这位消费者购买的每一连续单位茶叶中赚取尽可能多的钱,并假设他为连续单位支付的最高价格由需求曲线给出,那么,

$$\int_b^x f(x)dx$$

而不是 $xf(x)$，是他"已经为茶叶花费"的钱数。如果有人想要知道，以茶的某个给定价格，买茶要花的钱数，那么 $xf(x)$ 就是当价格为 $f(x)$ 时的那个钱数，不是"已经花掉"的钱数。上面提出的解释接受了后面对那个插入语的处理，即假定"已经"一词被删除了。(2)最后的从句——"当他的货币存量因用掉的数额已经减少时"——是含糊的。要使它与上面提供的解释一致，必须加上"而茶叶买不到，因此这个余额只能以为茶叶画需求曲线时假设的价格购买其他商品。"提及"货币存量"表明，马歇尔假设货币收入不变，因此与这个引语的其余部分无关，倾向于排除货币收入方面的补偿变化。应该提出，在注释 VI 的最初版本中没有这类含糊，无论是在上面引用的部分，还是在没有引用的部分。

所得税和消费税的"福利"效应 *

本文讨论消费税和所得税的相对福利效应。它表明,关于所得税优越性的"证明"根本就不是证明,尽管它一向被反复说成是一种证明。然后,本文将概述这个问题的一个"正确"分析。①

然而,本文明白写出的内容只是间接地与其主要目的有关,而其主要目的是,要用事例来显示两种经济分析方法的差异。从这个角度说,现在的这篇文章是对我近来在《政治经济学杂志》上发表的一篇文章扩大了范围的脚注。在那篇文章中,我比较了需求曲线的两个定义——常见的一个定义假设,货币收入和其他商品的货币价格对于需求曲线上不同的点是一样的;还有另一个定义,我认为是马歇尔提出来的,而它假设**实际**收入是不变的。② 我以为,常见的定义是出自并反映了经济分析中一种基本上是算术的

---

* 重印自《政治经济学杂志》(*Journal of Political Economy*,LX(February,1952),pp. 25—33),作了一些修改,去除了原版中的错误,那些错误由塞西尔·G. 菲普斯指出(Cecil G. Phipps in *Journal of Political Economy*,LX(August,1952),pp. 332—336)。

① 本文是以"新"福利经济学的精神写成的,因为它要解决的技术问题一向主要是以那些术语来考虑的,尽管人们严重怀疑这种规范经济学方法的可接受性和正确性。这种一般方法的价值是一个独立的、更广泛的问题,除了在脚注 5 中有插入的评论外,这里不谈。

② 本书前文《马歇尔的需求曲线》,第 51—113 页。

和描述的方法;另一种定义是分析的和解决问题的方法;因此,常见的定义对于大多数目的而言,没有多大用处。如果用于购买某种商品的开支在收入中所占的百分比不大,这两种需求曲线之间的数量差异也不大,在实际应用中,这种差异通常确实不大,而且当那个百分比趋近于零时,这个数量差异也趋近于零。尽管如此,概念上的差异却是非常重要的,因为它的确反映了方法上的根本差异。

下面的讨论显然不是对需求曲线的运用。然而,人们可以看出,那个被广泛使用的对所得税和消费税福利效应的分析(这个讨论会表明它是错误的),与需求曲线的常见定义是一路货——两者都反映了经济分析的算术方法。当然,没有哪种方法会不可避免地产生错误。分析人士虽然其方法和工具有缺陷,可有时却可以克服这些缺陷得到正确的结果。但是,能干而老练的分析人士经常会被这类缺陷误导,这一事实充分证明,这种缺陷并非不重要。

一、关于所得税优越性的所谓"证明"

图1概括出了一种分析。此种分析经常被认为是一种"证明",证明了所得税优越于产生相同税收的消费税。③

───────────────

③ 对这种"证明"的大多数表述取自约瑟夫的文章《间接征税的过重负担》(M. F. W. Joseph, "The Excess Burden of Indirect Taxation," *Review of Economic Studies*, VI (June, 1939), pp. 226—231);或希克斯的著作《价值与资本》(J. R. Hicks, *Value and Capital* (Oxford, 1939), p. 41);皮科克和贝里在他们的文章《关于收入分配理论的一个笔记》("T. Peacock and D. Berry, "A Note on the Theory of Income Distribution,"*Economica*, XVIII, (new ser.; February, 1951), pp. 83—90)中把约瑟夫的分析

102　　来看一个有两种商品的世界，X 和 Y。让横轴表示 X 的数量，纵轴表示 Y 的数量，并画出一条某消费者（一个"有代表性的"

用于另一个稍微有些不同的问题，而且因此同样是不正确的。该文指出，吉诺·博加塔(Gino Borgatta)发表在《经济学家杂志》(Gironale degli economisti)1921 年卷上的一篇文章中先于约瑟夫提出了这一分析。这一"证明"也在以下著作和文章中被重复：乔治·J. 斯蒂格勒的《价格理论》(George J. Stigler, Theory of Price (New York：Macmillan Co. , 1946), pp. 81－82)；艾伦和布朗利的《公共财政经济学》(Edward D. Allen and O. H. Brownlee, Economics of Public Finance (New York：Prentice-Hall, Inc. , 1947), pp. 343－345)；雷德的文章《福利经济学与配给》(M. W. Reder, "Welfare Economics and Rationing," Quarterly Journal of Economics , LVII (November, 1942), pp. 153－155. (雷德这篇文章的其他部分带有与他复述的"证明"同样的谬误，这应归因于希克斯)；沃尔德的文章《间接征税的经典控告》(Haskell Wald, "The Classical Indictment of Indirect Taxation," Quarterly Journal of Economics , LIX (August, 1945), pp. 577－596, esp. pp. 579－582)，还有亨德森的文章《间接征税的案例》(A. Henderson, "The Case for Indirect Taxation," Economic Journal , LVIII (December, 1948), pp. 538－553, esp. pp. 538－540)中被重复。一个逻辑上等价的论点也被肯尼思·E. 博尔丁用于讨论直接征税另一种形式的福利效应(Kenneth E. Boulding, Economic Analysis (rev. ed. ; New York：Harper & Bros. , 1948), pp. 773－775)，并被施瓦茨和穆尔在他们的文章《直接征税的扭曲效应：一种再评价》(Eli Schwartz and Donald A. Moore, "The Distorting Effects of Direct Taxation：A Re-evaluation," American Economic Review , XLI (March, 1951), pp. 139－148)中重复。他们怀疑博尔丁的具体结论，但是没有对其论点的正确性提出质疑。

由约瑟夫和希克斯分析的这个问题，常常被看作与哈罗德·霍特林先前在《关于征税问题与铁路及利用率问题的一般福利》(Harold Hotelling, "The General Welfare in Relation to Problems of Taxation and of Railway and Utility Rates," Econometrica , VI (July, 1938), pp. 242－269, esp. pp. 249－251)一文中就同样问题所做分析是一样的。但这是个严重的错误，因为霍特林避免了破坏前一段中列出的那些分析的谬误。霍特林与雷格纳·弗里施之间就霍特林发表在《计量经济学》上的文章(Econometrica , VII (April, 1939), pp. 45－60)所做的一次交换意见，非常不坦诚地涉及现在这个注释关注的这个问题。说到底，弗里施与霍特林的主要不同在于，弗里施把霍特林的"证明"解读为与约瑟夫给出的证明是一样的，尽管，在弗里施写此文时，约瑟夫的证明当然还没有提出，而且也没有印出来。弗里施没能看出霍特林强调这个本质上不同的问题的力量，也就是说，霍特林考虑到了生产成本的状况。

消费者[?])的无差异曲线。令 AB 代表初始的预算线,这样,P_1 就是初始均衡位置。对 X 征收一种含在价格之内的消费税,比如说,价格的 50%(称之为“消费税 A”),并使之完全转嫁给消费者,以致 X 的价格对于这位消费者翻了一番。根据“货币收入和其他价格在分析一种价格的变化影响时保持固定不变”的假设条件(通常那种需求曲线的基础),预算线移动到 AC,均衡位置移动到 P_2。现在假设,征收的不是消费税,而是所得税,以产生同样的税收(“所得税 A”)。对应于这个所得税的预算线平行于 AB,因为假设价格不受影响。而且,如果要使从所得税得到的税收等于从消费税得到的税收,它必须通过 P_2:在征收消费税的情况下,这位消费者花掉了他的全部货币收入,而在用 P_2 表示的一组商品上,不管征收的是什么税,被拿走的钱是一样多的。这笔支出等于纳税加上在 P_2 以税前价格计的成本。结果,如果他在征收所得税的情况下支付同等税额,他将能够用余下的收入以税前价格买下 P_2 表示的那组商品。因此,在征收所得税的情况下,预算线是 DE。但是,以这条预算线,这位消费者实际上将不会去买由 P_2 表示的那

103

这个“证明”受到了罗尔夫和布雷克的批判性考察和正确批评(Earl R. Rolph and George F. Break, "The Welfare Aspects of Excise Taxes," *Journal of Political Economy*, LVII (February, 1949), pp. 46—54)。他们的分析在很大程度上与本文的分析一样;他们实质上指出了这个“证明”中的同样缺陷,并对这个问题给出了基本正确的分析。利特尔也给出了一个正确分析(I. M. D. Little, *A Critique of Welfare Economics* (Oxford, 1950), pp. 157—179)。在他最近的一篇文章《直接税与间接税》("Direct versus Indirect Taxes," *Economic Journal*, LXI (September, 1951), pp. 577—584),我只是在现在的本文交到出版商手中后才注意到他的这篇文章,利特尔也指出了通常分析的缺陷。本文与罗尔夫和布雷克,以及利特尔的论文的相关部分的主要差异在于,本文主要关注的是该分析涉及的方法论问题,而他们的文章,谈的是实质问题。

组商品,相反,他会购买由 P_3 表示的那组商品,而 P_3 位于更高的
无差异曲线上。因此,得出的结论是:所得税可以使一个消费者获

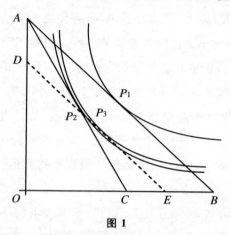

图 1

得比产生同样税收的消费税更高的无差异曲线;④也就是说,

104　　**（1）所得税 A 比消费税 A 更可取。**⑤

至此,我们一直谈论的是单个个人。这个分析一般到此就结

---

④　从所有税种取得的全部税收在 P_2 和 P_3 必须是一样的,即便没有差异化的消
费税或在初始位置大规模实行补贴。例如,若在初始位置对 Y 征收一种消费税,它取
得的税收在 P_3 少于 P_2,而且对于前者的偏爱被解释为会影响这个较小的税额支付,而
不是税的不同形式。在 P_1 存在一种对 Y 征收的税,并不能改变正文中的论点;但它确
实会改变这个结论的意义或解释。

⑤　或许应该提醒读者,把"处于更高的无差异曲线上"与"更可取"当作一回事,恐
怕不像从表面上看起来的那样,是一个远说不上是无知的步骤。其实,在上面脚注①
中对"新"福利经济学的正确性表达的观点,一般来说,在很大程度上基于这样的认识,
即这个步骤不能在那种方法的功利主义框架内被证明是正当的,尽管它可以在一个不
同的哲学框架内,以我喜好的判断,被证明是正当的。要了解根据有些不同的理由对
这个步骤的批评,见利特尔的《对福利经济学的一种批评》(Little, *A Critique of Wel-
fare Economics*, pp. 38—50)。然而,这些考虑与本文提出的特定技术问题无关。

束了,但是这个**结论**马上就被推广到整个社会,以产生下面这个命题:要是用一种所得税替代一种消费税,使每个成员支付的所得税数额与他先前支付的消费税一样多,这个社会中所有成员的生活会过得更好(处于更高的无差异曲线上)。

二、所谓"证明"的谬误

这个"证明"包含两个基本步骤:第一步,对一个孤立个人,导出命题(1);第二步,将这个命题推广到整个社会。

对于一个孤立个人,这个分析是完全正确的。如果消费税 A 或所得税 A 单独向许多人中的一个个人征收,那么,除了图 1 所总结出的那些效应之外,它们产生的间接效应可以忽略不计,因而这张图也就是适当说明了此人的最终位置。图中的算术是完美的,而且单讲算术,在这个事例中也是相关的。

另一方面,把这个分析直接推广到整个社会是不正确的。尽管图 1 是向一个人单独征税时对其最终位置的适当说明,但向一个社会的所有成员征收这些税时,它就不适当了——除了解释需求曲线的常见方法产生的习惯性思维模式外,这的确会令人痛苦地显现出来。举例来说,来看图 1 中的预算线 AB 和 AC。无须利用无差异曲线,立即就可以直观看出,当预算线为 AC 时,这位消费者可以做出的选择显然少于预算线为 AB 时所能做出的选择。当预算线为 AB 时,只要他愿意,他就可以对所有当预算线为 AC 加上 ABC 三角形中所有商品组进行选择。因此,把这个对一个孤立个人的分析推广到全社会就是假设,仅仅是征收消费税,就以

105

简单算术能计算出的方式,缩小了每个消费者能够做出选择的范围。怎么可能发生这样的事呢？征收消费税本身并不能改变任何技术生产的可能性;消费税本身并不能减少这个社会所能获得的自然资源。要是在国家指导下,把税收收入用于商品生产,那可能会减少用于生产 X 和 Y 的资源数量,去生产先前并不生产的商品(比如说,商品 Z)。但是,在这种情况下,图 1 就根本不适用了,因为必须添加一个表示 Z 商品的轴。更重要的是,可以让这位消费者来选择的可选项的减少,就会取决于自然的和技术的可能性、国家要生产的商品所必需的资源,以及类似的因素;这种减少不可能用从图 1 中总结出的知识以简单算术计算得出。

　　上述分析没有谈到消费税收入的目的;无论是把这些收入封存,还是用于对 Y 的每单位生产给予补贴,还是用于给消费者的收入补贴,这个分析都不会改变。但是在这些情况下,这种税不会缩减技术上可行的选择范围。若价格暂时是刚性的,货币供应除了这种税带来的变化外是固定的,而且这种税的收入被封存,失业当然或许在短期内会出现(尽管那就会使"X 和 Y 是这个世界中仅有的商品"这个假设条件变得非常含糊)。然而,这不会是个稳定的位置;价格往往会相对于货币收入下降,这会使 AC 线向右移动。更重要的是,如果价格相对于货币收入不下降,无论是消费税还是所得税的最重要的隐含意义会是同样的,也就是说,要么会产生失业,要么会缩减消费者可获得选择的范围。P_3 与原来价格在效用上与 P_2 等价的某点之间的差异(一条平行于 AB 的预算线与穿过 P_2 的无差异曲线之间相切的点),相对于这两点分别与 P_1 之间的差异,是很小的;实际上,当这种消费税(或相等的所得税)趋近于零时,前一种差异与后一种差异的比也趋近于零。[⑥] 也就是说,若认为价格刚性和创造失业是主要的后果,结论就会是,所得税与消费税对"福利"具有基本相同的效应,而且它们之间的任何差异都是"二阶的小差异"(second order of smalls)。

　　走这个路线可救不了这项分析。它显然打算做的是"长期"分析——比较"静态"而非动态——刚刚引证的考虑和假设消费税出现完全转移充分说明了这一点。因此,我们可以不考虑任何短期价格刚性,并假设短期价格刚性完全适应于新的情况。不过,很清楚的是,单看图 1,它并没有讲述无论是有关所得税还是消费税的最终效应的事。例如,假设消费税是用于给 Y 的一个每单位补贴。那么人们就会知道新的预算线的斜率(而且如果这项消费税和补贴能妥善协调,有可能由 AC 表示),但不会知道它的位置;因为它的位置不会单独取决于消费者的品位和算术计算,还要取决于该社会能取得的技术可能性。

三、"正确"的分析

　　为了把技术可能性带入到这幅图中,我们要假设我们在研究

---

　　⑥ P_1 和 P_3 之间的差异对应于斯卢茨基所界定的"收入效应";P_1 与同一无差异曲线上原来价格点 P_2 之间的差异,对应于希克斯所界定的"收入效应"。正如莫萨克已经指出的,当价格变化走近于零时,相对于收入效应本身而言,这两种收入效应之间的差异趋近于零。见莫萨克的文章《对价值理论基本方程式的解读》(Jacob T. Mosak, "On the Interpretation of the Fundamental Equation of Value Theory," in Oscar Lange, Francis McIntyre, and Theodore S. Yntema (eds.), *Studies in Mathematical Economics and Econometrics* (Chicago: University of Chicago Press, 1942), pp. 69—74)。

107　的是一个有许多完全一样的个人的社会,即:每个人在品味和偏好
上完全一样,在拥有资源的种类和数量上也完全一样。在这个社
会中,每个个人都将有一样的收入,并消费同一些商品,这样,我们
就能够用任何一个人的位置代表这个社会的位置,如图 2 中所示。
考虑到这个社会可获得的资源,肯定有一些 X 和 Y 的组合从技术
上来说是可以生产出来的。这些组合用一条无差异曲线来表示。

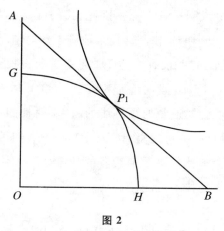

图 2

由于在我们假定的这个社会中,个人都将消费每种商品能整除的
一个部分,我们可以用人数去除这条生产曲线的坐标,并画出任一
个人的无差异图。图 2 中的 GH 就是这样一条生产可能性曲线。
它表示的是每个人技术上可行的不同 X 和 Y 的组合,假设每个人
都以同样的组合结束。应该强调的是,图 2 表示的是一个人的情
况,因此并不包含人际间的比较;我们在这里感兴趣的是一种"配
置的"而不是"分配的"问题,而且可以通过研究一个由完全一样的
个人组成的社会而不考虑分配问题。

若这个社会的初始位置是一个全面竞争均衡的位置,每个人 108
都会位于 P_1。在这一点上,消费的替代率(消费无差异曲线的斜
率)等于该市场上购买的替代率(由预算线的斜率表示的价格比),
这个替代率,又反过来,等于生产的替代率(生产无差异曲线的斜
率)。技术可能性得到了充分的利用,正如 P_1 处于技术上能够被
生产的不同商品的边界上这一事实所表明的(很显然,这些商品不
仅包括那些在 GP_1H 上的,而且也包括介于生产可能性曲线与原
点之间的商品)。

我们怎么能在这张图上表示一种比例所得税呢?如果这笔收
入被封存,或是以人均补贴的形式退回给个人,这张图显然会完全
保持不变。因为这样一种所得税和补贴并不改变 X 和 Y 的相对
价格、消费无差异曲线或生产可能性曲线。它们纯粹是现在这个
分析层面上有名无实的事。如果这笔所得税的收入被国家花在先
前用于生产 X 和 Y 的资源上去生产,比如说 Z,生产可能性曲线
显然就会改变。现在将有一条新的生产无差异曲线,表示考虑到
Z 的特定数量生产情况下,能够生产的 X 和 Y 的组合。但是生产
无差异曲线上的这一变化只取决于 Z 的生产数量,而不取决于资
金是如何筹措的。如果我们假设 Z 的数量已经给定且固定不变,
那么无论是否征收一种所得税或一种消费税,这条新的生产可能
性曲线都将是一样的。因此,在研究一种所得税与一种消费税之间
的任何差异时,我们可以,在不失去一般性的情况下,假设 GP_1H 是
减去了生产 Z 的资源后的生产无差异曲线。因此,图 2 代表了为
比较所得税与消费税的目的而征收比例所得税之前和之后的两种
情况。

现在换成消费税如何呢？有一个条件是显而易见的。均衡位
109 置必须位于生产无差异曲线 GH 上。在这条生产无差异曲线上
方的任何位置，都是用现有资源在技术上不可能生产的；在它下方
的任何位置，都是现有资源不能得到充分利用的，因此也是不稳定
的。除了这个条件，就我们的目的而言的一种消费税的基本特征
是，它导致两种价格（由消费者支付的价格与生产者收到的价格）
之间的背离，并由此，导致先前同样的两个价格比（与消费者有关
的价格比和与生产者有关的价格比）之间的背离。消费者在市场
中购物时能用一种商品替代另一种商品的条件，在保持总开支不
变的情况下，必须由包含税额在内的价格计算得出；生产者在市场
销售中能以一种商品替代另一种商品的条件，在总收入保持不变
的情况下，必须由不包含税额在内的价格计算得出。对于消费者，
均衡的要求是，消费者在购买中的替代比率能够等于他们在消费
中愿意替代的比率；也就是说，这位消费者的预算线与一条消费无
差异曲线相切。对于生产者，均衡的要求是，生产者在销售中的替
代比率能够等于他们在生产中能够替代的比率；也就是说，一条不
变的收入线与生产无差异曲线相切。满足这些条件的均衡位置在
图 3 中以 P_6 给出。IJ 是作为消费者的预算线出现的；KL 是作为
生产者的不变收入线出现的。这两条线的叉开是由于对 X 征收
了消费税，而这种税可以看作是决定这两条线之间叉开角度的因
素，并意味着，消费者用放弃一个单位的 Y 可以买到的 X 的额外
数量少于生产者为补偿 Y 销售的减少而必须售出的 X 的额外数
量。在 P_6，KL 与生产无差异曲线相切，而 IJ 与消费无差异曲线
相切。

当消费税有效（在P_6）时，Y的价格对X的价格的比不可能，像在图1中假设的那样，简单地由位于P_1的初始价格和该税的税率计算得出。它还要取决于生产方面的考虑。生产可能性曲线凹得越浅，这种消费税转移给消费者的部分就会越大，转移给生产者的部分就会越小，反之亦然。只有当生产可能性曲线与AB线完全重合时，在不含税的这两种商品的相对价格在P_6和在P_1完全相同的意义上，这种消费税才将全部转移给消费者。

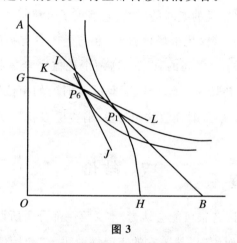

图 3

考虑到图 3 中各曲线的形状，从此人处于较低的无差异曲线的意义上说，P_6必小于P_1。考虑到初始位置是一个没有税收也没有补贴的完全竞争的均衡位置，就是P_1，消费税A劣于所得税A。

然而，假设初始位置是P_6而不是P_1，不是因为有了政府的税收或补贴，而是由于对完全竞争状态的偏离，比如说，由于X的生产处于垄断状态，这会产生像在完全竞争下征收消费税A时一样的均衡位置。现在，令对Y商品征收的一种消费税按消费税A的百分比征收,比如说 50%(称这为消费税 B),然后对它与一种能给政府带来同样税收的所得税(所得税 B)进行比较。

111   在本文第一部分中总结的分析会在这种消费税和所得税上被重复,而且会得出同样的结论——所得税优于消费税,因为那个分析中没有说到初始位置的本质,除了可能说到,它是一个没有差别消费税或补贴的位置。[⑦]

然而,图 3 表明,这个结论是错误的。消费税 B 完全抵消了在 X 的生产中假设的垄断的影响;它消灭了由垄断产生的,与消费者有关的价格比(含税市场价格比)和与生产者有关的价格比(不含税边际收益比)之间的背离。这两个比值完全一样了,而且因此,P_1 成了对初始位置 P_6 征收消费税 B 时的均衡位置。自此,假设在初始位置为 P_6 时征收这两种税,消费税 B 优于所得税 B。

四、结论

说到此,读者很可能会认为,本文第一部分中所谓的证明已经被恢复名誉,而说"当然",它的正确性取决于"初始位置是完全竞争的均衡位置"这一假设条件,而且,尽管这一"证明"的使用者一向很粗心,没有明确说出这个假设条件,但他们无疑已经认识到了这一条件的必要性。然而,对这一"证明"的重新考察将表明,没有哪个关于这个初始位置本质的"假设条件",能表明该"证明"是相

[⑦] 如果被比较的这两种税,不仅必须产出同样的直接税收,而且还要加上"产出的全部税收的数量也相同",这个限制条件就是必需的。

关经济命题的一个有效证明。据说,当初始位置为完全竞争的均
衡位置时,这个导出的结论可以是正确的;但是这个论点并没有证
明它是正确的,或为什么它是正确的。假定有个三段论:"苏格拉
底是个人,苏格拉底是 X,因此,所有人都是 X"。当 X 指的是"终
有一死的人"时,碰巧会导出一个正确的"结论",尽管当 X 指的是
"希腊人"的时候,就不能导出正确结论了。但是,"X 指的是'终
有一死的人'"这个假设条件并不能证明这个三段论是有效的。完
全同理:有关"所得税优越于消费税"的所谓证明,根本就不是证
明;在这个所谓的证据中,没有哪个能说明其正确性的**步骤**是取决
于初始位置的特点的;因此,也没有哪个关于初始位置的"假设条
件"能把它转变为一个有效证明,尽管该"证明"的最后陈述在某些
条件下可以是正确的,在另一些条件下可以是不正确的。⑧

　　第三节中的分析表明,对于我们一向称之为"所得税"和"消费
税"的"福利"的相对效应,尚没有做出概括说明。所有的事情都要
取决于征收这些税的初始条件。但是,就连这个说法也不能充分
指出直接使用这个结果的限制条件。在这个问题上,与其他著述
者一样,我所说的一种"所得税"与在这个名义下征收的税没有多
少或毫无共同之处。后者从根本上说是范围宽些或窄些的消费
税,即便是根据广义税基征收的纯粹比例所得税,也不能完全平等
地落到用可获得资源生产出的所有商品和服务上;它不可避免地

112

---

　　⑧　当这个初始位置已经涉及一种特定的消费税时,要注意将这个例子用于一个
社会和用于一个孤立个人之间的差别。在用于一个社会时,尽管分析没有不同,但对
于这个结论的意义和解读则如上面脚注④和⑦所指出的。但是,即便是对个人而言,由
初始位置的竞争状态产生的其他偏离也不影响这个证据中任一步骤的正确性或意义。

会漏掉不是通过市场生产的未征税的商品和服务——闲暇、家务劳动,等等。因此,这使消费者用这类商品和服务来替代可销售的商品和服务的比率,不同于从技术角度说可以替代的商品和服务的比率。如果这种所得税的税基定义得比较窄、允许存在减免,或者税率是累进的,这种效应会明显增大。从这个分析中,人们可以推理出的最多的东西,大概是一种假定,即税收范围越广,其影响越是平等,它就越不可能伪造替代率。但是,就连这一点,最多也只是一个在每个事例中都需要检验的假定。遗憾的是,如果说对于这个难题曾给出过什么容易的答案,那也极少是形式分析给出113 的。形式分析的作用完全不同:要提出与答案有关的各种考虑,并提供出组织这种分析的有用工具。

　　第三节的分析显然适用于许多问题,而非只适用于它分析的那个特定问题。各种税收以外的一些力量会造成替代比率之间的背离,而替代比率的相等,是达到上面讨论中所暗示的那种——最佳状态的最重要条件。例如,正如上面已经提到的,垄断产生了这样一种背离,而且正是这种背离构成了那个重要观点:出于严格的配置理由,必须反对垄断。同样,马歇尔对收益递减的工业征税,对收益递增的工业给补贴的观点,从它是正确的角度上说,涉及与生产者有关的生产无差异曲线和与社会有关的生产无差异曲线之间的背离,并由此涉及以下两个比率的背离,一个是生产者用以判断他生产替代品的比率,另一个是生产者作为一个整体真正能这么做的比率。实际上,我们简单的图 3 包含了大部分现代福利经济学的精华。

　　回到最初的那个主题,常见的需求曲线所隐含的经济学方法,就是体现在图 1 中的肤浅分析所隐含的方法；另一种需求曲线（沿这条需求曲线，"实际收入"保持不变）所隐含的方法，是体现在图 2 和图 3 中的方法。一个人用这种方法开始研究，会处于严重隔离的状态，丝毫不受图 1 中体现的那类分析的影响。常见的需求曲线所隐含的方法的最大缺点是，它强调的是算术方面的考虑；以另一种需求曲线所隐含的方法的最大好处是，它强调的是经济方面的考虑。

第 三 编

货币理论与政策

充分就业政策对经济稳定的影响：形式分析 *

近年来，充分就业政策意味着两件事：一是政府把"高"而"稳定"的就业水平作为主要的政策目标；二是政府时常故意采取措施增减用于购买商品和服务的货币需求总量，以促进这一目标的实现。然而，用这些手段是否就能实现这个目标，还是个未知数。政府采取措施去消灭或抵消经济不稳定，反而有可能增加不稳定。要是为了某种理由一意孤行，以至于政府在总体上采取了扩张性措施，然而至少从事后来看，本该采取收缩措施，反之亦然，那么这些手段就肯定会增加不稳定。但是政府的反周期措施也可以是不稳定的——这一点不明显，但很重要——尽管这些措施常常是正确的而不是错误的，尽管这些措施在幅度上小于它们旨在抵消的波动。

在什么情况下反周期措施能在其减少不稳定的目标上取得成功呢？在什么情况下它实际上会增加不稳定？其效力在多大程度上取决于措施的幅度？反周期措施的最佳幅度是什么？本文完全

---

* 雅克·迈耶将本文的一个稍微做了修订的手稿译成了法文，并以《充分就业政策对经济稳定的影响：形式分析》为题发表在《应用经济学》上（"Les effets d'une politique de plein employ sur la stabilité économique：Analyse formelle," *Économie appliqué*, IV (July-December, 1951, pp. 441—456) translated by Jacques Mayer)。

在形式层面上来研究这些问题，其目的主要是，说明它们是一些重要而且相关的问题；其次，概括地指出对任何特定情况做出答复时都要考虑到的一些因素。本文并非试图回答任何特定情况下的这类问题。

一、

118

　　尽管有大量文献论及充分就业政策，这些问题却几乎完全被忽略了。许多赞成充分就业政策的人似乎理所当然地认为，充分就业政策不会是不稳定的；无论这一政策的确切性质是什么，这一点都是正确的；而且只要政府别把促进稳定的措施幅度弄得太大，就不会有严重问题。另一方面，反对者极少以"这些政策会增加不稳定"为理由来攻击充分就业政策，他们提出的理由只是，这些政策会增强政府的作用并威胁到政治自由，或是会降低发展速度，或是会加强压力集团的力量并助长通货膨胀，等等。

　　充分就业政策的支持者未认识到，在反周期措施的效力上有一个根本问题，就是既有可能做得太多，亦有可能做得太少；同样，他们也常常不能对他们支持的政策做出准确的具体说明。在我看来，这两点在很大程度上反映了那个天真的理论模型，就连有些在其他文章中完全意识到这个模型缺陷的经济学家，也在或明或暗地依据这一模型为充分就业政策辩护，并对另一些政策做出判断。这个模型以其最简单的形式来说，把投资看作是同外部环境决定的，不受政府措施的影响；把消费看作是由目前收入决定的，把目前收入看作是投资、消费和政府开支的总和。它在很大程度上忽略了价格的变动,一般而言,当货币收入低于"充分就业"的最低水平时,把价格看作基本上是刚性的;而当货币收入超过了"充分就业"的最低水平时,则把价格看作是与货币收入同比例变化的。①

根据这个模型,增加的政府开支直接加进了收入中,并由此刺激了消费,而消费则通过消费"乘数"导致收入的进一步增加。对于我们的目的而言更为重要的是,这种方法没有滞后。因此,这意味着,对于每个时间单位,都有政府实际开支的一个特定值和政府

①　用符号来表示,若 Y 代表收入,C 代表消费,I 代表投资,G 代表政府对商品和服务的开支,各项均按"实际"情况价值计算,则有:

$$Y = C + I + G, \tag{1}$$
$$C = f(Y), \tag{2}$$
由此得出　　　$Y = f(Y) + I + G. \tag{3}$$

若 I 是固定不变的,则 Y 显然是 G 的一个函数。

这个模型忽略了国民生产总值与国民收入之间的差异,以及国民收入与个人收入之间的差异等复杂问题;把国民收入看作是消费支出的决定因素,由此假设,直接税要么为零,要么为国民收入的一个函数。这个模型随时可以扩展,以加入这些不同的复杂因素,以及其他一些因素,以这种方式明确了利用税收变化的可能性,还有利用开支促进充分就业的可能性。但是,对于我们的目的而言,这类扩展只会使本文更为复杂,而不会改变这个模型的基本特征。

要了解近来明确使用这样一个模型的事例,见布朗的文章《依据收入决定论分析消费税》(E. Cary Brown, "Analysis of Consumption Taxes in Terms of the Theory of Income Determination," *American Economic Review*, XL (March, 1950), pp. 74 – 89);刘和张的文章《战前和战后的消费与投资倾向》(Ta-Chung Liu and Ching-Gwan Chang, "Consumption and Investment Propensities Pre-war and Post-war," *American Economic Review*, XL (September, 1950), pp. 565 – 582)。

这个模型在克拉克、史密瑟斯、卡尔多、尤里和沃尔克合著的《为实现充分就业的国家的和国际的措施:由联合国秘书长任命的一组专家提供的报告》(John M. Clark, Arthur Smithies, Nicholas Kaldo, Pierre Urie, and E. Ronald Walker, *National and International Measures for Full Employment: A Report by a Group of Experts Appointed by the Secretary General*, (Lake Success, N. Y.: United Nations, December, 1949), pp. 20 – 23,特别见 37、38 和 45 部分,这个报告下称《联合国报告》。)中已近乎明确。

货币开支的一个最小值会带来充分就业,而这些值并不取决于先前时间单位中已经出现的值。^②若政府的实际开支低于这个水平,收入就会低于充分就业水平;若政府的货币开支高于与充分就业相一致的最低水平,则会出现不必要的高价格,以产生充分就业。投资的波动被看作是造成收入波动的唯一重要因素,而这些波动永远可以通过政府开支的适度波动而被抵消。最后,人们一般认为(尽管这个假设条件在这个模型中不是严格隐含的),政府开支(或政府对收入流的贡献)可以随意改变而且没有严重滞后,因此,政府开支的“适度”波动可以由谨慎的措施产生。^③

　　很容易看出,这个模型没有什么大问题,至少就维持一个合理水平的总收入而言,没有什么大问题。在收入低于充分就业水平的任何一个时期,为了提高收入,政府必须做的只是多花钱(或少征税),只是用尽一切办法多花钱;只要政府花的钱不超过根据从原则上说可以计算出来的产生充分就业所必需的数量,就不会有害处。错误可能导致暂时的超限或不达标,但这不会是长期的,因为错误不会影响到未来,而且可以随时得到纠正。真正的危险是,

---

②　若 Y_0 是“充分就业”条件下的收入,则

$$G_0 - Y_0 - f(Y_0) - I_0$$

是这个模型中将产生充分就业的政府开支水平。应该注意的是,这完全可以用“政府贡献”的说法来表达,并同时考虑到税收变化。如果从字面上来理解这个模型,政府的实际开支不可能超过这个水平。任何试图让它超过这一水平的企图,都将只能意味着更高的价格。

③　《联合国报告》几乎成为了我所描述的这一立场的范例。特别见第 45、67、68和 76 部分。

政府做得不够;几乎没有理由假设它会做得太多。④ 用于多花钱或少花钱(或者减税或者增税)的办法对于其他理由可能是重要的,如平等、经济效率,等等,但是同反周期政策的技术效力无关。同样,贪婪的工会或生产商压力集团,会通过它们的行动稳步提高充分就业收入的最小货币值,并由此使稳定价格与充分就业不相容,但这又是个"政治"问题,而与反周期政策的技术效力无关。

极少有人明确接受这个简单模型,把它看作是决定经济活动水平的各种力量的一个适当代表。例如,它显然没有提供名符其实的周期波动"理论";它把周期波动只解读为投资波动的一种反映,而投资波动本身则被看作是给定的。滞后反应是周期波动的本质,却被看作是自发产生的。结果,当有人按照这种方法去力求"解释"周期波动时,他们引进这种或那种滞后反应而使他们的模型变得复杂,于是带来了令人为难的一大堆各种不同的周期产生模型。然而,我认为,正确地说,这些复杂性在有关充分就业政策可行性和有关其他政策好处的讨论中是可以忽略的。因此,一般来说,我作分析时就好像我略述的这个简单模型是完全适用的。⑤

121

---

④ 与下面从《联合国报告》中摘取的引语比较一下:"因此,在能够采取有效措施来阻止和扭转这一趋势之前,很可能会出现需求的一定下降。在当前情况下,这可能无法避免;必要的是,要保证这种反措施不要采取得太晚,而一旦采取了这些措施,它们应该足以应付这种情形"(第39页)。

⑤ 一个明显的例子是《联合国报告》。该报告认为,上述模型之所以是"现实的一个极简形式",是因为,它忽略了价格的变动,这份报告甚至连滞后反应的问题也没有提到。

二、

当然,这个模型不能用于研究本文考虑的问题,而这,其实正是这些问题一向如此广泛地被忽略的一个主要原因。该模型回答这些问题的方式几乎等于是否定了这些问题的重要性。根据这个模型,政府的反周期措施只有在它尽力把会成为萧条的状态转变为繁荣的状态时,或是相反时,才会带来不稳定。政府措施的最佳幅度是能产生完全稳定的收入时的幅度,而这个模型并没有指出,这个结果是根本无法实现的,或它要求现在尚不具备的知识,或哪些因素将妨碍其实现。我们则相反,将用完全不同的思路去研究这些问题,而这个思路是由统计学的理论而非经济学理论提出的。⑥

我们的问题是要比较两种不同经济政策结构的结果:一种包括具体的"充分就业政策",另一种不包括。当然,缺少具体的"充分就业政策"并不意味着政府的措施不会侵害经济活动,或是它们不会在一定意义上对经济活动的波动负责。它只是说,我们把后一类措施当作是既定的,并对归属于"充分就业政策"标题下那组附加活动的影响进行探究。我们将通过国民收入的变化,不具体区别是"实际收入"还是"货币收入",对这两种不同政策的影响做出判断。后面跟着的形式分析将同样好地适用于这两种政策,以

122

⑥　下面跟着的形式分析,是先前两篇文章的一些脚注的扩展。见本书后面的《勒纳论统制经济学》("Lerner on the Economics of Control," infra, p. 316, n. 12);对菲利普·内夫所做评论的答复(Philip Neff, *American Economic Review*, XXXIX (September, 1949), p. 951, n. 2)。

及任何其他的业绩标准。

令 $X(t)$ 表示在 t 时间没有具体的充分就业政策情况下的收入。充分就业政策可以被看作具有增加或减少收入的作用。令 $Y(t)$ 表示增加或减少 $X(t)$ 的数量,因此

$$Z(t) = X(t) + Y(t) \qquad (1)$$

表示在 t 时间有具体的充分就业政策情况下的收入。

注意,$Y(t)$ 并不测算 t 时间内**采取**的反周期措施的影响。相反,它测算 t 时间内采取的反周期措施的综合影响,无论何时采取这些措施。因此,它可以反映非常早期的措施;甚至也可以反映今后要采取的措施,只要采取这类措施的预期会对目前的收入产生影响。还要注意,把 $Y(t)$ 写作增加 $X(t)$ 的幅度没有什么特别之处。这只是个定义的问题:我们已经把 $X(t)$ 和 $Z(t)$ 分别定义为在没有或有具体的充分就业政策时的收入,然后又把 $Y(t)$ 定义为 Z 与 X 之差。

收入可以并一般来说将显示一种趋势,以及与这种趋势有关的波动。同理,采用由 $Y(t)$ 测算其影响的政策可以改变收入的平均水平,或者,可以将一种趋势引入收入之中。由于我们的兴趣主要在于收入的波动,而非收入水平或趋势,我们将在随后的讨论中假设,我们的所有的变量都具有水平的趋势,也就是说,每个变量的预期值对于所有的 t 值是一样的。[⑦] 这不会因我们的目的而失去一般性,因为我们可以同样好地将 Z、X、Y 定义为各种趋势的

---

⑦　换言之,我们将把 $Z(t)$、$X(t)$ 和 $Y(t)$ 看作是静态的随机序列。当反周期政策的存在有可能提高收入的平均水平、使它保持不变,或降低收入的平均水平时,预期的 $Y(t)$ 值将可以为正值、零或负值。

偏差（deviations）。

123　　　我们可以用许多不同的方式来测算收入波动的幅度，而选择任何一种方式都有点武断。同时，我不认为我们得出的结果将会受到我们使用的特定方法的重大影响，使用方差（或标准方差的平方）只因数学上最方便，也就使用该序列偏离其平均值的均方差。因此，我们将使用这个方差，用带下标的 σ^2 表示这个正在研究的序列。[⑧]对于 X 和 Z，该方差测算的是在没有或有一项反周期政策的情况下收入的波动。对于 Y，可以把该方差看作测算的是所采取的反周期措施的幅度：如果没有采取措施，Y 的方差会是零；在既定时间内和采取既定种类的措施时，措施的幅度越大，Y 的方差也越大。

　　　现在，我们可以用这些概念和符号来重新表述我们原来的那些问题。在什么情况下，$Z(\sigma_Z^2)$ 的方差将会小于 $X(\sigma_X^2)$ 的方差，以使反周期政策实现减少不稳定的目标呢？在什么情况下，σ_Z^2 将超过 σ_X^2？σ_Z^2 与 σ_X^2 之间的差如何取决于反周期措施的幅度，即 σ_Y？σ_Y 的最佳规模是多大？

　　　根据一个著名的统计定理：

$$\sigma_Z^2 = \sigma_X^2 + \sigma_Z^2 + 2\, r_{XY}\, \sigma_X\, \sigma_Y \qquad (2)$$

其中 r_{XY} 是 X 和 Y 之间的相关系数。[⑨] 正如 σ_Y 测算了反周期政策的一个方面——其幅度，r_{XY} 测算了其另一个方面，大致说来，是其时机或"适时"（fit）。若反周期政策总是适时的，而且安排比例恰当，其**效果**就会始终如一地处于 X 偏离其平均值的反方向，并是

---

⑧　令 X 表示 X 的预期值，则有 $\sigma_X^2 = E(X-\bar{X})^2$，其中，E 是预期值。

⑨　$r_{XY}\sigma_X\sigma_Y = E(X-\bar{X})(Y-\bar{Y})$.

这个偏差的一个固定部分。在这种情况下，Y 会与 X 完全负相关，而 r_{XY} 会等于 -1。另一方面，若反周期政策的影响完全是随机的，其效果表现出的方向就会同 X 沿相反方向偏离其平均值的方向一致，且 r_{XY} 会等于零。r_{XY} 等于 $+1$ 则描述了一个完全有悖常理的周期政策。这样，σ_Y 和 r_{XY} 就借助于仅同我们的目的相关的特点提供了对所有反周期政策的一个二维分类。

从(2)式可看清，一项反周期政策的 $r_{XY}=0$，即它很可能在错误方向上有和在正确方向上一样的影响，其效果不是"中性的"，而是非常不稳定的。因为，若 $r_{XY}=0$，Z 的方差就会超过 X 的方差，超过的幅度为 Y 的方差；也就是，反周期措施的幅度。因此，为使反周期措施能成功地达到目的，其影响必须更经常地表现在正确方向上，而不是错误方向上。

为了表述得更为精确，将(2)式两边都除以 σ_X^2，从而得出

$$\frac{\sigma_Z^2}{\sigma_X^2} = 1 + \frac{\sigma_Y^2}{\sigma_X^2} + 2\,r_{XY}\,\frac{\sigma_Y}{\sigma_X}. \tag{3}$$

(3)式的左边是反周期政策存在时的收入方差与反周期政策缺省时收入方差的比。若这个比值是 1，该项反周期政策可以被看作是对稳定没有影响；若这个比值小于 1，该反周期政策就实现了促进稳定的目标上；若这个比值大于 1，该反周期政策就没有实现其目标，并且是不稳定的，而不是稳定的。

显然，

$$\frac{\sigma_Z^2}{\sigma_X^2} \lessgtr 1$$

由此得出

$$\frac{\sigma_Y^2}{\sigma_X^2} + 2\, r_{XY}\,\frac{\sigma_Y}{\sigma_X} \lessgtr 0$$

或

$$r_{XY} \lessgtr -\frac{1}{2}\frac{\sigma_Y}{\sigma_X}. \tag{4}$$

125   这个方程式指出了反周期政策实现其目标的条件:若 r_{XY} 介于 -1 和 $-1/2\,\sigma_Y/\sigma_X$ 之间,则该反周期政策将会发挥稳定的影响;若 r_{XY} 介于 $-1/2\sigma_Y/\sigma_X$ 与 $+1$ 之间,该反周期政策将是不稳定的。例如,假设,与先前描述的简单模型相符,要做出一种尝试以产生完全的稳定。这就会要求 $\sigma_Y = \sigma_X$。假设反周期措施达到了这个幅度。在这种情况下,采取的措施就是不稳定的,除非 r_{XY} 介于 -0.5 和 -1 之间。我们以后会谈到决定 r_{XY} 幅度的因素;但很清楚的是,让它在绝对值上超过 0.5 的要求是个极为严格的要求,然而,如若不能,该反周期政策将带来更多害处而非益处。

对于反周期效应的一个既定幅度(即,一个既定的 σ_Y),显而易见的是,X 和 Y 之间的相关系数越接近于 -1 越好,因为这意味着,反周期效应将更好地适合需要。若 r_{XY} 是 -1,且 $\sigma_Y = \sigma_X$,反周期政策就会是理想的,此时 Z 的方差就会是零。不大显而易见的是,在相关关系既定时,反周期效应变化的幅度会有什么样的后果;不过或许相当明显的是,对于相关关系的每个值,有 σ_Y 的某个最佳值,而若 r_{XY} 是零或正值(即,反周期政策的时机不当),则这个最佳值是零,若 r_{XY} 是 -1,则这个最佳值等于 σ_Y。[10] 更为精确的

---

⑩ 若 σ_Y 是零,脚注 ⑨ 中的公式给出的 r_{XY} 当然会出现不确定的形式 0/0。尽管如此,通过在一个极限过程中评估这一不确定形式,我们还是能说出这个相关关系是零带是正值。适当的过程是,使 σ_Y 趋近于零,办法是把每个 Y 对其平均数的偏差乘以一个共同的乘数,而这个乘数本身趋近于零。Y 的大小出现的这个变化并不影响相关系数,该相关系数在这整个极限过程中有同样的值。

表述是对(3)式的右边的 σ_Y 求导，设结果等于零，并解出 σ_Y。由此得出

$$\hat{\sigma}_Y = -r_{XY}\sigma_X \qquad (5)$$

其中 $\hat{\sigma}_Y$ 表示 σ_Y 的最佳值。(5)式给出了一般规则，并检查了上面当 $r_{XY} = 0$ 和 -1 时的表述。由于 r_{XY} 是正值，(5)式对于 $\hat{\sigma}_Y$ 得出了负值，而这当然是不可能的。因此，可获得的最佳值是零。

126

　　由这些结果可以清楚地看出，反周期政策可能"太"强，也可能"太"弱，而且即使其影响在幅度上小于该政策旨在抵消的周期性波动，情况也可能是这样。例如，假设 $r_{XY} = -\dfrac{1}{2}$。那么 σ_Y 的最佳值会是 σ_X 的 $\dfrac{1}{2}$。若这个值能实现，则 σ_Z^2 / σ_X^2 会等于 $\dfrac{3}{4}$；也就是说，这个政策会将收入波动的方差减少 25%。然而，假设 σ_Y 因在同一时间段中使用更大的反周期操作而增大了。结果就不会像以前一样好：若使 σ_Y 等于 $\dfrac{3}{4}\sigma_X$，最后的方差就只会减少 18.75% 而不是 25%；若使 σ_Y 等于 σ_X，则改善会被完全取消。

　　假设该项反周期政策处于最佳幅度，所以 σ_Y 满足(5)式。如果我们替换掉(3)式中的这个值，我们便能用 r_{XY} 的一个函数确定能够实现的减少不稳定的最大幅度。结果是：

$$\left(\frac{\sigma_Z^2}{\sigma_X^2}\right)_{\sigma_Y = -r_{XY}\sigma_X} = 1 - r_{XY}^2 . \qquad (6)$$

此式非常清楚地表明，r_{XY} 的大小对于反周期政策的效力至关重要。为了能够将收入波动的方差砍掉一半(这会将标准偏差减少不到三分之一)，r_{XY} 必须超过 0.7，且 σ_Y 最佳值必须与 σ_X 相关。

三、

　　至此,我们已经专门对带有统计特性——σ_Y 和 r_{XY} 的不同反周期政策做了描述。这些特性与实质性反周期政策的关系,显然对运用上述结果至关重要。从这一视角来看,这两个特性是非常不同的。影响的平均幅度 σ_Y,同改善影响的时机 r_{XY} 相比,更易于增加或减少(尽管可能并不容易测算)。前者完全可以成为每一类型反周期政策能够分别轻易控制的行动的参数。而后者,我猜想,是每一类型政策相对固定的(虽然是尚未探明的)的一个特性,它只能通过变为性质上不同的政策,或是增加对波动根源的了解而改变。

　　可以预料,影响的幅度一般会直接随着初始刺激的幅度而变化。例如,假设反周期政策采取的形式是故意改变的政府预算,在打算扩大收入时,产生赤字(或增加赤字,或减少盈余)。只要政府预算和总收入之间具有机械联系,翻番的赤字或盈余对于总收入就会有大致翻番的影响。同样,可以预料,货币数量减少或增加得越多,收缩效应或扩张效应也就越大,就可以预期货币数量的减少或增加,影响越大,减少或增加也越大。当然,这些关系会因反周期措施的其他影响而改变,比如它们对"信心"的影响,等等,而且这些影响可能与刺激并不严格成比例,或甚至不在同一方向,以致会有某种刺激幅度,超过该刺激幅度,影响的幅度会减少,而不是增加。但是,为我们现在的目的,这些复杂性都可以忽略不计。

　　因而可以说,一旦下决心要采取措施,采取的措施越有力,产生的影响幅度就越大,反之亦然。因此,尽管改变影响的幅度相对容易,但要测定已经产生的影响幅度却要困难得多。举个例子可以说明某些这类困难。我在别的地方已经提出了一项稳定政策的建议,要避免随意的货币或金融政策,只单独依赖于总收入的变化对稳定的货币和金融框架的影响自动产生的反应。[①] 假如有一种累进税和转移支付结构,还有一个稳定的开支计划,总收入中的任何增加往往都会使政府收入增长的比例大于政府开支,并因此往往阻止了收入的增长,反之亦然。从这一政策可以期待什么样的影响幅度呢?

128

据估计,在目前美国的财政制度下,这项政策会意味着,若收入发生变化,则政府预算的变化将大致为收入变化的四分之一到三分之一;也就是说,增加 100 亿美元国民收入,往往会使政府收入和开支发生变化,其作用是减少赤字或增加盈余,减少或增加的数额会在 20.5 亿和 33.3 亿美元之间。[②]

如果政府预算的这一变化没有其他影响,如果这一变化与产生它的收入变化有一种固定不变的时间关系(例如,滞后一个固定的时间单位数),那么 σ_Y 的值就会介于 σ_X 的 $\dfrac{1}{4}$ 与 $\dfrac{1}{3}$ 之间。但是显然,这两个假设条件都不会被接受。政府预算的变化对收入既

---

　　① 《实现经济稳定的一种货币与财政框架》("A Monetary and Fiscal Framework for Economic Stability"),见本书后面边码第 133—156 页。

　　② 这个估计主要根据马斯格雷夫和米勒的文章《内置灵活性》(R. A. Musgrave and M. H. Miller, "Built-in Flexibility," *American Economic Review*, XXXVIII (March, 1948), pp. 122—128)。后续的税法变化无疑影响了数据的准确,但是大概并没有太大改变其数量级。

有直接影响,也有间接影响:通过乘数过程,通过对货币存量的影响,大概还有通过其他方式产生的影响。而且这些影响将随时间滞后而扩散,而滞后的程度有时会变化。在我们先前使用的符号中,在任何时间单位中,Y 的值本身就是先前时间单位每个序列中由预算变化产生的成分之和,而这些成分的数量本身很可能也是随时间而变化的。σ_Y 的大小将取决于这些间接影响的大小及特性,取决于影响的时间模式的可变性,还取决于任意时间单位中 Y 的成分之间的相关关系。这最后一项又反过来取决于连续刺激因素之间的相互关系,并因此最终,取决于 X 的连续值之间的相关关系——取决于所涉及的时间序列的连续相互关系。

　　这样认为看来是有道理的:这些复杂性不会使 σ_Y 的值低于 σ_X 值的 $\frac{1}{4}$ 到 $\frac{1}{3}$,因为,若不存在这些复杂性时,就赋予 σ_Y 以这个值。然而,就连这一点也不确定。[13] 这些复杂性可以轻易地使这个数字增加数倍,以致对于这一建议产生的影响幅度,所能说的只是,σ_Y 的值绝不会低于 σ_X 的 $\frac{1}{4}$,反而可能要大得多。

　　影响的时机 r_{XY},甚至更难以控制或测定。正如我们先前讨论那个已经被大多数充分就业政策的拥护者暗中接受的简单模型时所表明的那样,经济体系中相对于它旨在抵消的变动的滞后越小,r_{XY} 的绝对值很可能越大。如果能够立即认识到必须采取措

___

[13]　如果在 X 中有十分高的连续负相关关系,而且如果任一时间单位内预算变化的影响扩散到几个连续的时间单位,σ_Y 是可以减少到低于 σ_X 值的 $\frac{1}{4}$ 到 $\frac{1}{3}$。

施,这种认识立即转变为行动,而行动立即生效,那么显然,r_{XY} 可能非常接近于－1;其实,这正是那个简单模型引导使用者去接受的隐含假设条件。在缺少这类即刻反应时,r_{XY} 的高绝对值要求人们具有很强的能力去预测该经济体系在缺少措施或措施生效时的行为;因为这样才有可能提前采取在其影响显现时会是正确的措施。我无需费力去说明,时至今日,没有理由认为,我们有做出这类预测的能力。

如果排除了预测,那就只有通过影响相关的滞后,才能控制 r_{XY} 的值:滞后越短、变化越少,r_{XY} 的绝对值可能就会越高。为本文的目的,可以认为这些滞后由三部分组成:(1)需要采取措施和认识到这种需要之间的滞后;(2)认识到需要采取措施和采取行动之间的滞后;(3)行动与其影响之间的滞后。第三个部分显然取决于该经济体系的基本特征,但会因措施的类型不同而不同——比如,财政措施的滞后可能短于货币措施的滞后。另一方面,前两个部分能够人为地控制(成功的预测可以被看作使第一部分为负)。130然而,即使在这里,对于能够做得到的事也有严厉的限制。我在其他地方曾强调指出,我们有非常充足的理由认为,上面提到的那种自动政策,总的滞后会较短,因此,r_{XY} 会高于那种提议的相机抉择措施。不过,即便是那种自动政策,相对于它旨在抵消的那种变动的长度而言,滞后也可能太大,以致 r_{XY} 的值会远离－1。[14] 当然,在当前的知识状态下,我们无法知道 r_{XY} 的潜在幅度有多大,

[14] 《实现经济稳定的一种货币和财政框架》("A Monetary and Fiscal Framework for Economic Stability,"),见本书后面边码第133－156页。

但若认为对于目前提出的任何政策而言它都非常大,那肯定是痴心妄想。

在当前的知识状态下,我们甚至不能确定上面提到的那种完全自动的政策是否会"太强"还是"太弱"。我已经说过,对于美国,假设 σ_Y 大于 σ_X 的 $\dfrac{1}{4}$ 而且大概还要大得多,是有道理的。假设 σ_Y 的值对于这项政策是 $\dfrac{1}{2}\sigma_X$。若 r_{XY} 的绝对值小于 $\dfrac{1}{2}$,则这将是一个"太强"的政策;若 r_{XY} 大于 $\dfrac{1}{2}$,则是"太弱"的政策。

我们的分析得出的这些结论与一般人持有的观点明显不一致。单独依赖自动反应的建议,通常因做得不够而受到批评;极少有人清楚地意识到它可能做得过分。例如,在联合国充分就业措施的报告中,专家组就写道:

> 这类"内置"……稳定器,就事情的本质而言,只能具有抑制经济波动范围的作用。它们可以减轻投资需求下降导致的消费者需求下降;它们没有魔力招来抵消投资需求下降所必需的消费者需求的实际上升……然而,如果各国政府不满意于这种"内置"稳定器……,而是通过反周期的有效税率的变化,采取正面的反措施,那就可以通过预算措施保证实现消费者需求的上升。如果在需求下降时降低税率,在需求上升时提高税率,则可以大大改变消费者手中的购买力,以保持总需求处于稳定的水平。[15]

---

[15]　*UN Report*,pp. 37—38.

从我们的分析来看,这一说法至少是易引起误解的,而最坏的 131
情况,则是彻头彻尾地错了。

控制 r_{XY} 的一种方法是改变所采取措施的种类,另一种方法
则是限定目标。如果所采取的措施只是为了抵消收入中的显著变
动,如果不是也要抵消轻微变动,措施的影响显然大多会是在正确
的方向。在显著变化的情况下,行动与其影响之间的滞后相对于
变动本身,而不是轻微变动,可能会短得多(即便不是从绝对意义
上说),因此,r_{XY} 可能会较大。这就是由巴赫提出的"有两部分内
容的政策"那类提议背后的基本思想。巴赫提出,只要价格指数保
持在一个相当宽的范围内,就要依靠自动反应;而如果价格指数移
动到特定范围之外,就要用自行裁量的行动辅助这些自动反应。[16]

根据我们的分析,用任何有多部分内容的办法,要反击的变化
也越大,所要求的影响幅度也越大,原因有二:首先,σ_X 越大,则 σ_Y
也应该越大;其次,r_{XY}(绝对值)越大,σ_Y 也应该越大,而且人们认
为,对于给出了较大 σ_X 值的那些变动,r_{XY} 的绝对值也越大。

上面的讨论并非巨细无遗。其实,同它回答的问题相比,它提
出了更多也更困难的问题。它的目的更是有限,即提出了介于旨
在促进稳定的实质性政策内容与描述这些政策运行的两个统计参
数之间的关系。我们发现这两个统计参数在决定政策效力方面起
着极为重要的作用。

---

[16]　G. L. Bach, "Monetary-Fiscal Policy Reconsidered," *Journal of Political Economy*, LVII (October, 1949), pp. 383—394.

四、

在撰写本文时,我同时感到,我好像是在荒野中布道,费力地用冗长的讨论和分析来讲解显而易见的事情。由于本文的主要结论是重要的,而且广泛为人们所忽视,它们的显而易见愈发令人烦恼。

132 对于用政策措施稳定经济活动水平的可能性,有某种限制。这种限制取决于所采取措施的两个主要特征:该措施的影响与所需影响成比例的程度——不大严谨地说,这种影响处于"正确"方向的频率,以及采取行动的幅度。对于任一给定的行动幅度,即便所采取措施处于"正确"方向的时候多于处于"错误"方向的时候,该政策的全部影响也会造成不稳定。这里要求"正确"对"错误"有一个最低频率,以使各项措施相抵能导致稳定。同理,对于"正确"措施对"错误"措施的一个给定频率,有一个最佳行动幅度。比这更严厉的措施,不管本意多么良好,产生的害处也将大于好处。若要大大减少波动,就必须有正确措施对错误措施的相对高频度;而且,这个频度不容易被控制,除非经济科学的进步能使我们做出比现在预测的行动后果更准确的预测。简言之,好意虽令人赞美,却是不够的。若没有实现好意的能力,好意就会流产。

尽管这些结论是显而易见的,我仍然认为,它们对于充分就业政策的讨论是最为重要的。这个讨论的大部分内容,因没能区分目标和手段,也因只是劝人做正确的事,而没有说明如何分辨正确的事而受到损害。对于反周期措施的效力不可避免地存在着的限制条件,几乎还没有人做过实际考察。几乎没有人认识到,严厉的反周期措施会比轻微的反周期措施导致更多的不稳定。在这个领域中,正如在其他领域中一样,人们过于经常地把"意愿"误认为"已做成的事情"。

实现经济稳定的一种货币和财政框架[*]

在 19 世纪末和 20 世纪初,当时经济学家首先要集中精力解决的问题是资源配置,其次是经济增长,而对周期性短期波动极少给予关注。自 19 世纪 30 年代的大萧条以来,这个重点顺序被反转过来了。现在,经济学家们往往集中精力关注周期变化,他们的行为和谈吐就好像是说,在控制周期方面,任何改善,无论多小,都值得为之付出牺牲;为了经济体系的长期效益或增长前景,任何牺牲,无论多大,都是值得的。因此,他们提出的控制周期的方案,几乎都好像没有其他目标,而且还好像是,这些周期性波动发生在什么样的一般框架中也没有什么区别。这种态度的后果是,没有对同时满足两套目标的可能性给予适当的关注。

构建本文提出的货币和财政框架时,我故意将主要考虑放在长期目标上。也就是说,我试图设计一种能适用于这样一个环境的框架:除了那些由"坏的"货币和财政政策引起的周期变化外,周

---

* 重印自《美国经济评论》(*American Economic Review*,XXXVIII (June, 1948), pp. 245—264)。

本文的一个较早版本在 1947 年 9 月 17 日之前提交给了计量经济学会,作为在华盛顿召开的与国际统计学大会共同主办的一次会议的论文。我深深感谢阿瑟·伯恩斯、阿伦·狄莱克特、阿尔伯特·G. 哈特、H. 格雷格·路易斯、劳埃德、W. 明茨、唐·帕廷金和乔治·J. 施蒂格勒有帮助的批评和建设性的意见。

期变化在其中是无足轻重的。然后,我考察了由此产生的方案,看看它对于周期性波动会有怎样的表现。结果,这个方案表现得出人意料地好。可以预期,它不仅不会加剧周期性波动,而且有可能抵消这些波动,因此,它似乎很有可能提供还算说得过去的短期经济稳定。

本文专门论述与这个周期性稳定方案中各种含义有关的分析 134
部分。尽管如此,从这个方案的动机来看,最好一开始就指出,它以长期目标作为指导,即使在这里并不适宜对这些长期目标做相当全面的讨论。

我可以肯定地说,大多数经济学家都能接受的基本长期目标是:政治自由、经济效率和经济力量的大致平等。当然,这些目标并非完全一致,因而在这些目标之间可能必须有所妥协。此外,在这种笼统层面上所说的目标,很难用来指导近期的政策选择。我们必须走下一步,使我们认为最适于达到这些目标的一般性制度安排具体化。我认为——在这个阶段远说不上达成了普遍的一致意见——这三个目标最好都能依靠市场机制去实现,尽最大可能将经济资源的利用纳入到"竞争秩序"之中。在由这个总的立场得出的具体主张中,有三个主张特别重要:(1)政府必须为竞争秩序提供一种货币框架,因为竞争秩序本身无法提供;(2)这个货币框架应该在"法治"(rule of law)下运行,而不应在管理者相机抉择权的控制下运行;(3)尽管在一种"竞争秩序"里真正的自由市场会比目前现存的市场产生少得多的不平等,我还是会希望,社会有进一步减少不平等的意愿。此外,在这期间有必要采取补充市场的措施。为实现这两个目的,一般性的财政措施(与具体干预相对照)是减少不平等最理想的非自由市场手段。

这些长期目标引导我得出的这个极为简单的方案,没有什么新东西。其实,从为改变现行货币或财政框架的某些部分而提出的方案数量来看,很难认为,还可以添加什么全新的东西。各部分形成的组合有点儿不落俗套;但就连这也说不上有原创性。正如别人已经说出来的东西大概没什么可令人感到意外的一样,这个方案很像是许多其他方案的最大公分母。这大概就是提出这个方案并力促对它进行全面专业讨论的主要理由了。或许这个方案,或其某种变体,可以促成一个能使意见不那么极端的经济学家们达成共识的最低方案(minimum program)。

本文只概括地讨论货币和财政框架,而忽略,或只是浅显地讨论许多棘手的重要的和密切关联的问题。尤其是,它几乎完全忽略了从现行框架到这里概述的框架的转型,采纳推荐的这一框架对国际货币安排的含意,以及战时财政的特殊要求。这些有关联的问题数量众多且不易回答,因而就某些关键问题达成妥协会是正确的。然而,在开始做出妥协之前,最好尽可能清楚地阐明最终目标。

一、这个方案

下面概括的这个方案包括四个主要组成部分:第一个与货币制度有关;第二个与政府在商品和服务上的支出有关;第三个与政府的转移支付有关;第四个与税收结构有关。通篇而言,它完全适用于联邦政府,而且所有提到"政府"的地方都应该做如此解读。[①]

1. 实行货币和银行制度的改革,以消除货币的私人创造或销毁,并取消由中央银行当局对货币数量相机抉择的控制。——消除货币的私人创造最好采用 100％ 准备金的方案,由此使银行制度的存款功能与贷款功能相分离。[②] 采用 100％ 的准备金还会通过取消对准备金规定的再贴现权和现行权力,削弱储备银行制度的相机抉择权。为了消除相机抉择当局的主要武器,从事公开市场操作的现行权力以及对股票市场和消费者信贷的现行直接控制都应该被废止。

这些修改会使提供存款便利、支票兑现的便捷等等成为银行制度的主要货币功能,并使支付政府赤字的货币创造,或当政府有了盈余时的货币退出,成为货币当局的主要功能。[③]

136

---

① 把这个讨论局限于联邦政府的原因很简单,它独揽最高货币权力,没有任何把较小政府单位的作用降到最低的意愿。其实,为了实现上面所说的长期目标,最好是把最大数量的政府活动置于较小政府单位手中,以尽可能多地实现政治权力的分散。

② 这个方案原是亨利·C. 西蒙斯提出的。见他的著作《一项实施自由放任政策的建设性规划:对自由经济政策的一些建议》(Henry C. Simons, *A Positive Program for Laissez Faire: Some Proposals for a Liberal Economic Policy* ("Public Policy Pamphlets," No. 15〔Chicago: University of Chicago Press, 1934〕));他的文章《货币政策中的规则对管理当局》("Rules versus Authorities in Monetary Policy," *Journal of Political Economy*, XLIV (February, 1936), pp. 1-30)。这两篇文字都收进了西蒙斯的著作《自由社会的经济政策》(Henry C. Simons, *Economic Policy for a Free Society* (Chicago: University of Chicago Press, 1948))。

③ 若要所建议的这一框架能完全自动运行,采用 100％ 的准备金就是必须的。然而,应该指出,在部分准备金制度下,通过相机抉择权大体上也可以实现同样的结果。为了实现这一点,货币当局恐怕必须采用这样的规则,即只有在政府有赤字时,并根据赤字的数量,才可以增加货币数量;只有在政府有盈余时,并根据盈余的数量,才可以减少货币的数量。

2. 确定政府在商品和服务上的支出额(不包括各种转移支付)时,所采取何种政策完全根据社会为公共服务买单的愿望、需要和意志。——仅仅为了回应由社会赋予公共服务和私人消费的相对价值发生变化时,才可以改变支出水平。为适应商业活动中的周期性波动,无论是直接地还是逆反地,都不应该试图改变政府支出。由于社会的各项基本目标大概只会缓慢地改变(除了战时或直接受到战争威胁的时候),这项政策(排除同样的时期)会带来一个相对稳定的商品和服务支出数额。④

137　　3. 实行预先确定的转移支付支出计划,包括对将发放的救济、补助和其他转移支付的条件和期限的说明。⑤——现行社会保障制度就是这样一个计划的例子,其中有向老年人或失业保险做支付的规定。只有在社会觉得它应该改变转移支付的种类和水平并能够为此拿得出钱时,这个计划才应该做出相应改变。这个计划不应该为适应商业活动的周期性波动而改变。然而,绝对支出将在周期变化过程中自动变化。在失业水平高时,绝对支出也高;在失业水平低时,绝对支出也低。⑥

　　4. 实行累进税制,主要依赖于个人所得税。——应该尽一切

---

　　④　无论是从货币量还是从实际量上说,这个支出量都可以保持稳定。用社会目标确定支出量的原则会导致在目前商品和服务上的实际支出量的稳定。另一方面,制定预算通常的立法程序是批准固定的货币总量,它会导致货币支出的稳定,并提供一种轻微的自动的反周期灵活性。若实际支出量保持稳定,则货币支出量会直接随物价而变化。

　　⑤　把这些转移支付看作是负收入或许更为适当。

　　⑥　人们可能希望,现行转移支付的复杂结构将被融入一个单一方案,该方案与所得税协调,并旨在为各种个人收入提供一个通用的最低限。不过,那是另外一个问题。

努力从源头上征收尽可能多的税款，并尽量减少税款的拖欠。应该根据在某个收入水平上的预期收益对税率、减免等做出规定，而这个收入水平则对应着在预定物价水平上适当的充分就业。预算原则有可能是，要么假定收益应该能平衡政府支出，包括转移支付（与收入的假定水平相同），要么应该能导致一个赤字，足以使提供货币数量能有某种特定的长期增长。[⑦] 税收结构不应为适应商业活动的周期波动而变化，尽管实际收入当然会自动地变化。[⑧] 税

138

[⑦]　这些准备使用的对假定收入水平的规定，以及要遵循的预算原则，都是明确而武断的，但不一定就对。从原则上来说，只要税收结构和支出政策保持稳定，无论收入水平如何，或最初依据的是什么预算原则，经济体系最终都会适应任何税收结构和支出政策。也就是说，每一种税收结构和支出政策，都有与其相对应的某一长期状态。因此，收入的最佳水平和可选择的最佳预算原则，取决于短期调整方面的考虑：什么样的选择需要难度最小的调整？此外，收入水平和预算原则必须同时选定；将假定的高收入与一个有盈余的预算原则相结合，或是将假定的低收入与一种赤字预算原则相结合，或是用其间任何数量的组合，得出的最终结果显然是一样的。我自己的猜测是，特定的收入水平与上面提出的预算原则不大可能会要求做出激进的短期调整以达到相应的长期状态。令人遗憾的是，我们对相关的经济关系了解得还太少，只能做出依据有限的猜测（见下面的第四部分，特别是脚注㉒）。

[⑧]　这个在高就业水平下确定税收以平衡预算的原则是由拉姆尔和索恩提出的（Beardsley Ruml and H. Chr. Sonne, *Fiscal and Monetary Policy* ("National Planning Pamphlets," No. 35 [Washington, D. C., July, 1944])）。

本文写完之后，经济发展委员会发布了一个政策声明，在其中提出了大致相同的税收和支出方案——也就是说，它要求采用能够在高就业水平时平衡预算的稳定税收结构，采用稳定的支出政策，以及主要依靠绝对的收入与支出的自动调节，来提供周期性的稳定。他们称这一政策为"稳定预算政策"。本文的方案与该委员会的方案的主要差异在于，该委员会未谈货币框架，也几乎未谈公共债务政策，而本文的方案则包含了这两者。大概经济发展委员会打算用尚未发布的专门声明去谈货币和债务政策吧（见《税收与预算》(*Taxes and the Budget：A Program for Prosperity in a Free Economy*, a statement on national policy by the Research and Policy Committee of the Committee for Economic Development [November，1947])）。

收结构的变化应该反映社会所选择的公共服务或转移支付水平的变化。额外增加公共支出的决定应该伴随有增加税收的措施。额外增加公共服务或转移支付的成本,以及额外税款的收入,应该根据上面提出的假定收入水平来计算,而不是根据实际收入水平计算。因此,政府应该有两种预算:稳定的预算,其中所有的数字都以假定收入计算;另外还有实际预算。在假定收入水平上平衡收支的原则会被平衡实际收支的原则所替代。

139

二、这个方案的运行

这个有四部分内容的方案的精髓在于,它利用政府对即期收入流贡献中的自动适应,去抵消,至少是部分抵消,总需求其他部分中的变化,并适当改变货币的供应。它取消了为适应周期变动而采取的相机抉择措施,也消除了我们现存货币和财政结构中某些无关的或不正当的反应。⑨ 相机抉择措施仅限于确定支撑稳定预算的假定收入水平,也就是说,基本上只用于决定一种可以合理实现的目标。在起草政府预算时,某些这类决定是不可避免的;而这个方案包括了一个特殊的决定,并明确表达了这一决定。诚然,收入目标的决定不可能是完全客观的或机械的。同时,这种决定也只在相当长的时间后才需要做出——大概每五年或十年一次,

---

⑨　例如,当社会希望以储蓄形式持有的货币总存量的比例发生变化时,在银行业提取部分存款作为准备金的现行制度下,货币总量发生变化的趋势,繁荣时会降低税率和增加政府支出的趋势;萧条时提高税率和减少政府支出的趋势;联邦储备系统在公开市场上购买政府债券的同时,政府向个人借款的趋势。

而且预测成分越小越好。此外，正如后面将指出的，收入目标中的错误往往会自动消除，因而不必重新确定收入目标。

在这个方案中，政府的支出会完全通过税收或货币创造，也就是说，发行无息证券来提供资金。政府不会向公众发行有息证券；联邦储备系统不会进行公开市场操作。这种对政府经费来源的限制，在和平时期看来是有道理的。向公众支付政府债务利息的主要正当理由是，在由于这样或那样的缘故，通过征收足够的税收来抵消通货膨胀压力不可行或不合理时，抵消不正常的政府高额支出带来的这种压力。这成为战争时期发行有息证券的理由，尽管 140 不符合常理的是，这些证券的利率固定在低水平上。在和平时期似乎不适合发行这种证券，特别是，如所建议的，在政府对商品和服务的支出量保持相对稳定的时候。发行有息证券的另一个理由是，在失业时期，发行这种证券较征税引起的通货紧缩为轻。这是事实。但是发行货币也不会使通货紧缩更轻。⑩

---

⑩　见西蒙斯的文章《论债务政策》(Henry C. Simons, "On Debt Policy," *Journal of Political Economy*, LII (December, 1944), pp. 356—361)。

这段有意避开了向银行支付政府发行特别债券的利息问题,正如有些百分之百准备金方案的某些版本所建议的那样。涉及判断这类方案的根本问题是,政府是否应该对使用银行活期存款和支票结算制进行补贴,如果应该的话,这种补贴应该采取什么形式。

现在,大量未偿还的政府债务成为完成现行框架转型中最严重的问题之一。通过在走向百分之百准备金过程中会出现的债券货币化,这个问题会多少减轻一些。但是,仍然还会有很大的量。建议选择两个办法解决:(1)在某个数字上冻结债券的量,最好用把这个量转变为永恒状态("统一公债");(2)利用债务货币化作为手段,提供货币数量的长期增长。这第二个方案,乍看起来,似乎更具吸引力,会采用平衡稳定预算的原则,而政府也会致力于通过发行新货币,每年让预先确定的公共债务数量退出流通。无论货币数量的长期增加达到多少才是合理的,退出流通的数量总会确定下来。然而,这个问题还需要更多的研究。

　　政府预算中的赤字或盈余将会在货币数量的变化中一美元一美元地反映出来;反之,货币数量的改变只是赤字或盈余的后果。赤字意味着货币数量的增加;盈余意味着货币数量的减少。[11]

　　赤字或盈余本身变成了商业活动水平变化的自动后果。当国民的货币收入高时,税收会多而转移支付会少,因此往往会产生盈余,而且是收入水平越高,盈余也越大。从当前的现金流中抽出这些资金会使总需求低于若不抽出这些资金的时候,并减少货币量,因此有可能抵消使收入进一步增长的因素。当国民的货币收入低时,税收会少而转移支付会多,因此常常会产生赤字,而且收入水平越低,赤字越大。向当前的现金流中补充这些资金,会使总需求高于若不做补充的时候,并增加货币量,因此往往会抵消使收入进一步下降的因素。

　　国民收入自动产生的影响大小,显然取决于政府承担活动的范围,因为这将反过来决定政府预算的总数量级。不过,这个方案的一个必要成分是,政府承担的活动完全由另外一些理由决定。在一定程度上,这个成分是该方案动机的直接后果。然而,将这个动机置于一边,促进稳定似乎是任何方案的一个合理成分。首先,即便稳定是唯一的目标,也没有,而且也不可能有简单的、较为客观的规则,来确定应该由政府承担的最佳活动份额——只要不是完全社会化。环境的变化很可能会使看来合理的政府活动份额发生迅速而奇怪的变化。但是,分派给政府的活动份额的变化本身,

---

　　[11]　当然,这些话指的是该方案的最终运行。在前一个脚注中提到的第二种选择方案中,转型期间货币数量的改变将会等于政府支出超过收入的部分加上预先确定的为使债务退出流通而发行的货币数量。

很可能会直接地,或是通过它们对预期产生的负面影响,造成不稳定。因此,试图让政府的操作幅度符合稳定要求的尝试,很容易导致比它纠正的不稳定更多的不稳定。其次,分派给政府的活动份额对于其他目标——特别是政治自由和经济效率——的影响,很可能远远大于对稳定的影响。[12] 第三,除了改变分派给政府的活动份额,还很容易利用其他手段来为改变对收入变化的反应规模,只要在这个方案下获得的经验能够证实这是合理的。而且,有一些这类手段不一定会对其他目标产生同样的影响。

142

在这个方案指导下,货币总量会按照国内稳定的需要自动确定。因而,货币数量的变化也不能被用来——像在全面实行金本位时那样——实现国际贸易的均衡。这两个标准并不意味着货币数量方面总要有同样的变化;当它们发生冲突时,这个或那个标准必然处于主导地位。隐含在我推荐的这个方案中的、选择国内稳定的决定意味着,必须利用某种其他办法来适应国际贸易状况的变化。看来,与建议的这个框架逻辑上相合的匹配项是灵活汇率。在外汇市场上,灵活最好完全由私人交易自由地确定。[13]

---

[12] 三十年代的倾向提供了与这两点有关的一个例子。这种倾向强调,提高税收结构中的累进程度,以此作为增加消费倾向,从而增加就业的一种手段。若将这种倾向用于战后时期,该论点会要求转向递减税。然而,不知道许多经济学家是否会根据这些理由希望实行递减税。

[13] 在这里,灵活汇率只是作为我建议的国内框架的一个副产品提出的,但我们也可以为它直接辩护。其实,把我建议的国内框架当作实行灵活汇率的手段,也同样合适。此事的核心在于,国内的和国际的货币和贸易安排是一个整体的不同部分。[见本书后面的《采用灵活汇率的理由》一文,第157—203页]

三、现行制度环境下这个方案的影响

在我提出的这个货币和财政框架中,政府对收入流的贡献的波动,显然是朝着"正确的"方向。不过,完全不清楚的是,在没有另外的制度修正情况下,这些波动是否会必然导致合理的充分就业,或是合理的稳定程度。价格刚性会使这个方案,而且其实也会使大多数(即使不是所有的)为获得周期性稳定而提出的其他方案,都与合理的充分就业不一致,并且,当与其他类型的反应的时滞(lags)合并时,还会使这些方案稳定经济活动的效力中造成极为不确定。

143
A. 价格刚性

在目前情况下,当许多价格至少是对于下降具有适度的刚性时,不可能指望上述货币和财政框架会导致资源的充分合理利用,尽管其他类型反应中的时滞很轻微。在这种情况下,人们所能期望的,至多是较为稳定的或适度上升的货币收入水平。举一个极端的例子,假设经济在合理的充分就业水平上处于一种相对稳定的状态,有着大致平衡的政府实际预算;再假设很大一部分工资对于下降的压力具有刚性。现在,假设特定的一类工人工资显著上升,作为工会活动的后果,或是作为对那类劳力需求急剧而暂时增加的后果,或是由于这些劳力供应短缺,并假设这个高工资对于下降的压力具有刚性。像先前一样充分的就业会意味着较高的货币总收入,因为在假设的刚性条件下,其他就业人员会得到与先前一样的量,而工资提高的工人若充分就业,就会得到较大的总量。但是,如果达到了这个较高的货币收入水平(这当然也意味着较高的价格结构),政府可能会出现盈余,因为收入的上升会超过支出。在其他独立变化缺失时,还没有出现任何东西来抵消盈余产生的通货紧缩影响。因此,假设的充分就业状态不会成为均衡状态。即使偶然达到了均衡状态,由此而出现的预算盈余也会减少有效需求。并且,由于价格被假设为刚性的,最终结果只能是失业。收入的均衡水平将会比以前高一些,主要是因为向失业者的转移支付将增大,以致有些失业将被抵消。但是,没有什么机制能抵消其余的部分。摆脱这种状况的唯一办法是允许通货膨胀。

正如人们广泛公认的,上述困难在大多数其他货币和财政方案中也存在;它们也只能靠通货膨胀产生充分就业。然而,这种两 *144* 难困境常常会在它们的表述中被隐匿,而在实践中,通货膨胀却完全可能会出现。残酷的事实是,对于自由企业制度(而且恐怕对集体主义制度也是如此),一个理性的经济规划必须有价格(包括工资)的灵活性作为其基石之一。目前这个方案已经把这种必要讲得很清楚了。此外,采纳这样一个方案会对防止累积的通货紧缩提供某种保证,由此可以非常容易地实现灵活的价格,因为政府之所以支持特定职业和行业人群的垄断活动,在很大程度上是由于普遍的通货紧缩会造成明显的浪费,因而需要防止普遍的通货紧缩。

B. 反应的时滞

我们的经济不仅以价格刚性为特征,还以其他各种反应的严重时滞为特征。这些时滞使我们不可能对上述货币和财政框架的运行可能导致的实际稳定程度作出任何明确的说明。我们有理由预期,波动会比目前存在的小,但是由于我们不了解时滞,不了解引起商业波动的根本原因,我们甚至对这个结果也完全没有十足的信心。可以想象,创造政府赤字与该赤字对消费者和生产者行为的影响之间的时滞会很长而且不易确定,以至于该赤字的刺激效果常常只是在其他因素已经带来复苏之后才起作用,而不是在衰退过程之初就起作用。我不相信我们的知识已足够完全排除这种可能性,尽管直觉上不这样认为。假如真是这样,我提出的这个框架就会加剧而不是减轻周期性波动;也就是说,长时间的和不易确定的时滞会将政府对收入流贡献的波动转变为一种近似于额外的随意干扰。⑭

145　　　关于这种可能性,我们所能说的只是,上面概述的完全自动的方案,在预想的情况下看来会比其他除了自动反应还提供相机抉择措施的方案造成较少的伤害。我们有充足的理由认为,这些相机抉择的措施将在总体上造成比自动反应更长的时滞,因此将会带来甚至更为频繁的不稳定。

　　　把任何措施涉及的总时滞分为三个部分,可以最清楚地看出上述观点的根据:(1)需要采取措施和认识到这一需要之间的时滞;(2)认识到需要采取措施与采取措施之间的时滞;(3)措施与其效果之间的时滞。

----

　　⑭　见《勒纳论统制经济学》一文,本书后面边码第 316 页中的脚注⑫。亦可见《充分就业政策对经济稳定的影响:一种形式分析》,本书前面边码第 117—132 页。

第一种时滞,在这里建议的那种自动反应中并不存在。如若能够准确预测在没有政府措施时会出现的经济变化,这种时滞对于相机抉择的方案就会是负的。从预测者的记录来看,无需争辩,最好还是避免去做预测,而是尽可能迅速地依靠对目前情况的评估。那么,需要采取措施和认识到这种需要之间的时滞就变成正的了。其准确程度的大小取决于具体的相机抉择方案,不过目前商业状况解释者们过去的记录表明,它不会小得可以忽略不计。[15]

第二种时滞,即使对于自动反应来说也是存在的,因为所有的税收都将不会或不可能从源头上与应税收入相关联的支付同时计征,而转移支付也将不会或不可能没有一段等待时间或处理过程而立即给付。然而,很清楚的是,通过税制和转移支付的适当安排和管理,这种时滞在时间上可以被缩减到可忽略不计的程度。对于相机抉择的措施,认识到需要采取措施和采取措施之间时滞的长度,在很大程度上取决于所采取行动的种类。通过公开市场上买卖证券,或通过改变再贴现率和准备金规定,可以立即采取行动,改变社会所掌握的资产的形式和数量。通过税收结构的变化去改变政府对收入流的净贡献,则要相当长的时间。即便为不同的可能性做出事先规定,消灭在决定税率、减免、税种等方面做出哪些改变时的拖延,管理上的考虑也将在这些改变生效之间造成显著延迟。纳税人(在收税中作为媒介的企业或个人)和税收管理者都必须了解做出的改变;必须给他们机会,使他们能对自己的做法做出适当调整;新的表格必须印制,或至少要分发,等等。

146

---

⑮　见上面脚注中的文章,边码第314—315页,特别是该文的脚注⑪。

　　所有拖延中最长的拖延大概要数通过改变政府的支出政策，特别是对商品和服务的支出政策，来改变政府对收入流的净贡献。事先的规划无论做了多少，支出速度都不可能一夜之间加快或降低，除非工资表上的人名数量是控制或判断支出的唯一基础。使进行中的计划取得任何程度的效力都需要时间；而突然让计划停止也会造成大量浪费。

　　第三种时滞，行动与其效果之间的时滞，对于自动反应和相机抉择措施来说都存在，也都很大，而且通过财政和货币结构的法律和管理改革，对它也极少能有什么改进。⑯ 对于这种时滞在各种措施中的长度，我们还没有值得信赖的经验证据，对这一问题显然还需要进行更进一步的研究。一些先验的考虑给出了这类研究应该选取方向的线索，这些考虑认为，作为最初的估计，各种政策与这一时滞长度有关的顺序，与认识到需要采取措施和采取措施之间的时滞长度有关的顺序相反。政府在商品和服务上的支出变化，几乎立即就会导致用于生产那些商品和服务生产中的资源的使用情况发生变化。这种支出变化还会导致拥有那些资源的个人的支出发生变化，从而产生第二层影响，从而引起拥有这些人力资源的个人被雇用。

　　这种被引致出来的变化中的时滞，有可能比调整支出以改变税收或改变持有资产的数量或形式产生的时滞要短。税收变化会使个人可支配收入比没有改变时增多或减少。可以预计，个人对税收变化造成的可支配收入的变化会做出反应，只是这种反应会

---

　　⑯　其他类型的改革（即增加价格灵活性的各项改革）或许可以影响这一时滞。

慢一些,而个人对总收入变化造成的可支配收入变化,反应会快一些。

　　然而,这些迹象都不大值得信赖。有些重要的间接影响可能会依赖于以下因素,如受到政府支出直接影响的商品和服务、由政府的支出和税收变化导致的可支配收入变化范围以及用以为政府赤字提供经费的手段。例如,如果赤字是通过增加货币数量获得经费的,盈余则用于减少货币数量,那么,利率以及社会持有资产的类型和数量的变化就将产生政府支出或税收变化的部分影响。公开市场操作、再贴现率和准备金规定等方面变化的全部影响也将以这种方式产生,而且很有可能,在人们感到这些影响之前,它们已经存在了很长时间。

　　在本文提出的方案中,自动反应在一定程度上类似于税收变化——只要税收可以变化;在一定程度上类似于支出变化——只要转移支付可以变化;而且像这两者一样,它们的某些影响也都表现为货币数量的变化。因此,人们可以期望,行动与其影响之间的时滞,在把自动反应与相机抉择的税收变化相比较时大致是一样的;在把自动反应与相机抉择的货币变化相比较时,自动反应中的时滞要短得多;在把自动反应与政府对商品和服务支出相机抉择的变化相比较时,自动反应中的时滞要长一些。 148

　　诚然,这个分析的大部分内容具有很强烈的推测性质,但它表明,总的时滞对于相机抉择的货币或税收变化,肯定要比对于自动反应长,因为总的时滞细分为三个部分中每一部分的时滞都比较长。人们有疑问的只是,总时滞对于相机抉择的支出变化的相对长度。然而,即便对于相机抉择的支出变化来说,行动与其影响之间的较短时滞，足以抵消需要采取措施与采取措施之间较长的时滞而有余，看来也是可疑的。

假设在不那么极端的条件（与那些把目前这个方案转变为会造成不稳定影响所需的条件相比）下，减少严重波动取决于物价调整的程度和速度、个人对物价变化反应的性质、个人对由政府盈余和赤字导致的他们收入和资产持有量变化反应的性质，以及这些反应中的时滞。如果这些因素都会使经济体系运行得相当好，改进就会有累积效应，因为以往抑制波动的经历会使商业人士和消费者两方面形成一些期望模式，导致他们采取更加抑制波动的措施，这在他们看来是合理的。然而，只有我建议的制度在没有这类帮助也能运行得相当好时，才会出现这种有利的结果。因此，在我看来，对这个方案（对所有其他的方案也是一样），应该主要根据它们的直接影响来判断，而不能根据它们在能激发一种有利于稳定的心理氛围方面的间接影响来判断。然而，必须承认，目前的这个方案与一个有着比较简单也更易于理解的目标的方案（例如，一个宣称把稳定物价水平作为其目标的方案）相比，不大能诱发这样一种有利的心理氛围。**如果商界对政府实现这一目标的能力十分有信心**，它就会有强烈的动机采取行动，去大大简化政府的任务。

四、若价格灵活且反应的时滞微小，
这个方案具有的含义

149

如果我们把一直阻碍我们的困难置于一边，并考察这个方案对上述经济具有的含义，假设有这样一个经济，在这个经济中，产

品价格和生产要素的价格都是灵活的,⑰而且其他类型反应中的时滞是微小的,我们就可以最为清晰地看出,本文提出的货币和财政框架的各种理想可能性,以及这些可能性所依赖的各种稳定经济的力量。在这样一个经济中,上述货币和财政制度往往会带来一种以合理的充分就业为特征的均衡。

要描述起作用的力量,我们假设经济一开始处于一个合理的充分就业状态,有平衡的实际预算,并受到一个产生总货币需求下降干扰的影响;如果没有出现其他变化,这种干扰就是永久性的。⑱ 总需求下降的最初影响将是,至少在经济的某些部分中,销售下降和库存上升,很快就会有失业和物价下跌跟进,这是由试图将库存降低到合理水平引起的。失业者名单的加长将使政府的转移支付增多;失业者的收入损失将减少政府的税收。由此产生的赤字,是政府对收入流的一个净贡献,它直接抵消了总需求的某些下降,因而阻止了否则会变得越来越多的失业,并在开始实施比较根本性的纠正措施时,起到一个减震器的作用。

这些比较根本性的纠正措施,除去相对价格和利率的变化外,还有:(1)物价总水平的下降,这会影响到(a)该社会资产的实际价

150

----

⑰ 灵活价格的概念,尽管是我们一直在用而且几乎无法避免不用的一个概念,却非常难以精确定义。所幸的是,对于接下来的论证,并不需要一个精确的定义。这个论证所需要的仅仅是,有一个"很大的"价格活动范围,在该范围内,价格不因为要维持长期合同或有组织的非合同安排而是"刚性的",而且价格能较迅速地对长期需求或供给状况做出反应。不必有"完全的"价格灵活性(不管对此可下什么样的定义)。牵涉价格的合同不可以随意变动,长期需求或供给状况的每一变动也不必都立即反映在市场价格上。

⑱ 同样的分析也适用于只产生暂时下降的干扰。之所以假设一个永久性的下降,是为了探索调整到一个新均衡状态的整个过程。

值,和(b)政府对收入流的贡献;还有(2)货币存量的增加。

继总需求下降之后出现的物价总水平的下降,显然会提高该社会货币存量和政府债券的实际价值,因为这些资产的名义价值将不会减少。该社会其余资产的实际价值有可能仍然大致保持不变,因此,资产总存量的实际价值将上升。[19] 资产实际价值的上升会减少增加储蓄的必要,因此而增加了任何既定实际收入水平中这个社会希望消费的部分。大体来说,仅这一种力量就足以保证充分就业,即使政府维持严格平衡的实际预算并保持货币数量不变,因为大概总会有某种物价水平可以使这个社会觉得足够富裕了,而不管需要当前收入的多大份额或多少倍才能产生足以带来充分就业的总需求,该社会也把这部分当前收入花在消费上。

较低的物价水平在增加目前私人用于消费的(可支配)那部分收入方面产生的影响,通过它对政府收入流贡献的影响而得到增强。只要这个物价水平,还有货币收入,低于其初始水平,政府就将继续实行赤字政策。即便就业已经恢复到其初始水平,政府也

151

----

[19]　假如该社会其他资产的实际价值下降的话,这只意味着,物价水平还必须进一步下降,以提高该社会资产总存量的实际价值。注意,在我提出的框架中,该社会的全部货币要么是政府的直接债务(非储蓄货币),要么是由政府的直接债务(中央银行中的存款)百分之百地给予支持。如果这个分析要适用于部分准备金制,那么,那些实际总价值肯定会上升而不会直接抵消私人资产实际价值下降的资产,会成为在财政部和中央银行掌握之外的政府总负债(货币和债券)。关于这一点和下面的内容,见庇古的文章《古典学派的静态》(A. C. Pigou, "The Classical Stationary State," *Economic Journal*, LIII (December, 1943), pp. 342—351)和《稳定环境中的经济进步》("Economic Progress in a Stable Environment," *Economica*, XIV (new ser.; August, 1947), pp. 180—190);以及帕廷金的文章《物价稳定与充分就业》("Price Flexibility and Full Employment," *American Economic Review*, XXXVIII (September, 1948), pp. 543—564)。

将实行赤字政策,以致因失业造成的转移支付和税收损失将被消除。税收结构是累进的,而减免、税率等是用美元的绝对数量表示的。因此,税收下降的比例会大于物价水平的下降比例;支出的下降,则至多是成比例的。[20] 由于出现了这样的赤字,恢复就业所需的物价下降幅度就将小于政府维持严格平衡的实际预算的时候,即使排除赤字对货币存量的影响,情况也是这样。原因是物价水平只会降低到增加的货币贮藏量等于政府赤字的那一点;而不会降低到社会丝毫不想要增加其货币储藏量的那一点。[21]

物价水平的下降可以通过提高平均消费倾向和政府赤字的联合作用,使就业回复到初始水平。但是,只要存在赤字,达到的状态就不是均衡状态。赤字是通过发行货币获得资金的。由此导致的货币总存量的增加,必定进一步提高社会资产存量的实际价值,

152

---

[20]   较低的物价水平对政府支出的影响,有点儿取决于政府采取的支出和转移支付政策。如果按照社会目标制订支出计划的原则所要求的,政府对商品和服务的实际支出数量保持周期性稳定,而且如果转移支付计划也用实际价值表示,政府支出就将成比例下降。如果政府对商品和服务的支出保持周期性稳定是以美元表示,或转移支付计划的支出以美元表示,则支出将以较低比例下降。

[21]   如果政府对商品和服务的实际支出量保持周期性稳定,而转移支付计划也以实际价值表示,政府在固定支出和转移支付计划下的总支出往往在社会充分就业收入中占同样的比例,无论物价水平如何。这个比例会是政府可以对收入流做出的最大净贡献,无论物价有多低,以及货币收入和政府收入下降多少。结果,这种力量就会在幅度上单独受到限制,而且即使从大体上来说,恐怕都无法抵消每个干扰。如果这两个计划都用绝对数量表示,政府贡献可以构成总收入流的部分就会是没有限制的。

说明这一效果的另一种方法,是用消费者、企业和政府的预期支出与收入之间的关系来说明。这些群体想要的支出总和等于他们的收入总和。若政府保持严格平衡的预算,均衡就要求消费者和企业一起计划花掉他们的收入(也就是说,不想办法去增加他们的货币储蓄)。若政府预算有赤字,消费者和企业就不必一起计划花掉他们的全部收入;均衡要求他们计划的支出要少于他们的收入,扣除赤字的数量(也就是说,他们要想办法在每个时期增加储蓄,增加的数量相当于赤字的数量)。

从而提高平均消费倾向。这与上面分析的那种影响相同,只不过这种升高是由绝对货币存量而不是由物价下降带来的。像由物价下降产生的相应影响一样,这种影响的幅度大体上是无限的。货币存量的上升以及由此引起的平均消费倾向的上升,往往将提高物价并减少赤字。如果我们假设,除了这个分析一开始引入的变化,没有出现其他变化,那么,只有当物价上升到足够产生一个大致平衡的实际预算时,才会实现最后的调整。

致使货币总需求(aggregate money demand)增加的干扰力量,会使同样的力量向相反的方向起作用:增加就业会减少转移支付和增加税收,由此创造出抵消一部分总需求增长的盈余;物价上升会减少该社会货币存量的实际价值,并由此减少目前收入用于消费的比例;物价上升还意味着,甚至在"过度就业"被消灭之后,政府仍然会有盈余,而这种盈余往往会进一步抵消总需求的最初增长;[22]而且最终,这种盈余会减少货币存量。

正如这项分析表明的,我提出的财政和货币框架提供了深入
153 防范总需求变化的保护。第一道防线是根据就业的变化调整转移支付和税收。[23]当物价变化接管了防卫工作的时候,这会减轻由

---

[22] 用税收结构的特性将能限制盈余对当前收入流可能产生的影响,因为很可能会有一个税收能够从总收入中收走最大百分比的税,无论物价水平和总收入有多高。

[23] 应该指出,这是马斯格雷夫和穆勒在计算政府收入和支出的自动变化影响的可能幅度时考虑的唯一影响(R. A. Musgrave and M. H. Miller, "Built-in Flexibility," *American Economic Review*, XXXVIII (March, 1948), pp. 122—128)。他们得出的结论是:"这里提供的分析并不能证明目前日益流行的那种观点是对的,即,单单'内置灵活性'就能管用,用不着有周密的反周期财政政策。"尽管这是个正确的结论,它却没有说明拒绝单单"内置灵活性"就管用这一观点是对的,因为"这里提供的分析"并没有考虑到上面所说的"更根本性的纠正措施"。

此带来的冲击。物价变化会提高或降低社会资产的实际价值,并由此提高或降低用于消费的收入比例。物价变化还在除原有的由就业变化对转移支付和税收的影响造成的赤字和盈余之外,又产生了一个政府赤字或盈余。最后一道防线是赤字或盈余对货币存量的累积效应。这种货币存量方面的变化往往会使物价恢复到它们的初始水平。当然,在一定程度上,这些防线会同时起作用;然而,它们的主要影响很可能会按在前面讨论中所说的时间顺序出现。

甚至在价格灵活的情况下,这种所谓平衡机制的存在也并不当然意味着,经济将在事实上实现相对稳定。这还取决于经济所受到的干扰的次数与幅度、平衡力量起作用的速度,以及像反向价格预期这类打破平衡的力量的重要性。如果反应的时滞很小,一开始的不正当反应也不重要,调整就会迅速完成,不会给不平衡留下累积的机会。这样,相对稳定就会实现。然而,即使是在这种最有利的情况下,平衡机制也不能防止干扰升级,也不能即刻抵消它们的影响——其实,在没有能力提前完全准确预测每件事情的情况下,任何经济都做不到。这个平衡机制确实能做到的是,首先,使政府的货币和财政活动本身不给经济带来干扰,其次,可以提供一种自动的机制,使经济适应出现的干扰。 154

如果价格是灵活的,那往往就会抵消假设的收入水平的错误,抵消或在假设的收入水平上计算支出和收入量时出现的错误。此外,最终做出什么样的决定去建立收入和支出之间的关系(也就是说,是否要去平衡收支,是否要争取足够大的赤字,以预先确保提供货币数量方面预先确定的长期增长，等等）也就变得不重要了。例如，假设：设定的收入水平的错误、收入和支出量的计算，以及在收入和支出之间建立的关系，这三者共同产生了一个赤字，该赤字大于保持物价稳定所需要的赤字。由此导致的通货膨胀压力会相当于由外部干扰产生的通货膨胀压力，而同样的力量会起而抵消这一压力。结果是，物价会上涨，收入水平往往稳定在一个比最初假设的水平更高的水平上面。

　　同样，上述货币和财政框架不仅可以使经济适应周期性变化，还可以使经济适应长期变化。我不那么相信现在人们广泛持有的那种长期滞胀论或经济成熟论。但是，我们假设这种理论是正确的，资本需求出现了长期的急剧衰退，以致在充分就业收入水平和技术上可行的最低利率水平上的投资量，大大少于在这个收入水平上和目前物价水平上能实现的储蓄量。㉔ 结果只会是，均衡状态会含有一个经常性的赤字，足以提供储蓄者所需要的货币储藏量。当然，这不会是一种真正的长期均衡状态，因为货币数量的逐渐增长会增加社会货币存量的实际总价值，并由此增加资产的价值，而这又往往会提高任何既定实际收入中的消费比例。结果，物

155

————————

　　㉔　由于上面讨论的物价变化对资产实际价值的，以及以这种方式对平均消费倾向的影响，在我看来，这样一种事态，即便货币数量保持不变，只要价格是灵活的（这是将"在目前的物价水平"这一限制条件包括在这个脚注要说明的那句话中的原因），就不会导致长期失业。但是此刻，我接受了那些人的观点，他们否认这种平衡力量的存在或重要性。此外，如果货币数量不变，就会完全通过价格的长期下降做出调整。再说一遍，政府对收入流的变化，以及通过这些变化对货币数量的影响，可以减少价格变化必须的程度。

价和货币收入水平往往都会逐步上升,而赤字会逐步减少。⑤

五、结论

最后,我想强调一下这个方案的谨慎目标。这个方案并没有宣称,它要在没有办法使最终产品的价格和生产要素的价格灵活多变的情况下,提供充分就业。这个方案也没有宣称,要完全消灭生产和就业中的周期性波动。它声称要严肃考虑的是:它提供了一种稳定的财政和货币措施运行的框架;它在很大程度上消灭了由政府机构的相机抉择措施造成的不确定性和不当的政治含义;它为政府部门适应出现在经济其他部门中的变化做准备,这种准备旨在抵消这些变化的影响;我提出的这个财政和货币框架由本文开始时所说的长期考虑构成。要是我们对于导致周期性波动根本原因的了解,比我这样一个人能了解的多得多,人们大概就不会认为它是一个最优方案了;它是一个包括了对不确定的和未经检验的知识最少信任的方案。

这个方案当然有它的危险性。政府对货币数量的明确控制,

---

⑤　具体来说,这一段和前一段,一般说来,整个这一小节,提出了一个应该得到研究的问题,而对这个问题,我没有满意的答案,也就是说,这个方案中隐含的方程组的特征和它们的均衡解的特征。显然,在严格的静态条件下,包括静态的人口,这个均衡解会包括不变价格、人均收入,等等,还有一个平衡的实际预算。有意思的问题是,在具体的动态情况下,是否有任何对这一均衡解的简单描述。例如,有这样的情况吗?即,这个均衡解将会包括不变的人均货币收入和下跌的价格,或者不变价格与上升的人均货币收入,等等。如果有这样的情况,那会是什么样?显然,这样简单的描述一般来说是不够的。但是,完全可能在很多别的情况下,类似的描述就够了。

以及明显地用创造货币满足政府的实际赤字,有可能建立起一种有利于政府不负责任行为的氛围,并能引起通货膨胀。平衡而稳定的预算原则可能不足以抵消这种趋势。这种危险在这个方案中很可能大于其他方案,然而,在一定程度上,这种危险是大多数为减轻周期性波动而提出的方案共有的。这大概只能通过完全转向不同方向来避免,即转向全面的金属货币,取消政府对货币数量的任何控制,并重新启用平衡实际预算的原则。

在把周期性波动减少到可以容忍的程度方面,这个方案可能不会成功。造成周期性波动的力量可能非常顽固和强大,以致这个方案所包含的那种自动适应不足以把波动抵消到可以容忍的程度。我看不出怎么才有可能知道现在是不是这种情况。但是,即便能证明是这种情况,提出的改变也几乎可以肯定方向是正确的,而且此外,还提供了一种比较令人满意的框架,在它的上面,可以采取进一步的行动。

像现在这个一样的方案,它关注的不是短期政策,而是结构改革,不应该极力向公众兜售,除非它已经经受住了专业人士的批评。本文正是以这种精神发表的。

为灵活汇率辩护[*]

西方国家似乎致力于建立一种以各国政府规定的本国货币之间的汇率为基础的国际支付制度,并除偶尔改变到新的水平外,维持其刚性。这种制度体现在国际货币基金组织的章程中。该组织规定,各国政府规定的汇率变化低于10％,无需基金组织批准,而高于这个幅度则必须经该组织批准。这个规定也内含在欧洲支付联盟中,而且几乎在所有国际经济政策的讨论中都被当作是理所当然的。

这个制度无论在过去可能有过怎样的优点,它却并不适用于目前的经济和政治环境。这些环境使得灵活汇率或浮动汇率——汇率主要在公开市场上由私人交易自由决定,并像其他市场价格一样,每日变化——成为实现我们的基本经济目标所绝对必需的,即实现和维持一个自由和繁荣的、各国从事不加限制的多边贸易

---

* 本文最初是一篇备忘录,写于1950年秋,当时我是美国经济合作局派驻欧洲的特别代表处的一位顾问,供职于该处的金融和贸易科。无需说,本文表达的观点完全是我自己的。我感谢乔尔·伯恩斯坦和麦克斯维尔·奥伯斯特对原来的备忘录的批评,感谢厄尔·J.汉密尔顿和劳埃德·A.梅茨勒对后续草稿的批评。本文也非常感谢与许多朋友就这个一般问题(general problem)所做的大量讨论,特别要感谢阿伦·狄莱克特、詹姆斯·米德、劳埃德·明茨和列昂纳多·罗宾斯。遗憾的是,这些讨论没能产生足够一致的意见,因此也没有必要让他们对本文承担责任。

的世界共同体。在国际经济政策中，几乎所有暗含接受了刚性汇率制的方面都出现了严重的和不必要的困难。重整军备的升级、贸易的自由化、避免分配和其他内外部的直接管制、国内货币和财政政策的协调一致——所有这些问题在一个有着灵活汇率及其必然结果，货币自由兑换的世界中，都呈现出不同的面貌，并且变得非常容易解决。灵活汇率制建立得越快，不加限制的多边贸易也将越快变为一种真实的可能性。而且从任何方面说，灵活汇率都不会妨碍各国依据自己的看法去追求本国经济的稳定。①

　　在开始为这个论点做详细的辩护之前，我或许应该强调两点，以避免误解。第一，赞成灵活汇率不等于赞成不稳定的汇率。最终目标是这样一个世界：其中的汇率，尽管能够自由变化，但实际上是高度稳定的。汇率的不稳定是基础经济结构不稳定的一个征兆。用管理手段冻结汇率来消灭这一征兆，无助于根本问题的改善，而只会使顺应这些问题的调整更加痛苦。第二，我所说的"不加限制的多边贸易"，指的是这样一种制度，其中没有对进出口的直接数量控制；其中的任何关税或出口补贴都相当稳定、不具歧视性，且不受为影响国际收支平衡而进行的人为操纵的干扰；其中的大部分国际贸易由私人（非政府的）进行。尽管必须承认，这个定义有些含糊，还有许多模棱两可的地方，但对我们的目的是够用了。我将不加详细考察就以此为

---

　　①　其实，我在别的地方已经说过，灵活汇率是实现经济稳定的货币和财政框架在逻辑上的国际匹配物。在我看来，它是最有前途的。见《实现经济稳定的一种货币和财政框架》，本书前面边码，第133—156页。

当然地认为,在这个意义上的不加限制的多边贸易②是经济政策的一个理想目标。③ 然而,即使这个前提得不到公认,许多支持灵活汇率的论点也仍然是正确的。

一、适应影响国际收支变化的另一些方法 ₁₅₉

影响国际贸易和各国国际收支平衡的变化总在不断出现。有些变化出现在决定国际贸易的"实际"环境中,如天气、生产的技术条件、消费者的品位等。有些变化出现在货币环境中,如各国通货膨胀或通货紧缩的差异程度。

这些变化对有些商品的影响大于对另一些商品,并因此往往会产生相对价格结构的变化——例如,美国重整军备尤其影响某些原材料,并往往会提高这些原材料相对于其他商品的价格。这类对于相对价格结构的影响,无论汇率是刚性的还是灵活的,都会大致相同,在这两种情况下也都会提出大致相同的调整问题,我们因而在下面的讨论中很少关注这种影响。

但是,除了对特定商品和价格的影响之外,我们讨论的这些变化,在总体上,还会影响到每个国家的国际收支平衡。外币的持有者想要把外币兑换成特定国家的货币,要么是为了购买那个国家

---

② 其实,在更极端的意义上,完全没有贸易壁垒,包括关税和出口补贴,也是一样的。

③ 简言之,就其本身是我们珍视的基本自由之一这一点而言,不加限制的多边贸易也是理想的。它通过适当的劳动国际分工促进了资源的有效利用,并因将消费者可以花费其收入的选择范围最大化而提高了消费者的福利。它通过消除各国政府之间冲突的重要根源,推动国际政治友好。

生产的商品,要么是为了购买那个国家的证券或其他资产,要么是为了对那个国家付利息或偿还债务,要么是为了向那个国家的人送礼物,要么就是为了这些用途之一而持有或再卖出。当然,在单位时间中为了每一种这样的目的而需要的某国货币数量,首先取决于汇率——为买进一个单位国内货币必须支付的某种外币的单位数量。如果其他条件不变,一种货币越贵,即汇率越高,为每一种上述目的所需的这种货币一般就将越少。同理,该国货币的持有者也想为了相应的目的用这种货币兑换其他外币,而他们想要兑换的数量,也首先取决于他们能得到的价格。国际贸易环境中持续不断发生的变化改变了"其他条件",因此,为了上面列出的每一目的,使用不同国家货币的意愿也会发生变化。总效应就是,在任何既定汇率上对某国货币的需求,相对于在这一汇率水平提供的售出量,时而增加,时而减少。当然,在事后,购入的某种货币的量必须与售出的量相等——只是个复式簿记问题。但是在事前,人们想要买进的数量不必等于人们想要卖出的数量。事后的相等包括调和这种不对等的双方愿望,不通过改变愿望本身,就得通过愿望的落空。

160

　　没有办法避免这种调和,不一致的愿望不可能同时得到满足。至关重要的政策问题是,要有一种机制进行这种调和。假设,影响国际收支平衡的环境变化的总效应已经使人们想要用外币购买的一国货币,相对于其他人想要按先前已经存在的汇率卖出本币换取外币的数量增加了,怎么才能调和这种不一致的愿望呢?有四种方法:(1)该国货币的价格可以被哄抬高,也可以被提高。汇率的升高将会使这种货币相对于其他国家的货币变得不大可取了,

这样就消除了按照先前汇率产生的过度需求。④（2）该国国内的
物价可能上升，这使该国的商品相对于其他国家的商品变得不大　161
可取，或者该国的收入会上升，从而增加对外币的需求。（3）对涉
及外汇的交易进行直接管制，这会使外币余额的持有者不能像在
没有这种控制时那样，想兑换多少国内货币就兑换多少。例如，由
于无法得到所要求的出口许可证，他们无法购买国内商品。（4）对
本币的过多需求，可以由货币储备提供，购买的外币被添加到外币
储备中——货币当局（或外汇平准基金等）可以带着一种买入或卖
出别国需求和供给数量之差的"愿望"介入。

　　若各种变化的影响就是要造成一个初始赤字，这四种方法中
的每一种都有其明显的匹配物。除了纯粹摩擦性的愿望落空（由
于市场不完善，买主无法找到卖主）之外，从根本上说，这些就是可
以将一国货币需求量与供应量的**事先**差异转变为**事后**相等的仅有
的四种必然普遍采用的办法。我们来依次看一看每一种办法吧。

---

　　④　可以想见，在某些情况下和汇率的某个范围内，汇率的上升会增加过度需求。
尽管这种可能性已经受到很大关注，但在下面的讨论中，我们将这种可能性，认为它没
有什么实际意义。从纯粹理论上说，总会有一组或多组汇率将市场出清，而且在这些
汇率中大概至少有一组汇率的上升，将意味着过度需求的下降（即一个负的过度需
求）；至少有一组汇率的下降，将意味着过度需求的上升。只有汇率不能变动和利用某
种非价格机制来配给本币或外币的情况下，才不起这样的作用。从实际情况来说，在
我看来，使汇率的任何有关范围具有"上升就会导致过度需求增加"这种特性的必要条
件完全不可能出现。然而，要是它们真的出现了，那也仅仅意味着，均衡可能有两个位
置，一个在现行控制汇率之上，另一个在现行控制汇率之下。要是那个高的均衡位置
被认为是更理想的，那么对于政策的意义就会是，首先提高控制汇率，其次给汇率以自
由。

A. 汇率变化

借助汇率变化保持国际收支平衡的两种不同机制必须被严格区分为:(1)上面界定的灵活汇率和(2)官方临时改变的刚性汇率。

1. 灵活汇率。——在由公开市场自由决定的灵活汇率下,可能在国际收支差额表中造成盈余或赤字任一趋势的影响首先表现在汇率上。如果一国在国际收支上已经有了一个初始盈余收入——对其货币的过度需求——汇率往往会升高。如果该国有一个初始赤字,汇率往往会下降。若造成汇率上升或下降的条件一般被看作是暂时的,该国货币的实际持有者或潜在持有者,就会改变他们持有的货币,从而缓和汇率的变动。例如,如果汇率的上升被预期为暂时的,该国货币的持有者就会受到刺激,卖出部分持有的货币以换取外币,以便以后价格降低时再买回这种货币。在这么做的时候,他们提供了额外的本币,去满足由汇率的最初上升造成的过度需求;即他们以先前的汇率吸收了一些本来会成为外币盈余收入的外币。反之,如果汇率的下降被预期为暂时的,人们就会受到刺激,买入本币以便在价格较高时再卖出。这类以先前的汇率购买本币的行为提供了外币,以弥补本来会成为外币赤字的一些外币。这样,这类"投机"交易实际上就向这个国家提供了准备金,以吸收暂时的盈余或弥补暂时的赤字。另一方面,如果汇率的变化一般被看作是由永久性的根本因素造成的,刺激的方向就会与上述方向相反,投机交易就将加速汇率的上升或下降,并由此促使它更快地到达其最终位置。

这个最终位置取决于汇率变化对一国货币的需求和供给产生

的影响，人们不是为了作为余额持有，而是为了其他目的持有。形成盈余的趋势造成汇率上升，使得用本币购买的外国货便宜，尽管用该国自己的货币所标的价格并未改变；而就外币而言，本国货贵了，尽管它们用本币标的价格也未改变。这往往会增加进口，减少出口，从而抵消初始盈余。反之，形成赤字的趋势造成汇率下降，使进口货物对于国内消费者较贵，出口货物对于外国人较便宜，从而抵消了初始赤字。

由于货币代表了一般购买力，而且在国内外有非常广泛的用途，因而任一国货币的需求与供给被广泛扩散，并有不同的来源。结果，广大、活跃且近于完善的外汇市场，只要得到允许（甚至经常在还没得到允许时），就会发展起来。因此，汇率就潜在地成为了一种极为敏感的价格。它迅速、自动、持续地出现变化，并因此会在压力能积累起来之前和危机能形成之前产生纠正性变动。例如，要是德国在 1950 年就有了灵活汇率，那年秋季的危机就绝不会按它实际发生的过程发生。汇率在 7 月之前就会受到影响，从而立刻开始产生纠正性调节。整个事态绝不会发展到那么大范围，只会表现为汇率的小小波动。而当时的情况是，由于汇率是刚性的，因而对危机迫近的预兆是间接而滞后的，直到三个月后政府还没有采取行动；而在这段时间中，失衡已经发展到危机程度，必须得有国内的激烈措施、国际磋商和国外的帮助才能解决了。

战后期间一再出现的英国外汇危机，或许是更加明显的例子，说明在灵活汇率下根本就不会形成这种危机。在每个事例中，都是听任大规模的失衡积聚起来，才采取重大的纠正措施，因而后采取的措施就必然是严厉的。用管理措施取代自动的市场力量而引起的僵化和不连续性,极少被表现得如此清晰,或给人更加深刻的印象。

2. 官方改变汇率。——这些事例表明了灵活汇率与暂时被保持为刚性但由政府来改变以解决重大困难的汇率之间的显著差异。尽管这些汇率变化与灵活汇率制下自动产生的那些汇率变化对于商品贸易等具有同样的影响,但它们对于投机交易却具有完全不同的影响。部分由于这个原因,部分由于这些变动天生的不连续性,每一次的汇率变动都会变成一次产生危机的机会。根本没有机制来产生必要的汇率变动幅度,或是纠正错误的汇率变动,因而必须用另外一些机制来在汇率变动期间维持均衡——不用国内物价或收入的变化、直接管制,就得用货币储备。

即便汇率变化不会在其他方面成为产生危机的机会,投机活动也很可能把它变成危机,因为这种制度简直就是最大限度地为不安分的投机活动上了保险。由于汇率不常变动,而且只在为对付重大困难时才改变,这种改变往往在困难发作许久之后才到来,它被尽可能地推迟,而且只是在对汇率积聚起大量压力之后才做出改变。结果,即使改变了汇率,也几乎可以肯定对其改变的方向。在从对汇率的可能变化产生猜测到实际变化的这段时期内,如果人们预计会发生贬值,所有的刺激都会是卖出该国货币(从该国输出"资本"),如果人们预计会发生升值,就会买入该国货币(给该国输入"资本");两者均可在没有外汇损失的情况下完成,并将在汇率确实变动时,切实得到外汇收益。这与灵活汇率制下的情况形成了鲜明对照。在灵活汇率下,伴随着一种货币的卖出并作为这种卖出的结果,汇率会下降,从而打击或处罚了卖出。对于买入，情况相反。而在刚性汇率的情况下，如果汇率没有变动，投机者的成本只是由利率差产生的利息收入方面的可能损失。有人说直接管制可以限制资本流动，这并没有回答问题，因为我们使用这种方法的最终目标是完全避免这类限制。

简而言之，在我看来，使暂时刚性的汇率偶尔变化的制度是两个世界中最坏的制度：它既没有提供稳定的预期，那是真正刚性而稳定的汇率能够提供的，以在一个不限制贸易、愿望和能力的世界中使国内物价结构适应于外部环境；也没有提供灵活汇率的连续敏感性。

B. 国内物价或收入的变化

大体而言，国内物价的变化会对贸易产生如汇率变化同样的影响。例如，德国的每种国内价格（包括工资、房租等）下降 10％，而马克的美元价格不变，显然就会对国内和国外商品的相对成本产生有如马克的美元价格下降了 10％，而国内物价不变一样的影响。同样，这些价格变化对于投机交易也会有同样的影响。如果人们预期物价下降是暂时的，物价下降就会刺激对商品的投机购买，以避免今后较高的价格，这样就减轻了物价变动。

如果国内物价像汇率一样灵活，那么，是由汇率变化带来调整还是由国内物价的同等变化带来调整，在经济上几乎没有什么差异。但是这种状态显然没有达到。在没有冻结汇率的管理措施时，汇率是潜在灵活的。至少在现代世界中，国内物价非常不灵活。它们在上升时要比下降时灵活，但即便是在上升时，也不是所有价格一样灵活。价格不灵活，或者灵活程度不一，意味着对应于外部环境的调整会出现扭曲。这种调整采取的形式在某些部门主要表现为物价变化,在另一些部门主要表现为产量变化。

　　工资往往是不大灵活的价格。结果,一个初始赤字,在遇到允许或迫使物价下降的政策时,很可能会产生失业,而不是工资下降,或是此外还有工资下降。由此导致的收入下降会减少国内对外国商品的需求,从而减少对用来购买这些外国商品的外币的需求。这样,它抵消了初始赤字。但这显然是适应外部变化非常没有效率的办法。如果外部变化是根深蒂固的而且持久稳定,失业就会对物价和工资产生向下的压力,而这种调整直到通货紧缩令人悲哀地结束之后才会完结。

　　尽管有这些困难,如果只是偶尔使用,而且只作为贸易实际基本环境变化的结果来利用国内物价变化,可能并非不合理。这类基本环境变化在任何时候都会要求某些商品和服务相对价格的显著变化,以及国内物价一般水平的数量级小得多的变化。但是这两个条件在现代社会中都不会得到满足。调整必须持续,实际上许多调整都是货币现象所要求的。如果这些货币现象能立即被汇率变动抵消,它们就不会要求实际资源配置的改变。

　　利率的变化或许最好归到国内物价变化这个标题之下。在过去,利率变化在适应外部变化方面起着特别重要的作用,部分原因在于它们很容易受货币当局的直接影响,部分原因在于,在金本位下,向赤字或盈余发展的趋势最初的影响就是黄金的流失或增加,结果便是银根的收紧或放松。初始赤字以这种方式造成利率上升,增加了对这种货币的资本需求,因此部分或全部抵消了赤字。这降低了必须以国内物价下降来弥补赤字的速度;国内物价下降本身是黄金的流失以及随之而来的货币存量的下降引起的，而黄金流失和货币存量的下降会使利率上升。反之，初始盈余增加了黄金存量并放松了银根。由此造成的利率下降减少了对这种货币的资本需求，因此部分或全部抵消了盈余，降低了必须以国内物价的升高来应付盈余的速度，而国内物价的升高是黄金增加及随之而来的货币存量上升引起的。

这些由利息引发的资本流动，是主要依靠国内物价变动的方法的合理部分，因为它们常常会使调整过程顺利完成。然而，不能单单依靠资本流动，因为资本流动只是偶然会调整国内物价。

主要依靠国内物价和收入的变化，在 19 世纪时是可以容忍的，部分原因在于当时西方世界的主要国家在国内非常强调摆脱政府干预，在国外非常强调不加限制的多边贸易，而较少强调国内稳定。所以，它们愿意让固定汇率和各国货币自由兑换支配国内的经济政策。但是，同样重要的是，这种特别重视给了余额持有者对维持这种方法的信心，从而使他们愿意让不大的利差决定他们用哪种货币持有余额。此外，在国内强调摆脱政府干预，缩小了国内货币管理的范围，从而意味着，影响国际贸易的大多数变化反映了基本环境中的实际变化或其他货币变化，如黄金的发现，这对主要国家或多或少是共同的。现代的环境，由于广泛强调的是国内的充分就业和政府对经济事务的广泛干预，显然与过去完全不同了，对这种调整方法的支持也大大减少了。

167

C. 直接管制

大体而言，对进出口货物和资本流动的直接管制，其对贸易和国际收支产生的影响,会与汇率变化或国内物价和收入变化产生的影响一样。最后的调整,毕竟将涉及进出口货物构成中的变化,连同能详细说明的资本交易。如果能事先预见这些事情,如果有选择地控制每一类进口货物和资本交易在技术上是有可能的,就可以用直接管制产生必要的调整。

然而,很清楚的是,人们不可能预测进出口货物和必需的资本交易中的变化;在像英国那样的国家中,每一次新的外汇危机都被官方看作是一个意外事件。这个事实为这个论点提供了充足的证据。就算这些变化是可以预测的,用技术方法而不是物价方法⑤对进出口货物和资本交易的直接管制也必定意味着,这种控制会扩展到许多国内问题上,并干预商品分配和生产的效能,因为必须找到一些手段,用于对要降低数量的进口货物给予配额,或处置增加的进口货物,还要用于分配减少的出口货物或使出口货物增加。

除了这类过程中许多令人遗憾而且现在已经看得非常清楚的结果外,直接管制还对对外支付问题本身有不良影响,尤其是当直接管制被用于(正如它们一直主要被使用的那样)对抗实际赤字或初始赤字时。用直接管制弥补表面赤字,会大于在没有直接管制的情况下按同样汇率出现的赤字,而且,如果取消了对进出口货物及其不可避免的国内补充物的直接管制,其实有可能完全消灭赤

---

⑤　注意,对所有进口货物按统一的百分比征收关税,以给予所有出口货物统一的百分比补贴,这样一个关税相当于汇率按相应百分比下跌;同理,用对所有出口货物按统一百分比征税,以给所有进口货物按统一百分比发放补贴,相当于汇率按相应百分比升值。因此,这类工具应该被放入汇率改变的分类中,而不是放在直接管制的分类中。

字,或将赤字转变为盈余。仅仅是直接管制的存在就使这种货币用于许多目的不合算,因为直接管制对这种货币的持有者能用这种货币做的事情施加了限制。这会减少对这种货币的需求,并使这种减少大于由汇率波动或其他替代直接管制的适应机制可能产生的同类减少。此外,经许可的进口货物通常会以低于出清市场的价格分销,因此造成浪费,物不能尽其用,徒增表面上的进口"要求"。同样,由管理当局的决定而确定的进口货物构成,往往具有同样的作用。这两点在阻碍出口方面尤为重要,因为即便政府大概会支持出口行业,出口行业也不大会得到像它们在自由市场中所能得到的有如进口货物那么大的份额,而且不可能使它们的影响在确定进口货物构成时被充分感受到;直接管制往往使对出口的刺激小于没有直接管制时可能有的刺激。⑥

前一段中提到的考虑可能有助于调和(而且实际上,我自己也需要作这种高傲,这促使我对它们加以详细说明)偶然到访英格兰的人得到的印象,以及仔细研究这个问题的人得出的结论,即由于反复出现对英镑的压力,也由于为维持英镑目前的汇率似乎必须采取限制性的措施,英镑目前(1952年)就购买力而言价值被低估了。它们表明,下面这两种说法不一定有矛盾:(1)如果取消所有的外汇限制和相关的控制,而且允许汇率主要由自由市场上的私

⑥ 以出清市场的价格销售进口货物的许可证会消灭第一种效果;但不会消灭第二种和第三种效果,除非这种许可没有规定具体的商品,而是规定了想要使用的外汇,甚至也不会消灭第四种效果,除非用出售进口许可证所得的收入对出口货物和导致外汇收购的其他交易提供一定百分比的补贴。这最后一种方法,正如前面指出的那样,与汇率改变是一样的。如果使用外汇许可证的价格,以及获得许可证可得到的补贴是由自由市场决定的,以使总收入等于总支出,则结果就相当于或等于灵活汇率。

人交易决定,英镑的市场价值会高于 2.80 美元;(2)如果保留官方汇率,保留现存的外汇限制**办法**和相关的国内管制,那么,**放松**限制会产生对汇率的压力,并要求汇率低于 2.80 美元,以使外汇储备免于耗尽。这两种说法实际上可能都不正确,但是二者之间没有一眼就能看出的那么明显的矛盾。

最后,无论直接管制有什么好处,可以实施这类控制的程度,是有政治和管理方面的限制的。这些限制在有些国家比在另一些国家更窄,但在所有的国家都有。假如有足够的刺激,还是可以找到规避或逃避这些控制的途径。官员与个人之间展开了一场博弈:官员们要堵塞合法的漏洞,要发现和惩罚非法逃避控制的行为;还有数量更多的个人,因为有大量获益的机会,或是因为这些获益机会打消了他们对法律的尊重、对惩罚的畏惧,而把他们创造性的才华用于发现和开发新的漏洞。这种博弈绝不意味着官员们总能赢,即使是在他们正直而能干的时候。尤其是,各国的实践都已证明,用直接管制阻止资本流动是极难办到的。

D. 货币储备的使用

假如有充足的储备,假如没有汇率的变化,没有国内物价或收入的变化,也没有直接管制,那就可以让可能产生盈余或赤字的趋势在交易中,而不是在货币当局(或外汇平准基金或无论可能用什么名字的机构)的安排中,产生实际的盈余或赤字,所需的额外本币或外币由倾向当局来供应。这个工具是切实可用的,而且对于小的和暂时的变动也并非不合理,不过,很明显,如果变动不大而且是暂时的,那么在很大程度上就没有必要动用储备,因为,在灵活汇率下,私人的投机交易就将提供所需的额外本币或外币,而汇率只会发生较小的变动。

一味使用储备对于大幅度和长时间的汇率变动,是个下下策,且不论是否有可能。如果问题是赤字,货币当局弥补这个赤字的能力立刻就受到其外币储备规模的限制(或是外币储备加上他们能够或愿意借到或用别的办法从外币持有者那里买到的无论多少额外货币之和的限制)。此外,如果国内物价水平(或就业水平)要保持稳定,就不能截留或以其他通货紧缩的办法使用从外汇储备销售中得到的收益。当然,这是假设这个赤字并非由国内的通货膨胀政策本身产生的,而是在一个稳定的国内物价水平上出现的。这个收益必须用于偿还债务,或是为预算中的赤字提供资金,使之达到必要的水平,以防止价格下跌。

如果问题是盈余,货币当局必须准备好,无限期地积攒外汇,提供所需的全部本币。此外,如果要使国内的物价水平保持不变,货币当局还必须得到它以非通货膨胀方式为换取外币所需的本币。它只能在与稳定的物价保持一致的程度上印钞或创造货币。至于其余所需数额,它必须通过借款得到,不论为保持国内物价稳定所需的利率多高,或是从政府预算的盈余中拿出适当的数额。撇开货币政策所涉及的技术问题不谈,整个社会也不会愿意无限期地以自己的部分产品去换取没有收益的货币贮藏,尤其是,当盈余的来源是国外的通货膨胀,外币的实际价值因此而下降时。

当然,从传统上来说,货币储备还不曾被当作一种主要手段用于适应外界变化,而是在国内物价和收入发生变化期间被当作一

171

种减震器。赤字最初是用货币储备来弥补的,但收益,甚至是成倍的收益却被扣留了;也就是说,货币当局允许或让货币存量因为货币储备下降而减少,同时利率上升,并对国内物价产生向下的压力。同样,货币当局实际上也创造了兑换外币盈余的本币,允许或让创造出来的本币将货币存量增加相同的数额或那个数额的一个倍数,同时利率下降,并对国内物价产生向上的压力。⑦

自从第一次世界大战结束以来,各国都越来越不愿意以这种方式动用储备,不愿意让这种影响直接而迅捷地传导给国内的货币状态和价格。举个突出而重要的例子,在 19 世纪 20 年代,美国就已经不让以黄金进口的形式表现出来的盈余像在金本位制下那样抬高国内物价了,而是将进口黄金封存了起来。尤其是在大萧条完成了充分就业到经济政策主要目标的升级之后,各国都不愿意让赤字再发挥任何通货紧缩的作用。

172　　单独用货币储备来对付国际收支平衡方面暂时的小压力,而用其他工具去对付较大、较长期或较为根本性的压力,是经济政策可以理解的目标,而且这也几乎等于概括了国际货币基金组织的哲学基础。令人感到遗憾的是,这不是一个现实、可行或可取的政策。极少有可能事先了解,或在事情刚发生时就了解,在国际收支平衡表中存在的某种压力是否会迅速逆转;即这种压力是暂时因素的结果,还是长久因素的结果。其实,要想单独依赖储备来对付外部环境变化,一直坚持到人们有信心诊断出

---

⑦　在纯金本位制的情况下,这些影响相继自动发生,因为任何国际债权要么不支付,要支付都是用黄金支付。在有赤字的情况下,这些黄金完全由货币存量中提取,而在有盈余的情况下,这些黄金完全添加到货币存量中去。

这些变化的幅度和大概持续时间,并能依据这种诊断采取根本的纠正措施,这些储备就必须非常大,要比它们在传统金本位制下起作用时大得多。恐怕除了美国,甚至对于美国而言,只要黄金是无条件接受的国际货币,储备就绝不会有那么大。在这样的情况下,有一种强劲的趋势,由于顺手好用而过长时间依赖储备,却没有给自信的诊断和合理措施足够长的时间。纠正措施被拖延,希望事情会自己变好,直到储备的状态迫使人们采取严厉而频繁的不明智之策。

E. 比较

刚刚描述的不同调整方法,实际上必须用于对付影响外贸环境的变化;在不能完全消灭外贸时,无法避免这种必要性,而且就连这种必要性也会是对进出口货物进行直接管制的一种极端形式。在目前分析的基础上,灵活汇率制显然是适用于目前情况最好的调整方法:使用储备本身不是一个可行的工具;直接管制笨拙而无效率,而且,我冒昧预言,它最终将被证明在一个自由社会中是无效的;国内物价和收入的变化,由于国内物价,尤其是工资的刚性以及充分就业(或国内货币政策的独立)开始成为主要的政策目标,而成为下策。

说来奇怪,支持灵活汇率的论点与支持夏令时的论点非常相近。当在夏天拨钟表改变时间与让每个人改变自己的行为习惯有着完全一样的结果时,这么做不是太荒谬可笑了吗?夏令时所要求的也不过就是每个人决定早到办公室一小时,早吃午饭一小时,等等。但是很显然,改变钟表来指导所有的人,要比让每个人分别改变他自己对钟表的反应容易多了，尽管所有的人都想这么做。这种情况与外汇市场的情况完全一样。让一个价格，即外汇价格变化，要比依赖共同构成国内物价结构的多种价格变化容易多了。

二、反对灵活汇率的意见

对于建立灵活汇率制的建议有三种主要的批评意见：一是，灵活汇率会增加经济方面不确定性的程度；二是，灵活汇率不会起作用，因为它们会产生抵消作用的国内物价变化；三是，灵活汇率将不会产生可进行调整的最佳时机和速度。第一种反对意见有多种不同形式，而且它将促使我分别对这些问题给以澄清，尽管这意味着大量重复劳动。

A. 灵活汇率与不确定性

1. 灵活汇率意味着不稳定而不是稳定。——这种反对意见常常建立在无知上，它涉及已经指出的那种把困难的征兆与困难本身相混淆的错误。灵活汇率不一定就是不稳定的汇率。如果它确实不稳定，那主要是因为在控制着国际贸易的经济环境中有潜在的不稳定。而刚性汇率尽管在表面上是稳定的，却可能使经济中不稳定的其他因素永存和加重。在灵活汇率变动时刚性的官方汇率却不变的起码事实，并不能从更根本的意义上证明，官方汇率具有更大的稳定性。如若确实如此，那是由于下面考虑的一个或多个理由造成的。

2. 灵活汇率使进出口商无法确实了解他们将要为支付或得到什么价格。——在灵活汇率下，外贸商几乎永远可以在期货市场上做套期保值来保护自己不受汇率变化的伤害。只要汇率是灵活的，这类外币期货市场马上就会发展起来。那时，任何收益的不确定性都将由投机者承担。因此，对于这个论点，最多只能说，灵活汇率对外贸商征收了一个套期保值的成本，即因投机商承担了外汇今后变动的风险而必须支付给他的价格。但这还是说得太多了。用灵活汇率取代刚性汇率，可以改变不确定性在外汇市场上的表现形式；这可能丝毫未改变不确定性的范围，但确实减少了不确定性。例如，致使灵活汇率下降的环境将会带来外汇短缺和刚性汇率，这反过来会产生带有不确定性特点的内部调整，或产生对外汇的行政分配。于是，外贸商将对汇率有把握，但对国内环境无把握，对能否得到外汇无把握。对于某些交易，只要管理部门提前做出发放外汇的承诺就可以消除这种不确定性；但显然由于可获得的外汇总量是不确定的，也就不可能消除所有交易的不确定性。因此，减少了某些交易中的这种不确定性，会增加其他交易中的不确定性，因为所有的风险现在都集中到它们身上了。此外，永远会有后续政策的不确定性围绕着这类外汇行政分配的做法。我们并不清楚，到底是与灵活汇率有关的不确定性，还是与刚性汇率有关的不确定性，会对贸易有更大的破坏性。

3. 外汇市场上的投机往往会造成不稳定。——这个观点当然 175 与前一个观点密切相关。据说，投机者会把汇率的下降看作是进一步下降的信号，并将因此造成比没有投机活动时更剧烈的汇率变动。在这方面，人们特别担心，这会造成为应对政治不确定性，或干脆就是为应对汇率的变动,而出现资本外逃。尽管普遍的看法与此相反,我还是非常怀疑,外汇投机会真正造成不稳定。在我看来,从先前经历和在瑞士、丹吉尔和其他地方目前的货币自由市场中得出的证据表明,一般来说,投机会造成稳定而不是相反,尽管这些证据还没有得到充分的分析,以建立对这一结论的信心。认为投机活动一般会造成不稳定的人极少意识到,这在很大程度上等于是说,投机者损失了钱财,因为一般来说,投机活动只有在投机者是在货币价格低时卖,价格高时买,才会造成不稳定。⑧ 当然,这并不是说,投机活动不会造成不稳定:专业投机者可能一般是赚钱的,而大量不断变化的业余投机人士通常会输掉很多钱财。但是,尽管这可能发生,却很难看出有什么理由能说它肯定会发生,具有的理由倒都是相反的。换句话说,若投机活动会持久地造成不稳定,像19世纪30年代英国的外汇平准基金那样的政府机构就会通过外汇投机赚得盆满钵满,并在这一过程中几乎肯定能消灭不稳定的投机活动。但是,假设政府的投机活动一般会有利可图,那在许多情况下就等于是说,拿他们自己并不拥有的资金在冒险的政府官员,比拿自己的钱冒险的私人,能更好地判断外汇市场中可能的走势。

　　人们广泛相信投机活动会造成不稳定,这无疑是战争刚结束时人们傲慢地拒绝灵活汇率的一个主要因素。然而,这种信念似

---

⑧　提出以下警告大概是适当的:这是对一个复杂问题的简单概括。全面的分析在区分"投机性"交易和其他交易时,在准确而令人满意地界定"造成不稳定的投机活动"时,在分析对比仅仅存在灵活汇率制产生的影响和此种制度下实际投机交易产生的影响时,遭遇了困难。

乎并没有建立在对任何可获得的经验证据的系统分析之上。⑨ 相反，我认为，它主要建立在对 19 世纪 30 年代时的所谓"热"钱过分简单的解读上。在当时，任何预示着货币贬值危险（即预示了一种汇率可能出现的变化）的投机活动都被看作是会造成不稳定的，自那以后，投机活动就被这么看了。回想起来，很显然，投机者是"正确的"；当时有各种各样的力量在起作用，致使欧洲大多数货币相对于美元发生了贬值，而这些力量与投机活动无关；投机活动预见到了这种变化；而且因此，至少有和说它们"破坏稳定"同样多的理由可以说它们"造成稳定"。

此外，未能区分暂时保持刚性但可由政府行动时常改变的汇

---

⑨　大概最为雄心勃勃想要概括这类证据的尝试是由纳克斯在他的著作《国际货币经历》(Ragnar Nurkse, *International Currency Experience* (Geneva: League of Nations, 1944), pp. 117－122)一书中做出的。纳克斯从两次战争之间的经历得出结论说，一般而言，人们可以认为投机活动会造成不稳定。然而，他列举的证据本身却无法得出任何结论。在接近必要细节的地方，纳克斯只考察了一段经历，1922－1926 年法国法郎的贬值。对于其他经历，他只是列出了汇率是灵活的时期中的那些事例，并断言，在每个事例中，投机活动都造成了不稳定。这些经历可以支持也可以不支持其结论，从他对这些事例的讨论中不可能做出判断；而他的列表显然是非常有选择性的，不包括那些乍看起来会指向相反方向的事例。

即便是对法国的这段经历，纳克斯给出的证据也得不出任何坚实的结论。其实，在我看来，在他讨论的范围内，证据显然不大利于纳克斯描述的那个结论——投机活动会造成不稳定；倒是有利于相反的结论——投机活动会造成稳定。

总之，纳克斯对于投机活动作用的讨论完全不能令人满意。有好几次，他似乎把任何威胁一种现存货币价值的交易都看作会造成不稳定，即便潜在的力量在没有投机活动时会改变货币价值时也是如此。在另一个地方，他断言，在资本账户和经常账户将国际收支余额消耗殆尽的情况下，造成不稳定的交易可以同时出现在这**两个账户**中。因此，他的说法在算术上是站不住脚的（第 210－211 页）。然而，人们常常引用纳克斯的分析，作为相信投机活动会造成不稳定的"基础"或"证据"。这令人遗憾地损害了人们一般持有的经济学信念的科学基础。

率制与灵活汇率制,损害了对这一证据的解读。许多被看作证明了外汇投机起破坏稳定作用的资本流动,是因依政府行动而变化的刚性汇率制的刺激发生的,因而主要应归因于没有灵活汇率制,归因于没有任何动机去避免资本流动。第二次世界大战后多国对外支付地位大幅摇摆的经历也同样是这么回事。由于前面提到的原因,这种经历与在真正灵活汇率下投机活动的特性几乎没有什么直接关系。

4. 灵活汇率会增加国内经济的不确定性。——这种观点认为,许多国家都非常担心通货膨胀,人们已经开始把汇率看作是通货膨胀的一个指标,并对汇率的变化极为敏感。因此,这种观点认为,刚性汇率下可能会出现的外汇危机,会被人们忽略,只有直接参与国际贸易的人才会有所觉察,而汇率的下降则会吸引很多人的注意,被看作是未来通货膨胀的一个信号,并在全体公众中产生先行变化。这样,灵活汇率便有可能造成额外的不确定性,而不仅仅是改变不确定性的表现形式。这个论点有些价值,但是在我看来,这并不能成为避而不用灵活汇率的真正原因。其含义倒是说,若有可能,在欧洲各国的汇率相对于美元可能会稍有变动或有些上升的时候,转变为灵活汇率会是合理的。而且,伴随着这种转变自愿地采取迅速的货币措施,以对抗任何国内反应也会是合理的。对通货膨胀的担心几乎不可能或根本不可能产生通货膨胀,除非是在有利的货币环境中。只要能对通货膨胀的担心是没有道理的,并体验到汇率每天的变化与国内价格之间没有任何直接联系,就会在非常短的时间内把纯粹国内市场中不确定性的增加减少到可忽略不计的程度,只要不确定性的增加是由灵活汇率而非极不

178

稳定的汇率引起的。再有,如果公众认识到,"汇率的大幅下降是
国内通货膨胀的一个征兆或预示",这也绝非纯粹的坏事。这意味
着,灵活汇率会在某种程度上阻止政府采取高度通货膨胀的国内
政策。

有时候,非常接近于反对这种论点的观点也会反对灵活汇率。
据说,有了灵活汇率,政府就没有多少动机或不大积极去采取坚定
的国内防通胀措施了。据说,刚性汇率给了政府要为之奋斗的一
个符号——政府可以把它的旗帜固定在某个特定汇率的旗杆上,
抵制要求采取以保卫汇率为名义但却是通货膨胀性措施的政治压
力。剧烈的外汇危机会建立起一种氛围,使严厉的哪怕不受欢迎
的措施都可能实施。另一方面,据说,有了灵活汇率,就没有了明
确的症结;通货膨胀性的措施只会带来汇率的下降,但不会带来剧
烈的危机,人们在一个很少有人直接从事交易的市场上,几乎不会
受到汇率变化的影响。

当然,这两种论点都可能是正确的——第一种论点在德国那
样的国家里可能是正确的,那里近来经历了高通胀和汇率的剧烈
波动;第二种论点在大不列颠那样的国家里可能是正确的,那里没
有这些现象。但是,即便是在像英国那样的国家中,刚性汇率在目
前情况下是否就比灵活汇率对国内非通货膨胀性经济政策更具指
导意义,也还远不清楚。刚性汇率会因为实施通货膨胀性政策而
使对外支付状况的恶化无法即时表现出来。在独立的货币本位制
下,外汇储备的流失不自动减少货币存量,或阻止货币存量增长;
然而,通过提供物资来换取外汇储备,不同时创造国内收入,也确
实会暂时减少国内的通膨压力。在汇总外汇储备状况的反应迟钝

179

的统计表格中,恶化只会出现在一段时间之后。即便到了那时候,现代世界中的各国当局也可以有这样的选择,或认为它们有这种选择,即用更严厉的直接抑制来压缩赤字,从而更长时间地推迟采取适当国内政策的必要性。而且,它们也总能为某种恶化而不是为它们的国内政策找出一大堆特殊理由。尽管在灵活汇率制下,同样有可能实施直接管制,也可能为此找到合理的借口,但对外支付状况的恶化至少会以更便于理解也更简单的形式立即表现为汇率的下降,因而不会出现紧急情况,不会突然发现货币储备下降到了危险水平,于是不得不实施被认为是不可避免的直接管制。

　　这些论点是一种论点的现代版本。那种论点已经不再具有价值,但一度曾是反对灵活汇率正确且有效的理由,即灵活汇率给了政府"干预"货币的更大范围。在人们认真对待刚性汇率时,在直接管制国际贸易的整套武器尚未动用,维持刚性汇率的确没有给独立的国内货币政策留下多少操作余地。这是金本位制的一大好处,也是金本位制在感情上具有吸引力的基本(尽管是隐藏着的)根源。它有效防范了高通胀,抵御了让曾经令人自豪的各种货币降低纯度或贬值的反复政府干预。这种论点仍然可以是从情感上抵制灵活汇率的一个根源;但是显然,它已不再有这种作用了。"先进"国家的政府再也不愿让自己受到金本位制或任何有着刚性汇率的其他本位制的严厉约束了。只要在各国政府交出对国内货币政策的控制权之前,直接管制能够胜任并能改变汇率,各国政府就会愿意以直接管制贸易的方式来逃避这种约束。或许少数几次现代的通货膨胀将建立一种氛围,使这样的行为称不上是"先进"的;同时我们最好认识到让汇率适应国内政策而非相反的必要性。

B. 灵活汇率与国内物价

我用国内政策优先作为支持灵活汇率的理由,但有人也用它来反对灵活汇率。正如我们已经看到的,灵活汇率通过改变外国商品与国内商品之间的价格关系,促进了适应外部环境变化的调整。国际收支平衡表中出现赤字的倾向造成的汇率下降,会使得用本币表示的外国商品的价格高于汇率不下降时。即使国内价格不受影响,或所受影响较小,这也意味着外国商品比国内商品价格高,这会刺激出口而抑制进口。

有人认为,外国商品价格的升高,将意味着生活成本的上升,而这反过来又将导致涨工资的要求上升,引发人们通常所说的"工资—价格螺旋上升"——一个给人印象深刻的说法,足以掩盖它通常美化的那一论点的空洞。结果,这一论点接下来这么说,国内商品价格的上升与外国商品价格的上升一样多,相对价格保持不变,没有市场力量来消灭最初引起汇率下降的赤字,于是汇率的进一步下降便不可避免,直到引入非市场力量发挥作用。但是,这些非市场力量既可以在汇率下降之后使用,也可以在汇率下降之前使用。

这种论点显然只适用于非常特殊的情况。它充其量只是反对特定国家在特定时间让其货币放开的理由;它并不一般地反对作为一种长期结构的灵活汇率制。它不适用于促使货币升值的情况,而只适用于促使货币贬值的情况。例如,假设其他国家发生的通货紧缩带来了造成赤字的倾向,那么,这种货币的贬值就会防止外部价格的下降传导到这个国家,就会防止以本币表示的外国商品价格被压低。没有办法消除其他国家降低"实际"收入的影响，而灵活汇率会防止这种影响被货币干扰放大。同样，若汇率的下降反映了国内公开的通货膨胀变化，这个论点就没有什么意义了，那时的贬值就显然是通货膨胀的结果，而非原因。或许在以下两种情况下这种论点最有意义：一种情况是，通货膨胀被直接管制所抑制，另一种情况是"实际"贸易环境的变化带来了贬值。

　　然而，即便是在这两种情况下，这个论点也不可能完全站住脚。关键的错误就在于所谓的"工资—价格螺旋上升"。外国商品价格的上升可以为人们要求使增加工资的永远没完没了的理由再增添一个理由，但它在实际上并没有提供工资上涨的经济条件——或者说，无论如何也不能在没有失业的情况下涨工资。工资的普遍上涨——或国内物价的普遍上涨——只有在货币当局创造了额外货币以支持更高水平的物价时才成为可能。[10] 但是，若货币当局已经准备好要这样做，以使任何物价的或工资的上涨成为事实，那么，若没有汇率的变化，经济情况就会很不稳定，因为不管以什么其他借口提高工资，都会导致同样的后果。要是谁要就给谁，那就不乏有人会提出要求。

　　答案将会是，要用某种政治妥协使这种天生的不稳定性处于控制之中，而这种妥协会受到汇率变化的干扰。这是先前讨论的那种一般论点——"如果政府将其旗帜固定在刚性汇率的旗杆上，它就会比让汇率波动时更可能抵制要求采取通货膨胀性措施的政

---

　　[10]　原则上说，还有与货币的"流通速度"有关的其他可能性。我有意忽略了这些可能性以简化这一论点；这些可能性并不能改变这一论点的本质。

治压力"——的特例。但是要注意了,导致汇率变动的各种力量并没有因为冻结汇率而被消灭;无论如何外汇也得买来或是节省出来。必须用这样或那样的办法做出"真正"的调整,问题只是到底怎么做。为什么用这个方法做出调整就会破坏妥协,而用别的方法就不会呢? 再有,若这个办法一时可行,是否可以期望它持续可行呢? 正如我们认为的,若灵活汇率是做出这种调整代价最小的方法,其他方法就不会更有可能破坏脆弱的政治妥协吗?

C. 灵活汇率与调整的时机

对外界情况变化的最终调整和适应将由生产资源配置中的变化,以及可用于消费的商品构成和投资的变化组成。但这个最终变化将不会立即实现。将为国内消费生产商品转变为为出口生产商品需要时间,反之亦然;建立新的国外市场或是劝说消费者用外国商品替代他们已经用惯了的本国商品需要时间;如此等等,不一而足。所要求的时间在长度上大不相同:有些类型的适应可以立即发生(例如,用高价格减少进口奶酪的购买,尽管,达到某个减少量所必需的价格上升一开始会很高,高于人们在一段时间后已经使自己的消费习惯适应新价格时的价格);另一些类型的适应有可能要一代人的时间(例如,发展一种新的国内产业,去生产先前进口的商品)。

假设(实际的)外部环境中出现了一种实质性变化,而为了简化,假设其后的环境在一个长时间内保持不变,这样我们就能(从概念上)将对这种变化的适应离析出来。还要假设,汇率是灵活的,国际"资本"或"投机"交易是不可能的,这样经常账户中的支付就必须平衡——必须承认,这个条件很难以任何易于观察的方式来准确定义。显然,汇率最初的变动将大于最终所需要的变动,因为在一开始,所有的调整都必须从那些即刻可以调整和相对容易的方向开始。随着时间流逝,缓慢推进的调整将接过部分负担,允许汇率回弹到一个最终位置。这个最终位置在外部变化之前的位置和不久之后的位置之间。当然,这是一幅极为简化的图画:调整的实际路径可能会是围绕最终位置做过分或不足的反复调整,造成围绕着最终位置的一系列圆圈,或是形成其他各种模式。在这里,我们进入了经济学中我们所知甚少的一个领域,所幸的是,实现我们的目的并不需要对这种路径做精细讨论。

　　在这种情况下,付出一些东西以避免某些最初的暂时调整,显然是符合社会利益的:若汇率下降,按现行利率从国外借款以支付过多的进口货,同时开始缓慢推进的调整,而不要用减少那些易于减少的进口货并强力输出易于增加的出口货立刻进行全面调整;若汇率上升,按现行利率向国外放款为过多的出口货提供资金支持,同时开始缓慢推进的调整,而不要用扩大易于扩大的进口货并减少易于减少的出口货立刻进行全面调整。然而,无限期地这么做,即使有可能,也会不值得。因为,如果在汇率保持不变的那一点进行操作,根本就不会有其他调整发生。然而,外部环境的变化造成了一次新的资源配置和对这个国家而言的最佳商品构成。也就是说,通过汇率造成的变化对资源配置进行调整有某种最佳步幅和时机,它既不在单独进行的立刻全面调整这一端,也不在完全避免调整的另一端。

　　在灵活汇率制下,有较为适当广大而自由的外汇市场,有投机者方面正确的先见之明，即使没有明摆着的国外贷款磋商，也会立刻产生这样一个调整的步幅和时机。例如，要是汇率降低，汇率进一步下降的趋势会在一开始而不是在最后提供赚取利润的机会：现在买入这种货币，以后再以高价卖出。这其实就等于投机者向倾向贬值的国家放贷。投机者的收益就等于他们持有的货币升值的汇率。在有正确先见之明的自由市场中，除了买卖外汇的微小成本，这种收益将会接近投机者可以其他方式赚到钱的利率。若这种货币的升值超过了这一利率，投机者还会受到激励去增加其持有量；若这种货币的升值低于这一利率，那么投机者为持有余额付出的成本就会大于汇率升值带来的收益。以这种方式，灵活汇率下的投机活动产生了与向货币贬值的国家直接借款或向货币升值的国家直接放款同样的效果。当然，在实践中，通过外汇投机，会既有直接借放款，也有不直接的借放款。而且，一种货币的升值前景对于这个国家就相当于较高的贷款利率，并因此可以起到同样的吸引资金到该国的功能，就好比在金本位下一国流失黄金时，出现了利率的提升。然而，有这么一个重要的区别：在灵活汇率下，对国外放款人的吸引力必定与国内贷款利率不变联系在一起；在金本位下，利率可以变化。灵活汇率下国内货币政策的我行我素只是特例。

　　但是，以这种方式在灵活汇率下得到的调整的步幅和时机接近于最佳状态吗？这是个极难回答的问题，其实，这取决于该货币以升值或贬值的形式变相支付的利率是否反映了与过快或过慢调整有关的全部成本。不做更广泛的分析，而且即便做了这样的分析，人们大概也只能说，没有理由认为，在假设条件下，调整的时机或步幅会从这个或那个方向完全偏离最佳状态；或是认为，采用其他方法——通过改变国内物价、直接管制以及在刚性汇率下利用货币储备——会导致更接近于最佳状态的调整步幅和时机。

大多数认为灵活汇率会导致不合理的调整步幅和时机的人，大概多半都会做如此假设。但是，他们会坚持认为，外汇市场并没有那么完善，或是投机者的先见之明没那么好，无法像假设的那样正好与这点相吻合。先前已经讨论过的那个论点，"外汇投机会造成不稳定"，正是这种反对意见的极端形式。因为在那种情况下，外汇率的即时变化肯定会走得很远，直到能产生即时的适应，不仅能满足经常交易平衡的需要，还要提供外币付款，在汇率下降而投机者一意孤行坚持兑现清算时，平衡国内货币；或是在汇率上升而投机者坚决囤积时，提供本币进行平衡。而在过去，这个国家总是在应该借款时放款，在应该放款时借款。

但人们无须走这么远。总而言之，投机活动是可以造成稳定的，但外汇市场，可以说，非常狭小，先见之明很不完善，而且私人的投机活动完全由社会上不相关的政治考虑主导，以至于只能有不够顺畅的调整过程。即使这是真的，要使这成为反对灵活汇率的一个有效论点，也必须得有某个能拿出更好调整步幅和时机的备选方案。我们已经考虑了几种其他的可能性。我们已经看到，用刚性汇率进行直接管制，以及官方动用货币储备，至少在现代情况下都有它们各自惊人的缺点；它们可能会产生奇怪的调整步幅和时机，交替出现时而过慢时而过快的调整痉挛。此外，直接管制还可能产生错误的调整。对应利率差而出现的私人资本流动，一度也曾是实际的选择,但是由于各国货币当局不愿给利率必要的变动,由于对没完没了地保持固定汇率失去信心,也由于担心对外汇使用的限制,这在很大程度上已被认为不可用了。无论如何,正如我们已经看到的,资本流动还可以进行,而且至少在灵活汇率下还是有可能发生的。

　　我认为,"私人外汇投机产生的消除汇率波动的作用很小"这种看法之所以貌似有理,主要是因为人们往往暗地里,把调整过程的放缓看作是改善;也就是说,暗地里把根本没有调整,或是无限期地推迟调整,看作是理想的。⑪ 这与认为国内货币政策能够也应该避免对收入水平做所有内部调整的倾向如出一辙。⑫ 而这两者,我猜想,都是强烈要求安全的表现。这种对安全的渴望是现代世界非常突出的一个特点,它自身便是不安全的一大根源,因为它促使人们采取措施降低我们的经济体系对变化的适应性,而没有消灭这些变化本身。

---

　　⑪　詹姆斯·米德给出了一个有趣的例子,提出了在金本位下支持100％银行储备的一个论点(James E. Meade, *The Balance of Payments*, Vol. I, *The Theory of International Economic Policy* (Oxford: Oxford University Press, 1951), p. 185)。米德正确地强调,有了100％的储备,任何给定的外部变化产生的内部适应都将比有较低储备率时发生得慢。他说,根据这个理由,100％的储备好于部分储备。但是,这个结论只在任何放慢速度的内部适应是一种改善时才说得通,在200％储备或类似情况("杜绝"黄金进出口)时,还会好于100％,等等,没完没了。假设有某种最佳的调整速度,人们能说的也只是,存在某种可以产生这种调整速度的储备比率,而这种速度也只根据这些理由是最佳的。我看不出有什么办法能在米德提出的考虑基础上,了解这个比率会是5％还是500％。

　　⑫　要了解涉及内部和外部政策形式问题的更详细的考虑,以及要了解这种倾向的一些事例,见本书前面的文章《一种充分就业政策对经济稳定的影响:一种形式分析》,边码第117—132页。

三、建立和运行灵活汇率制中的特殊问题

A. 政府在汇率市场中的作用

"私人外汇投机将不会使外汇波动充分平顺"的论点有时候会被用来不是说明刚性汇率的合理性，而是说明各国政府或国际机构在外汇市场中频繁干预，以抚平汇率的微小波动，阻止资本外逃的合理性。[13] 应该注意到的是，这样的干预，对于灵活汇率制的运行完全没有必要，问题仅仅是这种干预是否合理。私人交易员能以完全由私人需求和供给决定的价格来买卖外汇。从事套汇的人会使交叉汇率受到约束。期货市场会存在——而且应该受到鼓励——以提供套期保值的便利。这样的市场，在得到允许的地方，现在都已经存在了；而且有丰富的经验证明，随着允许经营的范围的扩大，它们会迅速而高效地扩展。

有两个问题分别涉及如何判断政府干预的可取性：[14] 首先，作为建立灵活汇率制国际协议的一部分，对各国政府做什么样的限制是可取的，如果说有这种限制的话？其次，什么样的行为对于某个国家自己的利益是可取的？

从国际视角来看，根本要求是，各国政府不能用对贸易的任何限制来保护汇率。如果它们想要用自己的储备在外汇市场上投

188

---

[13]　见米德前引书，第 218—231 页。

[14]　我要为把这两个问题区分开而感谢罗伯特·特里芬。

机,只要它们不动用外汇控制、贸易限制等武器来保护它们的投机活动,那就大体是它们自己的事。要是它们没有动用这些武器在外汇投机中赚到了钱,它们就发挥了有用的社会功能,抚平了暂时的波动。要是它们赔了钱,它们就给其他投机者或交易员送了礼,主要的成本——尽管并不是全部成本,由它们负担。

从单个国家的视角看,在我看来,对于一个国家,以影响汇率为目的而在外汇市场中进行交易,总的来说是不可取的。我觉得,没有理由认为,政府官员能比私人投机者更好地判断贸易基本情况的可能变化,因而也没有理由认为,政府的投机活动就能比私人的投机活动在促进可取的调整步幅和时机方面更成功。有一切理由认为,若广大的外汇市场发展起来,就不必有政府的参与来保证充分的投机。政府投机肯定有一个缺点,就是存在这样的危险:在强大政治压力下运行的政府机构将试图固定汇率,由此将灵活汇率制转变为时常由官方行动改变的刚性汇率制。即使这种情况并未出现,也很可能会有阻碍私人市场全面发展的持续可能性。

同时,不能以教条的态度来对待这个问题。私人的投机活动有时会由于一些原因造成不稳定,而这些原因却不会使政府投机造成不稳定。例如,政府官员可以得到私人投机者由于安全或类似的理由而无法轻易获得的信息。无论如何,要是一个政府机构坚持抚平暂时波动的目标,并且不去干预根本性的调整,那么,它在外汇市场中做投机就不会有什么害处。这里还应该有一个简单的成功标准——这个机构是赚钱还是赔钱。

对于政府干预的可取性得出的这个大体说来是负面的结论,需要添加一个限制条件。可以举个政府用投机应对资本外逃的例

189

子,这种资本外逃是由于一国被另一国成功入侵的威胁引起的,即便有些私人正确评估了这种威胁,资本也会外逃。假定大家都同意,比如说,成功入侵的几率为 4∶1,有些个人将会有强烈的动机将资本分批弄出这个国家。当然,他们不可能一下子把全部资本都弄走,除非他们确实能将实物都运出这个国家,将其贮藏运到其他地方,或是能诱使外国人购买他们的实物资本(或实物资本的所有权)。在试图做到后一点时,他们会使汇率下降。现在假设,政府有外汇储备。它可以通过购买本币把这些外汇储备转让给其人民,并因此使汇率上升。如果入侵并没有出现,外汇储备将会返回国库,而这个政府会赚钱。另一方面,若确实出现入侵,并且成功了,政府在账面上就赔了,而且预期损失会大于预期收益。然而,在这种情况下,政府可以掂量一下,反正都是损失,如果它不把自己的储备转让给其人民,它就会被迫把储备转让给敌人。因此,政府的动机会和单个人的动机不一样。然而,究竟会不会这样,也不是完全清楚的。要是有抵抗的希望,政府或许会动员它能动用的所有外汇,去支持军事努力。

B. 欧洲支付同盟和国际货币基金组织在
灵活汇率制中的作用

向灵活汇率制的转变可以分为几个阶段:首先,在欧洲实行灵活汇率和货币的自由兑换,同时继续给美元以差别待遇;而在下一阶段,对美元也实行自由兑换。如果做到了这一点,欧洲支付同盟就会保留极其重要的管辖这种分离的功能。一旦这种分离被取消,欧洲支付同盟就会失去其特殊功能。如果它还要继续存在,其保留的仅有功能就会是充当支票清算机构(check-clearing institution)，充当能够向个别国家提供建议、为国际咨询提供便利的团体。

另一方面，值得强调的是，在欧洲支付同盟的协定中，没有什么实质性的东西会成为灵活汇率的绊脚石。借款额和贷款额都可以非常好地以每日变动的汇率来计算。唯一的成本就是复杂的算术计算。

上述这些话同样适用于国际货币基金组织，然而，有一个重要的差别。国际货币基金组织的章程是为一个由政府行为确定汇率的世界设计的，只能在磋商和讨论之后才能做出重大变动（允许10％的变动不经磋商）；其实，我认为，决定采用这种确定汇率的办法，是个战后国际经济政策方面犯的重大错误。因此，若想要明确采用灵活汇率制，或许必须对国际货币基金组织的章程做重大改写。

然而，有某种证据表明，国际货币基金组织正在放弃它先前坚持的已宣布的平价。最近，它已经同意加拿大的决定，使加元具有浮动汇率——当然，也有限制，即这个浮动汇率要被看作是一个暂时的权宜之计，直到能确定一个令人满意的平价。既然有了这种意愿，就找到了一些办法来解读现在的章程，这样，该组织的章程就不会真正阻碍灵活汇率制。而加拿大的实验显示出的成功也有助于产生这种意愿。

剩下的问题就是，国际货币基金组织在一个采用灵活汇率的世界中若有作用的话，那是什么作用。正如前面暗示的，一些灵活汇率的支持者会让这个组织起国际外汇平准基金的作用，在尽可

能多赚钱的指令下在外汇市场上从事投机活动。在我看来,这是
非常不可取的。对于各国平准基金是否明智的任何怀疑,到了一
191　个受到来自多国政府政治压力约束的国际基金这里,都会被放大
许多倍。例如,如果它认为某一大国的不明智的国内政策将会导
致该国货币的进一步贬值,它能否真正卖掉一个大国正在贬值的
货币?

如果不赋予国际货币基金组织这种功能,它剩下的功能恐怕
就是按商业路线充当短期资金的国际放款者(尽管我在一个各国
货币可完全兑换的世界中看不出要有这样一个机构的必要);提供
国内货币和财政政策的咨询意见;还有可能充当某种清算机构。

C. 黄金在灵活汇率制中的作用

灵活汇率制与不止一个国家中的黄金固定名义价格,以及货
币到黄金和黄金到货币的自由兑换不相容。灵活汇率在国内的逻
辑匹配物是严格的信用货币,其数量变化依据的是旨在促进国内
稳定的规则。[15] 黄金被用于对这样一种货币的"支持",倘若黄金
不是以固定价格来买卖的话,那么,它的货币作用就会纯粹是虚构
的和心理上的,旨在增强"信心"。

然而,一国可以维持黄金的一个固定价格,而不干扰灵活汇
率。美国现在就有这样一个固定价格,而且它会维持这个价格。
如果美国这样做了,其他国家就可以用黄金进行国际支付的结算,

---

⑮　见本书前面的文章《实现经济稳定的一种货币和财政框架》,边码第 133—156
页,以及后面的文章《商品储备货币》,边码第 204—250 页。

因为这与使用美元是等价的。就美国买入纯黄金而言，它就会向其他国家提供美元，以换回黄金补充到它在诺克斯堡的贮藏中；而如果它卖出黄金，则反向操作。美国似乎没有理由采取这个政策。更好的做法似乎是，它要提供美元援助时，都直接而公开地依据明确的立法授权这么做，不用要求其他国家动用资源买进黄金，最终 192 把黄金从地里挖出来，只为再埋到诺克斯堡去。

更加好得多的另一种办法是，建立一个自由的黄金市场。没有理由不让想要持有黄金的人们持有黄金，也没有理由抑制黄金投机。在这种情况下，黄金将失去其在官方货币体系中的地位，变成与其他商品一样的商品。然而，从长时期来看，它会是一种非常特殊的商品，被人们广泛地看作是保持流动准备金的一个极为安全的工具——从实际价值来说，比大多数国家的货币都更安全。由于可用于这一目的，黄金会起到抑制通货膨胀性货币发行的有益作用，然而，代价是引入了一种额外的不稳定因素。对于通货膨胀的任何担心都会导致普遍地以黄金替代货币，从而加速通货膨胀，但也会减少能用通货膨胀性货币发行得到的资源，从而减少诉之于这种发行的压力。

这些是对一个极为复杂问题的极为武断的说法。在这里谈到它们主要是为了指出问题所涉及的范围，而不是作为对这些问题的全面分析。

D. 英镑区

英镑区提出了一个与建立灵活汇率相关的非常特殊的问题，因为英镑区包括了靠固定汇率连接起来的一些不同货币，一种货币可以兑换其他货币。英镑可以用两种办法中的任一种整合到灵活汇率的世界中：(1)在英镑区内建立灵活汇率，也在英镑与其他货币之间建立灵活汇率，或(2)在英镑区内可以保留固定汇率。

　　前面对灵活汇率世界的分析完全适用于处理英镑区问题的第一种方法。然而，由于金融和政治方面的原因，英国对于第二种方法很可能有着强烈而且可以理解的偏好。只要提及那些最明显的原因，就会知道，作为英镑区的中心，英国可以充分利用其银行业的便利和经验，可以得到相对便宜的贷款，可以发挥相当大的商业和政治影响。

　　大体而言，假如在英镑区内可以维持固定汇率而贸易又不受到限制，那就没有人反对由英镑区内的固定汇率与英镑和其他国家之间的自由灵活汇率混合而成的制度。过去这类混合制度的例子多得不胜枚举。⑯ 而且，把实现这样一种混合制度作为直接的政策目标很可能是合理的。这样一种混合制度的实现会消除由固定汇率给欧洲大陆国家的贸易自由化造成的障碍，会使人们看到

---

　　⑯　从一个意义上说，任何灵活汇率制都是这样一种混合制度，因为一国的不同地区之间是刚性汇率，比如说，美国不同的州之间就是如此。对于眼前的目的来说，以美国各州为一方，以英镑区的不同成员为另一方，它们之间的关键不同在于，前者实际上全都服从于一个中央财政和货币当局——联邦政府，这个政府具有最终的财政和货币权力；而后者不是。此外，前者实际上已经放弃了对各州之间人员、货物和资本的流动实施限制的权力，而后者没有。这是一个主要因素，可以用来说明中央货币当局为什么能够运行而不造成各个地区之间的紧张关系。当然，这是经济事实问题，不是政治形态问题，是程度问题，不是性质问题。一组政治上独立的国家要是全都坚定地拥护，比如说，金本位，那实际上会使它们自己依附于一个中央货币当局，尽管是一个不具人格的当局。此外，如果他们坚定地拥护货物、人员和资本不加限制的自由流动，而且经济环境使这种流动易于进行，它们实际上就会成为一个经济单位，对于这个经济单位，使用单一货币——这就相当于刚性汇率——会是适当的。

这两种不同制度的并肩运行。

同时,人们应该明确认识到这样一个政策目标内在的危险。这些危险有两种:(1)这样一种混合制度在目前的政治和经济环境下可能不可行;(2)英国可能不愿意接受这样一种混合制度,因为它可能觉得,使英镑的汇率自由化会增加维持英镑区的难度。

在英镑区内维持固定汇率而对贸易不加限制的问题,仅在程度上不同于整个世界的相应问题。在这两种情况下,这两个区域都包括许多享有独立的最终货币和财政权力的主权政治单位。结果,在这两种情况下,永久维持固定汇率制而对贸易不加限制,都需要国内货币和财政政策的协调一致,还要愿意并有能力通过国内价格和工资结构的调整至少满足外部环境的大部分变化。

当然,程度上的差异是重要的。若所涉及区域的范围较小,会有一些趋异的效应。一方面,它减少了有潜在分歧的政策协调一致的问题;另一方面,它意味着,这个区域会承受外界更大的压力。这个区域的构成大概还要比它的纯粹范围更重要。这包括具有长期密切合作和相互信任传统的政治单位;这个区域中的许多部分是从属国,其内部政策可以相当好地受到中央控制,而且这个区域成员之间的财政关系都维持了很久,已经受过严重压力考验的。保持这些关系被认为是极为重要的事,因此,其成员非常愿意主动使其内部政策适应共同的需要。最后,该区域有相当大的货币储备,可用于承受暂时的压力,而其成员也都很愿意,积累其他成员的货币余额。

当然,这些差异中有许多本身就是先前存在的固定和稳定汇率的产物。无论原因是什么,我认为,几乎没有疑问的是,它们一

194

般说来意味着,在不限制贸易的情况下,固定汇率制在英镑区的存活几率要大于它在整个世界中的存活几率。但是,就算固定汇率在英镑区的前景要好于在整个世界中的前景,也不能因此而说这些前景就非常好。在英镑区内部已经有了巨大压力,最值得注意的是,已冻结外汇余额的流失和英镑区内的压力,大概都是导致195 1949 年英镑贬值最直接的原因之一。有些成员已经对从其他成员的进口实施了贸易数量的直接限制,通过在某些方面开展国家贸易以及采取旨在达到外汇平衡的其他选择性政策,间接限制也已经出现。

很难看出,如何能避免今后进一步的严峻压力。英镑区成员显然不想无限期地积攒其他成员的货币余额。无论储备有多大,都不能消除适应外部环境根本变化的必要性。然而,英国和英镑区的大多数其他成员坚定地致力于一种充分就业政策,这一政策大大限制了利用内部价格和工资结构变化作为适应外部环境变化工具的可能性。这样,在英镑区内,正如在世界上的其他地方一样,如果排除汇率调整,早晚会遇到对国际贸易实行直接管制的巨大压力。因此,我对实行固定汇率,没有贸易限制的英镑区能否长期存在下去倾向于持悲观态度。

还有一个问题:使英镑自由化是否会或多或少在总体上难以维系英镑区。在英国得到的对这个问题的答案,肯定会是决定英国是否愿意使英镑自由化的一个主要因素。

放开英镑的汇率,加上取消外汇限制和附带的内部直接管制,会在某些方面减轻英镑区的压力,而在另一些方面,增加压力。通过使英镑区整体隔离于外部干扰会减轻压力,而且 19 世纪 30 年代的经验也表明了，这么做有多么重要；更有效地利用进口货物，并在为出口和为国内使用而生产的商品之间更好地配置资源；使英镑成为更为理想可用的货币，从而增加持有英镑余额的愿望，也会减轻压力。另一方面，这也会增加压力，至少在一开始是这样，因为存在着这样的危险，目前大量英镑余额的持有者会寻求把英镑兑换为美元或其他币种，还因为用灵活汇率替代名义上的固定汇率有可能降低持有余额的愿望，而这种降低会超过因取消对使用余额的限制而增加的持有余额的愿望。任何直接而广泛地想要汇换英镑的尝试，都有可能使英镑的汇率急剧下跌，除非英国愿意动用其储备中的很大一部分来阻止英镑下降。

196

　　这是个极为复杂的问题，应该对其作根据更为充分的、范围更为广泛的分析。然而，上面对这个问题高度试探性的评述，大概足以说明这个有条件的结论是合理的，即若能克服转变带来的直接问题，浮动英镑的长期影响会减少对英镑区的压力，从而增加其在没有贸易限制的情况下存在下去的几率——尽管，即便如此，在我看来，这种几率也不会很高。

四、灵活汇率制重要性的一些事例

　　确定汇率的结构和方法对于国际经济关系中的几乎每个问题都具有至关重要的意义，这一点再怎么强调也不为过。如果我们思考一下灵活汇率与目前非常重要的三个具体问题的关系，就会清楚地说明这个基本命题，同时还能帮助得出前面分析中的一些含义。(a)促进不加限制的多边贸易，(b)内部货币和财政政策的协调一致,以及(c)重整军备的竞赛。

A. 不加限制的国际贸易

我们已经看到,灵活汇率与不加限制的多边贸易是完全一致的。另一方面,灵活汇率的缺位几乎可以肯定与不加限制的多边贸易是背道而驰的。在刚性汇率下,任何贸易状况的变化只能用储备、国内价格和货币环境的变化,或对进出口货物的直接管制,以及其他的外汇交易来应对。除了极少数例外,欧洲国家的储备都很少,而且无论如何,动用储备也只是可用于对付轻微和暂时变动的工具。主要依赖国内物价水平的变化是不合理的,而且大多由于这个原因,人们在政治上会非常不愿意依赖这种变化。德国、比利时和意大利大概还愿意向这个方向走一点。英国、法国和挪威及其他一些国家几乎可以肯定,会完全不愿意让国内的物价和就业水平主要由反复无常的外贸来决定。

取代汇率变动的唯一另一种方法是对外贸的直接管制。因此几乎可以肯定,只要汇率保持刚性,这类管制就是用来对付国际贸易环境变化的主要办法。各国都暗中或明确地认识到了这一事实暗示或明示,这显然是欧洲在试图实现更大程度贸易自由化的时候遇到困难的主要根源之一。这反映在所有近来国际协议的大量例外条款之中。德国人最终在 1950 年秋季被迫用直接管制对付外汇危机,也引人注目地显示了这一点,尽管人们普遍认为,这一危机是暂时的,而且也就是几个月时间就会过去的事。在某种程度上,这也可以解释军备产生的要求直接管制的压力。

假定,事情出现了有利的转机,贸易的完全自由化和各国货币的可兑换明天就会实现,并导致所有欧洲国家在没有美国援助的情况下,以现存汇率达到国际收支的均衡。假定因此,美国的援助和压力被永久地去除了。我会毫不迟疑地预言,在现有的汇率决定制度和目前一般的政治经济环境下,对进出口货物的直接管制,至多将在两三年内就会大规模地重新实施。

但是即使如此,这也低估了由固定汇率带来的问题。不仅,贸易的最终自由化几乎肯定与目前世界状态中的刚性或固定汇率相冲突;同样重要的是,向着这样一个目标的前进过程也会变得异常困难。没有办法提前预言大幅降低贸易壁垒的准确经济效果。我们清楚的只是,降低贸易壁垒的影响将因国家和产业的不同而不同,而且许多这类影响将是非常间接的,而在贸易已经自由化的特定区域内则完全没有影响。因此,恰恰是贸易自由化的过程将给国际收支带来巨大的和不可预见的压力,其程度会超越那些无论如何都会出现的压力。这些压力会使任何适合于初始位置的刚性汇率制几乎肯定不适合于最终位置,也不适合于中间位置。而且似乎没有办法事先确定合适的最终汇率;合适的最终汇率只能通过反复试验得到。因此,即便最终目标是一种新的刚性汇率,看来在过渡期间也必须有灵活性。若缺少这样的灵活性,贸易自由化可能会恰恰由于最初的成功而夭折。

目前各国一方面在政治上不愿利用国内物价水平和就业的变化应对外部变化,另一方面在政治上也不愿利用汇率的变化。但我认为,不愿利用汇率变化与不愿利用国内物价水平和就业的变化,所牵涉的问题层面和基础是不同的。不愿利用汇率变化反映了一种文化滞后,是一种存在基础已经消亡的信念,是传统和缺乏

198

了解带来的结果。另一方面,不愿利用国内物价水平和就业的变化,是新出现的情况,是近来坎坷经历的一个产物,而且至少在此时此刻,与当前的经济环境是协调的。

B. 国内货币与财政政策的协调一致

不愿利用国内物价水平和就业的变化应对外部变化的积极一面是,促进了国内的货币稳定——避免了通货膨胀或通货紧缩。这显然对每个国家分别都是非常可取的目标。但是,在刚性汇率与不限制贸易的情况下,没有哪个国家能实现这个目标,除非与之通过贸易直接或间接地联系在一起的**每一**另外的重要国家也是这么做的。例如,要是哪个国家发生了通货膨胀,这往往会增加其进口并减少其出口。其他国家现在开始积攒这个通货膨胀国家的货币余额。它们肯定愿意无限期地积攒这种余额——这意味着它们肯定愿意不断运出货物而不运回货物,因此实际上是补贴了发生通货膨胀的国家——或者它们自己也必定跟着发生通货膨胀(或实行进口管制)。由此会产生实现国内货币政策协调一致的强大压力。

但是可以理解,面对这种压力,并非所有国家都愿意使国内政策顺从于外部管制。当某个国家的不合作或行为失当就会破坏整个结构并把它自己的困难转嫁给邻国时,还有哪个国家愿意这么做呢?真正有效的"协调"基质上都要求:各国采用共同的商品货币本位,如黄金,并同意坚定地服从其惩罚;或者让某个国际机构控制每个国家的货币供应,这反过来意味着至少对利率政策和预算政策的管制。第一种选择在当前不可行,以我们过去奉行金本位的经验来看,更是特别不可取。^⑰ 至于第二种选择,无论可行还是不可行,向任何一个机构,而不是一个高效的民选的和对选民负责任的联邦政府,交付如此广大的权力就可取吗?

灵活汇率制消除了实行这类国内货币和财政政策广泛协调的必要性,使任何一个国家都能分别遵循一种稳定的国内货币政策。在这样一个制度下,若任何一个国家发生了通货膨胀,主要的影响就是其汇率下跌。这抵消了国内通货膨胀对其国际贸易状况的影响,削弱或消除了将其通货膨胀传递给其邻国的倾向,并反而会出现通货紧缩。那么,任何一个国家内的通货膨胀与通货紧缩对其他国家的主要影响就是,它影响了最初那个国家的实际收入状况;通过纯粹的货币渠道,将只会有极小的影响,或完全没有影响。

实际上,灵活汇率是一个工具,可以将各国之间通过贸易的相互依赖性与各国国内货币的最大的独立性结合起来。灵活汇率还使每个国家可以根据自己的利益寻求货币稳定,既不把自己的错误转嫁给其邻国,也不让邻国的错误强加给自己。如果所有的国家都取得了成功,结果就会是一个相当稳定的汇率制度;有效协调的实质就会实现,而不存在形式上协调其实无效率的风险。

所有国家都会取得成功的机会在灵活汇率制下要比在刚性汇率制下大得多,刚性汇率制也不是一种严格的商品本位。在刚性汇率下,不仅落后者会通过影响与它们有联系的其他国家发号施令,而且这种联系的存在也给了每个国家采取通货膨胀措施的动

200

---

⑰ 有关商品本位优缺点的更为广泛的讨论,见本书后面的《商品储备货币》一文,边码第 204-250 页。

机。要是没有这种联系,这种动机本不会出现的。因为,至少在最初的一些阶段,通货膨胀性的货币发行使发行者不仅能从国内也能从国外获得资源:正如我们已经看到的,刚性汇率意味着,其他国家积攒了这个通货膨胀国家的货币余额。在相当稳定但并非刚性汇率的制度下,这种动机大致被消灭了,因为只有在各国避免采取通货膨胀的措施时,汇率才会保持稳定。一旦各国着手这么做,其货币的汇率下降将取代积攒余额。而积攒余额是要保持刚性汇率所必须采取的做法。

C. 目前的重整军备竞赛

前面问题的一个特例就是当前的重整军备竞赛。一场真正认真的重整军备竞赛几乎肯定会产生通货膨胀压力,其程度则因各国的财政结构、货币体系、人民的性情、重整军备努力的规模等的不同而有所不同。在刚性汇率下,这些不同压力会带来有可能导致干扰军备努力的紧张和重压。比如说,A 国比 B 国有更多通货膨胀压力,B 国比 C 国有更多通货膨胀压力。B 往往会发现,它向A 国的出口增加了,向 C 国的出口减少了,而从 C 国的进口增加了。在总体上,B 国可能处于平衡状态,但从特定行业来说,就不处于平衡状态了。B 国将会受到强大压力,要求对其出口 A 国的产品实行出口管制,同时对其从 C 国的进口产品实行进口管制。在灵活汇率制下,这两者可能都没有必要。它的货币会相对于 A 国货币升值,相对于 C 国货币贬值,从而抵消了其贸易模式中的两种扭曲——之所以有这些扭曲,是因为根据假设,变化主要是由货币扩张速度的差异产生的。

我认为,这类现象是造成抵制取消进口管制和要求重新实施出口管制的重要因素之一,尽管显然还有其他因素也在起作用。

当然,重整军备竞赛将因技术和物理原因(不只是货币原因)而要求改变贸易结构。要提高军备努力的效率就必须允许出现这些改变。在灵活汇率制下的主要改变。任何国家中的货币扩张,都会产生进口需求的普遍增加和出口供应的普遍减少,在灵活汇率制下,这主要反映在汇率上。另一方面,重整军备的努力涉及需求的转移,从一些产品转向另一些产品,而货币总需求不一定有变化。因此,有些价格相对于其他价格上升,由此为生产和贸易中所需要的变化提供了动机。即便重整军备的努力是由增加货币总需求提供资金的,它也将意味着对某些产品的需求要比对其他产品的需求大得多,因此仍然能导致**相对**价格中所需要的变化。

五、结 论

世界各国不可能阻止影响国际交易的情况出现变化,即使能做到,它们也不会这么做。因为许多变化反映了天气状况等自然变化;另一些变化来自不可胜数的个人按自己的意愿安排个人生活的自由,而这正是我们要保护和拓宽的最终目标;另外还有一些变化含有进步和发展的种子。若只稳定和不变,监狱和坟墓是最好的选择。

政策的主要目的,不是要防止这类变化的出现,而是要发展一种能适应变化的高效制度——利用变化的潜在好处,同时将变化的破坏性影响降低到最小。至少在西方世界中,人们普遍同意,相对自由的和不加限制的多边贸易是这样一种制度带来的主要好处,此外还有一些完全不同种类的政治上的好处。然而,第二次世界大战后,对国际贸易的广泛而复杂的各种限制激增,而到目前为止,试图消除或减少这些限制的反复尝试,总是遭到惨败。只要我们暗中接受一个本质上次要的目标(刚性汇率),这种尝试就会继续遭受失败,阻碍两个大目标的同时实现:不加限制的多边贸易和每个国家按照自己的意愿追求国内稳定的自由。

　　总之,对于由影响国际交易的情况变化造成的对国际收支平衡的压力,只有四种解决办法:(1)改变货币储备;(2)调整国内物价和收入的总水平;(3)调整汇率;(4)对与外汇有关的交易实行直接管制。

　　在现有货币储备不足的情况下,只能对货币储备作很小的改变,因而第一种方法不可行,除非能找到某种工具大幅度增加这个世界的货币储备。这个方向上几个著名实验的失败证明了这种解决方案的难度。

　　在任何地方,国内稳定都是第一位的,这使得第二种方法成了不会被允许使用的方法;国内价格结构的制度刚性使这种本应成为主要调整工具的办法不可取。

　　第三种方法——至少有着完全灵活汇率制的形式——近年来已经未经广泛而明确的考虑就被排除了。这在一定程度上是由于对有限的历史证据所做的解读有问题;在一定程度上也是由于,我认为,它既受到了因循守旧人士的责难,也受到了改革派中居主导地位的那些人士的责难。因循守旧人士的理想是建立一种金本位制,该金本位制要么自行运转,要么由国际中央银行家来运作,但是在这两种情况下,国内政策都由这种金本位制来决定。改革派则不相信各种形式的价格制度。这是两拨人之间的奇怪联盟,一拨人最为顽固地相信价格制度,相信其所有的其他作用,另一拨人则最为极端地反对价格制度。

第四种方法——直接管制与外汇有关的交易,就因为其他方法都不行而不是出于自己的意愿,而成了能够解决国际收支平衡的唯一途径。难怪,尽管人们反复公开地声称,这些管制措施应该被取消,它们却能如此顽强地抵制取消。然而,在我看来,这种方法无论如何都是这四种方法中最不可取的。

没有什么重大的经济困难能阻碍各国分别或联合建立一种在公开市场中主要由私人交易自由决定的汇率制度,同时放弃对外汇交易的直接管制。朝着这个方向前进是自由世界通过多边贸易实现经济一体化的基本前提。

商品储备货币 *

　　货币的各种安排常常处于一种混乱和变化的状态，但混乱和变化的程度极少像第二次世界大战结束以来这段时期这么巨大。一方面，西方各国已经同意，通过国际货币基金组织，实际上是通过维持各国货币之间的刚性汇率，打造一种国际货币；另一方面，它们又拒绝使自己国家的货币根据固定汇率和需求，完全可兑换成某种共用的媒介，如黄金。它们一直坚持要在很大程度上保持本国货币政策的自由。由此形成的货币本位制度——要是它确实可以被称为"制度"的话——既没有用一种真正的国际货币为国际贸易提供有利的环境，也没有使真正的本国货币摆脱外部货币的干扰。它倒是把两种货币本位的最坏特点——国际货币本位的刚性与国内货币本位的变化无常和不确定性——结合到了一起。缺少令人满意的货币本位一直是取消对国际贸易的直接管制，并使多边贸易摆脱政府管制和干预的一个重要障碍——在我看来，其实是最重要的障碍。

　　可以使用的替代办法包括，在一个极端，恢复"真正的"金本位；在另一个极端，将各国的不兑换货币（fiat currencies）通过由

----

　　* 重印自《政治经济学杂志》（*Journal of Political Economy*，LIX（June，1951），pp. 203—232）。

私人市场自由决定的灵活汇率联系起来。第一个极端一直被广泛认为是"已经过时了",然而自相矛盾的是,黄金的声望即使以前曾高过,也极少像目前这么高,尽管——或大概是由于——货币已经几乎完全不能自由兑换为黄金了。第二个极端直接与国际货币基金组织的安排背道而驰,而且更重要的是,它背上了这样一个臭名,即在法定本位下,货币反复贬值。这些情况有助于解释现存的 205 金银合金本位制,也有助于解释为什么人们一直致力于建立能够避免这两个极端的令人满意的各种货币安排。

　　有一种这类安排已经得到了知识界的大力支持,这就是由本杰明·格雷厄姆和弗兰克·格雷厄姆提出和倡导的商品储备货币。① 这种货币本位是像金本位那样有着同样广泛种类的货币体

---

①　见本杰明·格雷厄姆的著作《贮藏与稳定》(Benjamin Graham, *Storage and Stability* (New York: McGraw-Hill Book Co., 1937))和《世界商品与世界货币》(*World Commodities and World Currency*, (New York: McGraw-Hill Book Co., 1944));弗兰克·D. 格雷厄姆的著作《社会目标与经济制度》(Frank D. Graham, *Social Goals and Economic Institutions* (Princeton, N. J. : Princeton University Press, 1942), pp. 94—119)。

　　应该指出,这两个格雷厄姆出于有点不一样的理由支持这个建议。对于本杰明·格雷厄姆,商品储备的货币方面是第二位的;他的主要兴趣是它对"原材料问题"和"难以负担的盈余"的贡献,无论这些词语指的是什么。对于弗兰克·格雷厄姆,货币方面是首要的。

　　斯坦福食品研究所最近的一份研究报告非常仔细地考察了本杰明·格雷厄姆的建议,还包括了由爱德华·S. 肖写的两章内容,论及为商品购买提供资金的方法(M. K. Bennett and associates, *International Commodity Stockpiling as an Economic Stabilizer* (Stanford, Calif. : Stanford University Press, 1949))。然而,贝内特和他的助手们把自己完全限制在了这个建议的库存方面,他们只把这个建议看作是对现存货币安排的补充,并且明确地避免把它作为一项根本的货币改革进行分析。另一方面,本文则几乎完全致力于讨论该建议的后一方面。因此,虽然我在最初撰写本文时,不知道也没有参考斯坦福的研究报告,但本文既不与之重复,也不与之冲突,倒是全面的补充。

系的一员（第一节论及），但是具有自己的特点，值得人们关注（第二节论及）。然而，这些特点并不能确定，它是比金本位好，还是比某种法定本位好。下面的第三节将对此进行比较。

一、商品本位制总论

商品本位制的核心特征是，这种交换媒介由一种商品（或一组商品）的物质形态（physical form）——浑圆的"硬币"——构成，或是由一种商品（或一组商品）的指定物理数量（physical quantities）的所有权凭证（titles）构成。如果不使用所有权凭证，或使用的是指定这种货币商品指定数量的成文仓单（literal warehouse certificate），这种货币本位就可以被说成是**严格的商品本位**。如果使用的所有权凭证不是成文仓单，那就是**部分商品本位**。一般来说，这类所有权凭证采取的是对公共或私人机构发行的货币商品的索取权形式。这些机构将确保偿付的办法是，使货币商品的："储备"存量小于未偿还索取权的总量。

货币史记录了曾作为交换媒介的多种商品，多得令人目眩——从美国印第安人使用的白贝壳串珠，到第二次世界大战后在德国使用的香烟和科涅克白兰地酒。同时，在现时代，严格的商品本位已极罕见；通常使用的主要流通媒介是借据，采用的形式一般是对这种货币商品（或商品组）不存在的存量的索取权。

A. 严格的商品本位制

在严格的商品本位制下，货币供应以及以这种货币商品计算的其他商品的价格,完全取决于市场中对这种商品的货币用途和其他用途的需求,以及这种商品的供应,这种供应最终要受到生产成本的支配。这里无需政府行为,尽管政府可以提供证明这种货币商品的质量和数量的服务,或提供发行或证明仓单的服务,或可以指定该商品或该类商品作为货币使用。其实,严格的商品货币之所以有时候出现,是因为官方货币崩溃了(比如,德国战后的香烟货币)。

在均衡状态下,生产一单位货币商品的成本相当于一单位货币商品的增量。若有任何事情改变了生产该货币商品的成本(以该货币商品计算),这种均衡就将受到干扰。就我们的目的而言,这类改变可以分为两种:一是由生产技术条件变化出现的改变,二是所有其他的改变。

生产技术条件的变化,如果改变了生产这种货币商品相对于生产其他商品的成本,就往往会永久性地改变最终产品的价格水平。例如,如果发现或发明使这种货币商品的生产相对便宜,其生产成本就会降到其价格之下,产量将受到刺激,而这种货币的供应将会以高于保持价格稳定所要求的速度增长。当货币供应的增加提高了其他商品的价格,并由此提高了生产这种货币商品的成本,足以使这种货币商品的产量降低到其正常水平的时候,就会恢复均衡状态。只有当技术变化对货币的生产成本和其他商品等的生产成本产生相同影响,而没有影响到它们的相对成本时,它才会就将使最终产品的均衡价格水平保持不变。例如,若两组商品的生产成本都下降了,其他商品的价格才开始下降;于是,货币商品的产量将扩大到正常水平之上。当货币供应的增加使价格回归到它们原来的水平时,均衡也将恢复。

　　生产货币商品的成本变化若起因于需求变化导致的价格变化、货币的流通速度以及诸如此类的因素,那就会引发纠正性的反周期力量起作用。其他商品价格的上升会增加货币商品的生产成本,因此往往会降低当前的生产速度;这也使得为其他目的使用这种货币商品相对便宜,并因此往往会减少现有存量中用于货币目的的部分。这两种作用都会抑制和扭转价格的上升。同样,其他商品的价格下降往往会提高当前生产这种货币商品的生产速度,并增加现有存量中用于货币目的的部分,而这两种作用往往会抑制或扭转价格的下降。②

208

　　由于货币商品目前的产量一般来说只是现有存量的一小部分,偏离均衡状态的可能性很大,而且纠正这种偏离可能需要相当长的时间。因此,即使没有技术条件的任何变化,价格水平也会发生相当可观的变动。保持均衡的力量显然会更强,货币商品的短期供应弹性越高,开支对货币数量变化的敏感性就越大。

　　严格的商品货币具有两种抵消或反周期的作用:对收入流的直接作用和通过货币存量的间接作用。不是由技术条件变化引起的其他价格的下降将意味着或反映了收入流的缩减;雇用生产这种货币商品的人力资源意味着收入流的增加,在一定程度上抵消了最初的缩减。反之,其他价格的上升意味着收入流的增加,它在一定程度上会被生产这种货币商品的行业对生产要素的支付减少直接抵消。间接作用产生于货币存量的变化,货币存量的变化则

---

　　② 这段和前一段中的说法,只有在生产这种货币商品的行业是一个(从长期来说)成本不变行业的情况下才是准确的。否则,需求的变化也会通过改变“边际”的位置而改变价格水平。这些复杂性不会改变这个论点的实质,故而略去不表。

是由现有存量用于货币目的的部分的变化和目前生产速度的变化共同造成的。开支无疑与货币存量有关,即便只是由于货币被看作是社会实际财富的一部分。货币商品存量的上升将刺激开支,并因此间接增加收入流,反之亦然。

在严格的商品货币条件下,政府显然不能用创造货币的办法为任何开支提供资金。政府必须不断平衡其预算,要么从市场借款或从先前积累的货币储藏中取款来负担赤字,并使用盈余偿还债务或积累货币贮藏。同样,政府能够使用的唯一货币政策是为得到货币卖出证券,并使用积累的货币贮藏去买证券。这类买卖在短期内会有相当可观的作用。只要有这种买卖,它们就会改变价格,并由此引起货币商品生产的扩张或收缩。所以,它们长期的主要影响会是对货币商品供应的影响。如果有不止一个政治单位采用同一商品或商品组作为货币本位,政府的自由就会更进一步地受到限制。那么,相关的经济单位就是国家组群(group of countries),而上面的分析适用于这个经济单位整体。汇率,在各国之间,或就此而论,在各国之内,可以在由这种流通媒介的运输成本决定的限度内波动;只要各国仍然使用同一的货币本位,就不可能有更大的变动。

在较早的文献中,对于各种货币商品的相对优点的讨论,大都强调一种真正的流通媒介必须具有的物理特征——用怀特的话说:"一种良币的必要条件是便携性、同质性、耐用性、可分性、易识别性,以及价值的稳定性。"[3] 今天,在对一种货币本位做出判断

209

---

[3] Horace White, *Money and Banking* (3rd.; Boston: Ginn & Co., 1908), p. 15.

时,除了最后一项,我们几乎不会注意到这些特征;我们主要关注的是更广泛的经济后果——价格水平的可能变动、这种货币本位对周期行为的含义,等等。由此看来,所有严格的商品本位都有共同的优缺点。它们最重要的优点或许是自动性和非人格性:它们不要求预测,也不要求管理决策或立法决策。它们会自动地反周期运行——当收入相对低时增加收入;在收入相对高时减少收入。实际生产成本的存在对于货币数量设定了限制,因此,只要坚持商品本位,就不可能出现失控的通货膨胀。

　　严格的商品本位制的缺点正是其优点的另一面。由于是自动运行,它们可能无法提供充分的灵活性或适应性来防止价格或收入的大起大落。货币生产的实际成本不可能不造成中度通货膨胀或严重的通货紧缩;这意味着,生产货币商品的相对成本中的技术变化会带来价格变动,而且一些资源要用于创造货币。这最后一点无疑是严格的商品本位已趋于消失的主要原因。节约它们所要求的资源的前景,强烈地刺激了人们发明一种较低廉的方法来提供流通媒介。例如,在过去 50 年左右的时间中,在流通速度保持不变的情况下,为了保持价格稳定,美国的流通媒介每年要增加3％。实际上,流通速度显然在以每年超过 1％的速度下降,这就是说,为了保持价格稳定,流通媒介必须以每年超过 4％的速度增长。④ 狭义的流通媒介(货币加活期存款)目前是大约国民收入的一半。因而,即使我们忽略流通速度的变化,大约也有 1.5％的国

---

④　Clark Warburton, "The Secular Trend in Monetary Velocity," *Quarterly Journal of Economics* , LXIII (February, 1949), pp. 68－91.

民收入必须用于生产货币商品,以使价格在商品本位制下保持稳定。注意,无论哪种商品或商品组用作商品本位,这个数字都是同样的。有人会把严格的商品本位对国家的货币或经济政策施加的限制看作是一种优点,也有人会把这看作是一种缺点。

B. 各种严格程度不同的商品本位制

不同商品或商品组作为货币本位的相对可取性,部分取决于人们把哪种价格水平的变化看作是合理的,部分取决于在严格的商品货币条件下各种反周期反应的相对重要性。

如果人们把最终产品的稳定价格水平当作目标——为方便起见,我们假设是这样——那么,理想的商品或商品组便会是在和其他商品同样的程度上和受到技术变化影响的那种商品,因而它不会受技术引致的相对生产成本变化的影响。即便如此,影响这种货币商品供需的技术变化或其他基本条件(underlying conditions)的变化,也可能产生对均衡价格水平的巨大转移性背离,除非这种货币商品或商品组的货币性供应是非常有弹性的,要么因为大量非货币性供应会随时转变为货币用途,要么因为有一个当期产出(current output)的弹性供应方案。

这种商品货币本位在对付收入的周期性变化方面的效力,取决于收入水平的这种变化自动产生的各种反周期作用的重要性。如果单单在总资产中的货币部分发生的变化就能对开支产生强大影响,那么,只要有大笔存量可以随时转进或转出货币渠道,以应对其他商品价格的小变化,商品货币本位就将会非常稳定;一个非常有弹性的当期产出的供应方案就没有必要了。如果总资产中的货币部分对于开支没有强大影响,但资产总量中的变化能有这种影响,那么,大量可转移的存量就没有多少价值,而一个非常有弹性的当期产出供应方案就是必须要有的。最后,如果资产变化不是太大,这种商品货币本位的稳定作用就将不得不主要通过其对收入流的直接贡献产生。这将要求,当期产出的供应方案非常有弹性,而且生产这些货币商品的产业在整个经济的产出中占有相当大的一部分,这样,生产这些货币商品占用的资源量相应的收入支付流可以大幅变动。在过去的几十年中,经济理论(无论是正确地还是错误地)越来越重视的是直接收入的影响,而不是总资产变化的影响,是资产总量变化的影响、而不是资产构212 成变化的影响。因此,经济学家们目前强调的是,需要有庞大产业生产出的非常有弹性的当期供应。

　　根据这些标准,金和银——最广泛地用作货币的商品——排名不佳。新矿的发现和技术变化的特殊影响已经引起它们的相对生产成本经常变化,而且有时候是非常猛烈的变化。金银的当期供应弹性,尽管不可忽略不计,但在短期和广泛范围内无论如何也并非不重要。生产金银的行业产出中,有很大一部分用于货币用途,所以这些行业在整个经济总产出中只占一小部分。说金银排名还不错,只是就能相当轻易地在货币和非货币用途之间转换的存量大小而言。有人猜测,金银获得了主导地位主要是因为它们有比较朴实的优点——"便携性、同质性、耐用性、可分性和易识别性"。根据广义的经济标准,只有当人们非常重视总资产中以货币形式持有的部分对开支的影响时,金银才显得比较令人满意。除此之外,金银主要的可取之处是人们赋予它们的象征意义,这种象征意义使金银实际上能够防止政府"瞎鼓捣"。

与此相反,已故的查尔斯·O.哈代总是用普通的建筑用砖作为大概是最易获得的单一货币商品。砖作为一种流通媒介的实际用途缺乏必要的朴实优点,这一点可以由使用仓单来补救。仓单在很高程度上拥有这些优点。砖也有商品作为货币使用所必备的一些小优点——它们可以在质量上被相当好地规定和检查,它们可以储存,等等。而它们的主要优点是供应极有弹性。几乎在哪儿都能造砖——哈代声称,美国 3000 多个县中的每个县都可以造砖——而且要求的投资和专业技术都很少。因此,产出率可以迅速提高或降低。有大量存货(有些其实已合并为建筑),可以随时从非货币用途转变为货币用途,也可以逆向转变。因而,在砖本位下,其他任何东西的价格下跌(这会使为货币用途制砖有利可图)都会对制砖业的产出率和就业产生迅速、广泛而重大的影响。这将会有力地抵消任何收入下降。价格的任何上涨趋势也会同样由于制砖业产出率和就业的立即下降而趋于被抵消。哈代论点中的真正优点是,砖本位的首要缺点只不过是,不可能让任何人当真认为,砖能当货币使用。

由于分别留有对金或银的缺陷的印象,许多经济学家,包括马歇尔,在接近 19 世纪末时提出,将金银结合到所谓的"金银合金本位制"中。⑤ 在这个建议中,货币单位必须得是一规定重量的银加上一规定重量的金——要是有人愿意,他可以把这两者的物质结

213

---

⑤　见马歇尔的文章《普遍价格波动的补救办法》(Alfred Marshall, "Remedies for Fluctuations of General Prices"(1887), reprinted in *Memorials of Alfred Marshall*, ed. A. C. Pigou (London: Macmillan & Co., 1925), pp. 188—211, esp. pp. 204—206)。应该指出,马歇尔推荐混合本位制,只是因为它要比单独的金本位或银本位,或复本位制好;但他并不认为,混合本位制比它们好很多,而且宁愿用其他工具,如物价指数本位,而不用任何商品本位。

合看作是一个贵金属长方块。银相对于金的价格完全可以在任何程度上变化，而这两者特定组合的价格则完全不变。⑥ 在金银合金本位制下实现的货币基础的扩大，往往会减少单独影响一种金属的发明或发现的影响，并因此使物价水平较少变化。

大体来说，这种金银合金本位制想法的最终扩展，是把经济中生产的每一种商品和服务都大致按生产出的数量比例（大概按它们生产中的"附加值"计算）包括到这一本位中。由于贮藏的问题，这实际上是不可能做到的；但是如果我们暂且假设这是可以做到的，这个单位就会是一篮子市场商品和服务，它具体而微地代表了这个国家的总篮子，并会提供一种近乎于理想的商品货币本位。由于这同一只市场篮子的价格会是一个物价指数，这个物价指数就会立即而圆满地实现稳定，尽管由于尚未解决一般的指数问题，大概无法实现"物价水平"的稳定。技术变化，至少在一开始，不会对这个货币单位造成与总产出不同的影响。货币的当期供应弹性，还是至少在一开始，为了对应任何推断的货币收入变化，实际上会是无穷大的，因为为非货币用途产出量在比例上的任何减少，都会以要求增加货币存量的形式出现，这样，任何变化的主要影响就会是对生产目的的影响，而不是对生产数量或构成的影响。但是，即使是在这个显然不可能出现的极端，"至少在一开始"这个短语也提示了一些难题。总产量的构成会随时间而变化，构成固定的一种货币单位会不再适合代表总产量；这个产量中用于货币用

---

⑥　这个方案应该明显区别于复本位——以规定重量的银**或**规定重量的金用作货币单位。

途的部分会因商品的不同而不同,因此,技术变化会对这个货币单位有不一样的影响;而且当期供应弹性会下降。从每个产品的当期产量中会用于货币用途的比例很小这个角度看,在相当长的一段时期逝去之前,这些影响都不会是严重的。它们所说明的无非是无法完全解决指数问题。

我之所以谈及这个极端事例,主要是因为它是一种理想,赋予了商品储备方案以生气,并使它具有了真正的吸引力。实际上,商品储备方案是朝着这个理想行进,直到生活中的严酷现实不再允许前行时的一种尝试。这个方案的价值和适当性在很大程度上取决于它在这个方向上能走多远。

C. 部分商品本位

正如我们已经看到的,在总产出因技术变化和其他变化而不断增长的世界中,在流通速度相当固定不变的世界中,一种严格的商品本位要求定期使用大量的资源去增加货币存量,以使价格保持稳定。运用上面给出的事例,美国的资源中有大约 1.5％ 必须用于为货币用途生产货币商品。 215

因此,西方世界的国家已经不使用严格的商品本位也就没什么可奇怪的了。名义金本位或银本位已经包含了大量法定成分的混合物。⑦ 大体上,通过把部分储备以公众日常手头持有货币的

---

⑦ 我将用"法定"(fiat)这个词指两种意思:政府发行的不可兑换货币(词典规定这个词只有这个意思);一是其他类型的货币。后者与前者有一个共同的基本特征,即它们都是借据,而不是货币商品规定物理数量的存在。在这个意义上,我们可以把一种部分商品货币中的"法定"成分看作是未偿还货币总量与货币商品储备存量的货币价值之间的差额。

形式或更广泛地说,以活期储蓄的形式,用于流通媒介,黄金(或其他货币商品)已经被"经济地"利用了。这就是说,习俗或法律已经允许对一定数量的黄金(或多或少是实际可用于货币用途数量的明确倍数)发行索取权。比较罕见的是,特别是《1844年英国银行法》规定了一种固定准备金信用货币发行权,要求所有超过这种发行权的、对这种货币商品的名义索取权都必须是成文仓单,因此而节省了黄金。在什么条件下这两种方法会真正"节省"黄金,以有可以在何种意义上解读"节省"黄金这个短语,这两个问题都还没有被适当探究和分析;但是我们将绕过这两个让人着迷的问题,而去考察利用部分商品货币的后果。⑧

---

⑧　有人天真地认为,让黄金只成为总流通媒介的一部分,就能立即而直接地"节省"黄金的使用,此种想法显然是错误的。假定在一个封闭经济的货币存量中有一固定的初始黄金量,那么,较少的部分储备金只有一个作用,就是产生更大量的货币和更高的物价水平。其次,假定货币总量必须每年递增,比如说3%,才能保证物价稳定,那么,无论部分储备金是什么,只要这个部分没有变化,要保持物价水平,黄金存量也必须每年增长3%。因此,如果最初的货币黄金存量保持不变,如果增加足够的黄金才能保持物价稳定,那也就不会直接节省黄金了。但是,这种情况需要被复杂化,以考虑到决定黄金产出的力量。假定一种100%的黄金货币处于均衡状态,即:黄金的年产量刚好足以提供每年维持物价稳定所必需的货币存量——比如说,每年3%。现在我们把储备率改变为50%。如果我们暂时假设没有黄金的货币存量转移到非货币用途,名义货币量就会翻一倍,而我们会料到,价格也会翻一倍。这将减少黄金的生产。黄金的年产量因此不到存量的3%;由此而"节省"了黄金,即:较少的资源用于生产黄金,但付出的代价是,物价开始下跌。随着物价的下跌,黄金生产会受到鼓励,一个新的均衡将会出现。处于新位置上的黄金生产与初始的黄金生产相比较会是什么样子,这取决于黄金行业的长期供应状况。例如,如果供应曲线是水平的,最终的均衡就会是初始均衡的一半产量。黄金存量在货币用途和非货币用途之间的转移会造成进一步的复杂性,正如在不同国家中引入许多国家单位和不同的部分储备率的可能性一样。正如就连这个浅显的分析也表明的那样,最高效的"节省"方法实际上是历史上曾经用过的一种方法,即让必要的储备部分稳定下降。

在货币储备中引入法定成分,立刻就提出了这个问题:谁来创 216
造不兑换货币并控制其发行? 不兑换货币实际上毫无价值,而商
品货币是有价值的。在竞争情况下,会有一种趋势,让每种货币的
生产达到其价值与其成本相等的一点。这对一种商品货币的数量
设定了明确的限制;这也意味着一种不兑换货币数量的无限增加
和其价值的无限贬低。除非这种不兑换货币贬值到变成了一种商
品货币(这种商品是纸张,并用于这种货币的生产)时,否则不会出
现稳定的竞争均衡。因此,竞争将不适用于确定一种不兑换货币
的数量。这种不兑换货币的生产本身是一种自然垄断。这说明了
为什么通常要由政府实行一定程度的控制,为什么发行货币的特
权总会引起激烈的争斗,以及为什么私人竞争的支持者,如亨利·
西蒙斯,持有我也持有的那种看法——不兑换纸币应该是一种政 217
府垄断。当通过信用发行来引入法定成分时,这个控制问题被清
楚地看到并得以公开面对,一如 1844 年的《皮尔法案》。在部分储
备金制度下,法定成分不断被生产出来,与货币商品中的变化联系
在一起,并成为其他活动的一部分,此时,控制问题就不那么显而
易见了。

货币体系中法定成分的供应几乎无一例外地由"银行"接管,
作为它们贷款和投资活动中不能区分的一个部分。这样一种联系
显然并非是不可避免的。在严格的商品货币条件下,也还是能够
有,也将会有放贷和借款的。同时,金融机构在执行被看作是其主
要功能的作为贷款者与借款者中介的过程中,至少已经为所有先
进国家提供了部分流通媒介,也就不是偶然的了。放款人喜欢的
担保或要求权多种多样。有的放款人愿意使他们的部分或全部财

产处于遇有紧急情况立刻就能提取的形式，而且不愿承受或只能承受极小的（名义）资金损失。借款人极少愿意提供这种形式的担保或要求权；他们通常要求放款人保证，在规定时间之前不要求还款。因此，一个机构若能随时借款和按时还款，还能获得一些利润。然而，只有当它能使一批放款人相信，只要他们有要求，他们的要求就可以得到满足时，它才能随时借到款项。如果这个机构能成功地使相当大一批放款人相信这一点，作为试图满足放款人愿望的一个间接后果，它就将创造出几乎可以理想地适合充当流通媒介的一张借据。若没有任何同样令人满意的另一种选择或没有法令的直接禁止，这个金融机构就会不可避免地采取下一个步骤，向放款人提供更有吸引力的条件，使借据作为流通媒介更便于使用。

218　　　伴随着"银行"的放贷和投资活动往往会创造出一部分流通媒介，这使政府在试图管制流通媒介的过程中干预这些活动。这样，这也就使政府加大了对这些活动的管制，而如果这些活动没有与货币创造搅到一起的话，它们本适于留给竞争去处理的。

　　　特别是通过私人金融机构在货币体系中引入法定成分，几乎必定意味着存在不同种类的流通媒介。这提出了保持相互可兑换性的问题。用于这一目的的主要工具一向是，尝试向表面上是货币本位的那种商品中提供与所有其他类型货币之间的双向可兑换性。因此，在 19—20 世纪初的金本位制下，政府或某一政府机构愿意，以某一类货币（经常是仓单或政府的不兑换纸币[fiat money]）的固定价格购买或销售不限量黄金，而发行流通媒介的金融机构则被要求，要么使这些流通媒介本身可以与黄金兑换，要么可与那类货币兑换。在这一制度下,由此创造出来的对这种货币商品的潜在要求量是可以满足这类需求的实物量的许多倍。正如白芝浩非常清楚地指出的,维持这个制度要求某个机构不按其私利行事,而是维护一种救急"储备"。这肯定必须是政府,或政府的一位代理人,而且它不可避免地要对创造货币的各个机构实行管制。

在部分储备制度下,几种类型货币的存在,加上要维持这几种货币与货币商品之间的可兑换性,必定会带来货币总量的"内在不稳定性":以公众想要持有的货币**形式**的变化,往往会改变货币总量。原因是,"储备"中一个单位的这种货币商品,往往要"支持"好几个单位的流通媒介;而流通中的同一个单位,却只支持一个单位的流通媒介。换句话说,对于构成这种实物货币商品本身的那种货币,或一份成文仓单,必须要有百分之百的储备;对于其他货币只要有部分储备;而且通常还得有货币的几个等级,对应不同的部分储备规定。若试图在这些等级之间转换,在这种货币商品的可获得总量既定的情况下,显然会改变可以不偿还的流通媒介的总量。这样的转换肯定会发生。一旦发生,这个货币体系本身就变成了一个不稳定的根源。

消灭这种内在不稳定性的一种办法是,禁止把这种货币商品用作流通媒介,将它的使用仅限于储备,并使储备规定统一适用于所有类型的货币。美国在 1933 年后对黄金采取了前两个步骤,尽管由于没有采取第三个步骤而没能消灭内在不稳定性。⑨ 这项措

219

⑨ 美国的措施仍然留下了带有不同储备规定的不同种类流通媒介(尤其是,美联储券和商业银行中的活期存款)。这是不必要的。若使最终的储备规定统一起来,情况本可以好得多。

施本来甚至包括放弃部分商品货币,用严格的不兑换货币来替代,同时有一个购买某种特定商品的计划,还有一些相当宽松的规定,把这种不兑换货币的总量与该特定商品的存储量联系起来。

部分商品本位因此导致两大弊病:政府对本可适当地留给市场的放贷和投资活动的干预和货币体系内在的不稳定性。接受以下两种极端货币本位中的任一个,都能消除这两大弊病:(1)流通媒介完全由实物货币商品或成文仓单构成(即严格的商品货币),(2)流通媒介完全由一种,或实际上等价的多种不兑换货币构成。第二种货币本位只有在政府垄断这种不兑换货币的创造时才能消除那两大弊病。如若政府不这么做,而是让私人银行在严格的保持流通媒介统一的规定下创造这种货币,那么,内在的不稳定性会被消除,但政府干预放贷和投资活动这一弊病无法消除。

220　　　　在严格的商品本位或严格的不兑换本位下,消除这两大弊病,从根本上说就是要将现有银行的储蓄和结算功能与它们的放贷和投资活动分离开来。这也就是现在渐为人们所知的"100％储备方案"。只有这个方案允许银行的放贷和投资活动自由发展,不受政府管制;而且,尽管它并非消除货币体系内部不稳定性的唯一办法,却是令人满意的一种办法。补充说一句,另一种最有吸引力的消除内部不稳定性的办法——允许银行在同样的部分储备的规定下发行公众日常手头持有的货币和存款——在经济学家、银行家或公众中极少得到或根本得不到支持。

像严格的商品本位一样,部分商品本位也限制了政府在经济政策和货币政策方面的自由。政府能够通过货币创造为它的某些开支提供资金,在经济政策和货币政策方面也有一定的自由,特别是在货币商品的储备相当大的时候。然而,由于必须保持这种作为货币本位的商品的可兑换性,政府的自由最终受到了限制。若几个国家实行同一种本位,政府自由的范围要比只有一国实行时小。如若这个国家的经济资源中只有很小一部分用于货币,并从事广泛的国际贸易,政府自由的范围就会小得可以忽略不计。

二、商品储备本位[⑩]

A. 普遍特征

正如前面谈到的,商品储备货币的方案是要在可行的范围内奉行金银合金本位制的一种尝试。基本货币单位将会是一篮子市 221 场商品:多个单位的商品 X,若干单位的商品 Y,等等。换句话说,货币当局会出价,以名义货币单位的固定价格购买和销售不限数量的一个特定商品束(a bundle of commodities)(或者大概是这些商品规定数量的成文仓单)——比如说,以 95 000 美元买进这个

---

⑩　对这一方案仔细而重要的考察,见小比尔、肯尼迪和温的文章《商品储备货币:一种批评》(W. T. M. Beale, Jr., M. T. Kennedy, and W. J. Winn, "Commodity Reserve Currency: A Critique," *Journal of Political Economy*, L (August, 1942), pp. 578—594)。这篇文章在格雷厄姆的著作《世界商品》中重印(B. Graham, *World Commodities*, pp. 151—163),同时还有他发表在《政治经济学杂志》(*Journal of Political Economy*, February, 1943, pp. 66—69)上对该文的答辩。F. D. 格雷厄姆也写了一篇答辩,发表在同一期《政治经济学杂志》上。亦可参见明茨的著作《竞争型社会的货币政策》(Lloyd W. Mints, *Monetary Policy for a Competitive Society* (New York: McGraw-Hill Book Co., 1950), pp. 159—167),及本文注①中提到的 Bennett and associates 的研究报告。

特定商品束,以 105 000 美元卖出,差价是铸币费。尽管商品束的总价格会以这种方式在狭小的范围内保持不变,但商品束内的单个商品的价格却可以自由变化,而且商品束内数量大的商品,变化会很大。只要商品束内其他商品的价格上涨或下跌,商品束内任何一个商品或一组商品的价格都可能上升或下降。

只要商品是在基础相当广泛的市场上公开交易,以规定比例积累商品束(或批量仓单束)的必要性就不会造成任何特殊问题。在这种情况下,会出现一些专家,他们像套利商那样行事,在商品束的总市值下降到官方买入价格以下时,把商品束卖给货币当局,而在商品束的总市值上升到官方卖出价格以上时,从货币当局那里买进商品束。

为了让商品束覆盖尽可能广泛而有代表性的商品,或许最好对其进行定期的修正。由于很难将任何刚性原则引入这种修正之中,而又必须进行这种修正,因而这个方案的自动性会减少,政治干预会增加。此外,在储备存量中为使其构成与修正后的商品束保持一致所必须进行的调整,有时会严重扰乱一些市场。

商品储备货币可以在整个货币体系中被指定发挥不同的作用,而且对其优点的任何判断都主要以指定给它的作用为转移。在一个极端,商品储备货币可以被轻易加入到现有的货币体系中。那么,它主要就会成为一种工具,用于支持一组商品的平均价格,也用于在商业周期的不同阶段提供政府预算中赤字和盈余的等价物。若要讨论此种操作,就必须考虑到与之相关的货币结构和相关政府的货币政策的特征。以这种形式,这个货币储备方案作为一个特殊的反周期手段,或作为向特定生产商团体提供政府帮助的一个工具,比作为一项根本的货币改革,得到了更好的分析。因此,我们将略去任何有关这一问题的进一步讨论。⑪

介于两个极端中间的一种可能性是,用商品储备货币取代人们有时候所说的"高能"货币("high-powered"money)——够格支持流通媒介用作储备的货币。在美国,这意味着,用商品储备货币取代联邦储备券和活期存款,还有国库通货,或是大概能单独取代黄金和国库通货,或是更普遍地,取代由中央银行或政府发行的不兑换货币,或表面上支持它们的商品储备。这会意味着实行部分商品本位,大概还会保留现行部分储备银行业。因而,根据我们先前的分析,商品储备货币既不能消除政府对放贷和投资活动的广泛干预和管制,也不能消除货币体系内在的不稳定性。要得到与数量有关的一些概念,应该指出,在美国,"高能"货币目前介于全部货币和活期存款的三分之一到二分之一之间,或年国民收入的六分之一到四分之一之间。

在另一极端,商品储备货币可以用作一种严格的商品本位。以这种形式,商品储备货币可以取代现存的所有货币(包括活期存款)。它会与百分之百的储备银行业合并,会同时消除政府对放贷和投资活动的干预和内在不稳定性这两大弊病。这是对这一方案最为激进的运用,会从根本上重建货币体系。⑫

223

——————————

⑪　应该指出,这正是本杰明·格雷厄姆所设想和支持的作用,它说明了为什么他写的有关商品储备的大量文章与我们目前的目的不相关。它也是本文注①中提到的那份研究报告详细考察的作用。

⑫　弗兰克·D. 格雷厄姆显然会喜欢这样运用这个方案,尽管他支持其不大广泛的运用,认为这样更好,而不是放弃它(见《社会目标与经济制度》(*Social Goals and Economic Institutions*))。

　　不管是要用商品储备货币取代现存储备货币，还是取代所有现行货币，它的采用都会因它想要取代的那种体系中的货币的存在而复杂化。取消现行货币并重新开始并不可取；然而，如果商品储备体系事实上一直就存在，现行货币就会与商品储备束的存量（stocks of the commodity-reserve bundles）相匹配了。明显的解决办法是运用《皮尔法案》的原理——固定的信用发行在数量上等于它要取代的那种体系中货币的初始量。如果在一开始时，这种商品储备束的价格被稍微标高一些，就会迅速地积累起一个储备，而且在正在增长的经济中，还会持续不断地积累。

B. 货币束的构成

　　为了能够进入货币束，商品必须能够被准确地报价——这意味着，它们必须能够有精确的规格和标准。它们得在相当广阔的市场内交易，这即使不是必要的，也是非常合理的，这样，商品束的交易就能随时而便宜地进行。应该在合理竞争的环境中供应这些商品束，因为如果不是这样，任何致使商品束价格下降的压力就会被商品束内被垄断商品价格的上升所吸收，而不是被因产出增加而向货币当局的销售吸收。它们显然必须既能在实物意义上又能在经济意义上贮存起来；也就是说，必须有可能相对便宜地不仅保存其实物特征，还能保存其经济价值。例如，长期保存 1951 年产的新汽车，不使其出现实际破损，在技术上大概是可行的；然而，1951 年产的汽车对于我们的目的而言却很难说是"可贮存的"，因为在一个不断变换车型的世界中，它们的价值非常容易耗损。

　　这些基本要求排除了所有的服务（除了能被融合到可贮存物

品的价值中的服务），也排除了几乎所有制成品、许多矿产品（煤、特别是烟煤，在矿外会迅速降低质量；石油和天然气的贮存即使不是费用高得付不起，也会过分昂贵），⑬还有许多农产品（如易于腐坏的食品和家畜）。剩下的主要是可贮藏的农产品，如玉米、小麦和棉花，金属矿产品和一些高度标准化的制成品，如标准的棉纺织品、钢轨、新闻用纸、标准的可贮存化工产品，等等。

但是就连这些也不能全部被包括在内。与供应条件相联系的其他要求基本上排除了所有农产品。农作物的产量无法在短期内进行有意的控制。生长季节比较长，天气的反复无常起着重大作用。由此造成的当期供应无弹性会大大降低商品储备本位的短期反周期效力。此外，农产品还会给商品储备方案带来其他难题。用一个事例可以最好地说明这个问题。假设商品储备方案已经在运行，小麦是这个货币单位中的商品之一，普遍的通货紧缩恰好与反常的小麦欠产同时发生。通货紧缩会使向货币当局出售商品束作为商品储备货币有利可图。每个商品束中都会含有规定数量的

225

---

⑬　本杰明·格雷厄姆把石油和煤都包括进了他最近描述的商品单位中。其实，这两项加在一起只占该商品单位总价值的 21.5%，和非农成分的一半多（见《世界商品》一书，第 43—45 页）。在他先前的单位中只包括石油而不包括煤（见《贮藏与稳定》，第 57 页）。然而，在前一本书中，他曾估计，贮存石油的成本占其年平均价格的 22%（前引书，第 108 页）。在后一本书中，对把煤包括在内的合理解释只是，参考了弗兰克·索恩博士写的一篇文章《超常产粮区》（Dr. Frank Thorne, "Super-normal Granary", in *Science News Letter*, January 21, 1939）。据 B. 格雷厄姆说："该文指出……煤和木材可以贮存在水下，变质损坏极小"（《世界商品》，第 148 页）。

Bennett and associate（见本文注 1 中引书，边码第 106—107 页）建议的单位中不包括石油和煤，因为贮存费用极其昂贵。出于同样的理由，他们也没有包括生铁，而 B. 格雷厄姆则包括了生铁。

小麦。由于小麦只是商品束中的许多商品之一，即使其他商品价格的小幅下跌也可以证明，支付极高价格把小麦包括进这个商品束是合理的。由此出现的小麦需求相对于总供给可能相当大，从而可能使其价格大大高于否则会出现的普遍水平。⑭当一种基本的粮食已经处于反常的供应短缺状态时，这个社会是否会，或应该，忍受大量提取这种粮食用作储备，并因此而抬高其价格，使之无法用于消费呢？实际上，难道社会就不会反而非常适当地要求226 动用先前积累的这种商品的存量吗？⑮可能有人会回答说，尽管各

⑭　例如，假设有一种严格的商品储备本位，商品束包括总产量的10%－20%（如果可以包括农产品，可能会是这种情况），而通货紧缩造成往常的货币增长翻番。那么，货币的增长会占国民收入的大约3%，或该商品束中商品往常非货币供应的15%－30%，或该商品束中商品往常总供应量的14%－26%。如果小麦欠产，这个比例有可能会轻易地提高到小麦产量的20%－35%。

⑮　本杰明·格雷厄姆曾提出一种富有创意的方法，使在这种情况下利用累积的商品存量成为可能。这种方法就是，允许（或要求）储备中的或出售货币当局的货币单位中的任何商品，用该商品的期货合约来取代，只要期货价格与现货价格具有规定的关系——在格雷厄姆的具体建议中，是只要期货价格低于现货价格。当然，一般而言，由于有贮存成本，期货价格会超过现货价格。相反的关系则相当明确地表明，当期供给和私人存量极低，因而是一个良好信号，说明从储备中取出商品是合理的。F. A. 哈耶克在他支持这一方案的文章中强调指出了该方案的这一特征（"A Commodity Reserve Currency," *Economic Journal*, June-September, 1943, pp. 176－184）。

总的看来，这种方法可以像人们想象的那样接近于一种非人格的傻瓜机制，并且很可能具有不打算进行根本货币改革的商品储备体系的合理特征。我并不认为它是代替商品储备货币的可取的权宜之计，主要是因为它改变了这种货币的基本特征，从仓单变成了借据。在一定程度上，由期货合约代表的一种货币单位，在逻辑上相当于比方说，在部分黄金储备制下发行的、承诺支付黄金的国库券。在这两种情况下，这种货币的一部分其实是不兑换纸币，构成了对不存在存量的索取权，并依赖于人们对可兑换性的信心和信赖。此外，销售期货的个人会"创造"不兑换成分。无力兑换严格商品货币的情况不可能出现，除非是出现了直接的欺诈和贪污行为；在用期货替代商品时，有可能出现无力兑换严格商品货币的情况。B. 格雷厄姆在一个版本中提议说，在一种商品作为保证实施的手段被提交之前，不应该发行对应于在名义上由期货合约支

种农作物的产量由于天气原因变化很大,但统计中的拉平作用会得出一个相对稳定的农业总产出。但是,正是单个的农作物与商品储备方案相关。⑯这些考虑显然要求排除粮食,而且大概也能说 227 明,为此目的,除了食品,排除像棉花和亚麻这类农产品也是合理的。⑰

    应该注意的是,这些考虑只适用于产量的短期波动,不适用于

持的货币(《贮存与稳定》,第70页)。从逻辑上说,这相当于从货币单位中清除了这种商品,后来又恢复它,并因此意味着,反复改变货币单位中的商品数量和其构成。

    还有许多其他考虑也反对把合并到商品储备货币中:(1)明年的小麦和今年的小麦不会完全一样,因此,无论怎样处理,用期货替代小麦都会反复改变这个商品束的构成。(2)这种方法格厄姆提出恶报那种用以决定何时可以用期货替小麦的价格关系其实是武断的。当现货价格减去估计的一定贮存成本后低于期货价格时,同样有很好的理由允许替代。准确地说,这种方法引进了武断的和自由裁量的成分,而将该成分排除在一个其主要优点是自动性和非人格性的货币方案之外,是最为重要的。(3)因而该方法涉嫌干预具体的价格关系,即,特定商品的期货与现货价格之间的关系,因此破坏了方案可能的吸引力之一,即它不必干预相关的价格。

    应该指出,这种发行在数量上并非可以忽略不计的。要使期货价格等于现货价格,就可能不时要求非常大量的期货替代,而且没有办法防止这类替代的需要同时在几种商品上出现。

    更一般地说,商品储备货币的支持者在把商品存量可以用来满足特殊需要说成是这个方案的一个优点时,总有点缺少诚意。这个方案要么是一个旨在保持稳定和在明确规定下运行的货币体系的实质部分,在这种情况下,商品储备存量必须单独由货币方面的考虑确定;要么它就纯粹是政府特别干预的一个借口。一个人不能同时侍奉两位主人。

  ⑯ 可以想象,复本位制的原理能用于某组农作物,以避免出现上面讨论的问题。但是这会意味着这个方案的一个重大改变,其实要涉及个别商品价格的固定或价格的限制。

  ⑰ 在 B. 格雷厄姆提出的两种解说性商品单位的价值中有超过 60% 的部分,在 Bennett and associates 提出的货币单位的价值中有超过 80% 的部分,由农产品构成。但是必须记起的是,这是他们的看法,不是我的。为此从 B. 格雷厄姆的前一本书中引用一句话:"在很大程度上,这个商品库方案可以被看作是支持和救济农业的一个提案"(《贮存与稳定》,第 169 页)。

为了给货币存量提供一个长期的增加量而长期吸收一部分产量的情况。因为，从长期来看，农业，像所涉及的其他产业一样，会比在缺乏货币需求时以更大规模扩张。

由于这些技术原因取消农产品，不仅大大缩小了这种货币单位覆盖的潜在宽度，而且还具有重要的政治含义。农产品生产者是一个畅言无忌的而且强有力的政治压力集团。要是把农产品包括到这个货币单位中，他们有可能非常赞成商品储备货币；否则，他们大概会无动于衷或抱有敌意。因此，他们的政治力量不会成为一种资产，反而会成为一种负债，因为运用这一力量主要会让这个商品储备方案采取技术上不合理的形式。应该指出，对这个方案的政治支持，不仅对于让它在一开始就被采用是重要的，而且对于防止其后对它的"瞎鼓捣"甚至更为重要。

去除农产品后，就只剩下金属矿产品和标准化的制成品。据我所知，没有人详细研究过这些类别中符合被包括进商品储备束条件商品的年产值，因此，除了做一个粗略估计以指出数量级外，任何更多的东西都是不可能讨论的。[18] 美国 1947 年生产的金属矿产品的价值大约为 30 亿美元，大约为国民收入的 1.5%。[19] 然而其中有些产品恐怕也得排除在商品储备束之外，因为它们不是在充分广大而自由的市场内交易的（如，铝）。要对制造业做一个

---

[18]　在 B. 格雷厄姆的《世界商品》一书中和 Bennett and associates 前引书中使用的数据和计算，不能满足我们的需要，因为它们只关心国际贸易中商品的重要性，也因为它们是为不同目的编排的。

[19]　美国商务部，《美国统计摘要》(Statistical Abstract of the United States , 1949，p. 759)。

合理的估计,困难还要大得多。极为粗略而令人不满意的证据表明,符合条件的制成品的产值,在1947年大概不到100亿美元,大约为国民收入的5%,而且有可能还要少得多。[20]

因此,这个货币单位中的商品会占该国用于其他用途的当期产出部分的3%—6%,看来是有道理的。把石油、煤包括在内,并

---

[20]　为了对有关数量得到一个粗略概念,我根据1947年的制造业附加值进行了加总,因为就连一个未受过训练的外行人所能作出的判断,这些行业,产品的很大一部分符合被包括的条件。我包括进了下列行业:糖、粗纺和精纺制造;除羊毛外的棉纺线纺厂;棉和人造丝宽幅纺织品;窄幅纺织品厂;木材和木材基础产品;纸浆、纸和纸板;皮革鞣制和整理;水泥、液压装置;结构性黏土制品;和主要的金属行业(其中包括高炉钢厂、钢铁铸造厂、初级有色金属、二级有色金属、有色金属轧制和拉丝,以及多种初级金属行业)。1947年这些行业的总附加值是134亿美元(前引书,第933—943页)。

1.这显然高估了上述行业中生产的符合条件产品的附加值,因为它们的产品中大概有一半多是不符合包括条件的。例如,棉和人造丝宽幅纺织品总计为20亿美元,其中的大部分肯定是用于时尚产品的,不易标准化和贮存。此外,将棉花排除出符合条件列表的合理性,也会要求把棉制品排除在外。还有60亿美元的产品出自初级金属行业。但是,这些行业的产出中有很大一部分是特殊形状的,而另一些是非标准化产品。再有,甚至许多标准化产品恐怕也不能包括,因为它们不在足够广阔和自由的市场交易。

2.另一方面,在其他制造业中肯定有许多各种各样的产品会符合包括的条件。然而,对剩下的其他行业进行的考察表明,这方面的低估比1中的高估要少得多,因为我已经把所有值得怀疑的行业包括在我的列表中了。

3.另一个错误来源是,附加值不是与我们的目的有关的数字。我们更想要的是(a)产品总值减去(b)用于生产金属矿产品的那部分价值——因为这些已经被计算到金属矿产品的总价值中了——再减去(c)用于生产已列出的制成品的金属矿产品的价值——因为这也已经被计算过了。要得出精确而详细的这些产品的估计值,需要作广泛的研究。然而,我们知道,总产值一般来说只比两倍的附加值多一点。b项会很小,可以忽略不计。然而,c项对于选中的行业会很大:30亿美元中的大部分都是会被用于包括在我们选中的列表中的初级金属行业的金属矿产品。

根据附加值估计棉制品,会使3a的结果翻番,并修正3b,而3c则会产生一个无法模拟的不到200亿美元的总值。其中100亿美元包括了允许1项中的高估超过2项中的低估的一个粗略估计。

慷慨地允许把进口产品包括在内,这个数字大概可以扩大到 6%
－11%,但这肯定是最大数字。㉑

C. 货币束的价格变动

在商品储备本位下能够实现的覆盖面是很宽的,肯定要比金
本位、银本位或金银合金本位下的覆盖面大许多倍。但是,它离
100%的覆盖还差得远,令人沮丧。而且,随时都能被包括进这个
货币束中的商品是非常特殊的,根本不能代表大部分经济活动。
最多的部分是从金属矿产品制成的金属矿产品和制成品。因此,
有充分的理由预期,它们的相对生产成本会产生特殊影响,并能够
激烈变动。这个商品束名义价格的稳定会意味着其他商品价格的
巨大不稳定。

230   这种预期可以用美国现有的批发价格指数来检验,至少是粗
略地检验。我们可以旨在描述"所有商品"和各种亚组(sub-
groups)价格变动的长期指数。一个亚组,即"金属和金属制品"涵
盖了与可行的商品储备束大都重叠的多个商品束。或许近几十年
覆盖面中最重要的差异,就是在"金属和金属制品"这个亚组中包
括了机动车辆。覆盖面中的这个和其他差异使得人们不再有可能
准确估计价格变动,而在实际的商品储备本位下则有可能作这种
估计。但是,这些差异不会损害利用这个亚组的指数去说明在一
种商品储备货币下合理预期的物价水平变化。一个可行的货币束

_____

㉑ B.格雷厄姆添加了石油和煤。将这两种产品包括在了他的解说性的货币单
位中,这会增加 2—3 个百分点。

既不会比金属和金属制品这个亚组有大得多的代表性,也不会比这个亚组覆盖宽得多的经济活动部分,而这两个部分的共同成分大概都会在每一部分中占有较大比例。

在过去的一个半世纪中,金属和金属制品这个类别相对于其他商品而言,表现出了价格大幅下降的趋势。一个具有这种货币束的商品储备方案会使其名义价格保持稳定,并由此使其他商品的价格大幅上涨。表1描述了由此导致的一般物价水平不稳定的可能程度。表1给出了从1800年到1940年之间每10年,和从1940年到1949年的每1年,所有商品的批发价格与金属和金属制品的批发价格的比率指数。这样计算出的假定指数大致接近于如果在此期间实行了商品储备方案就会盛行的实际批发价格指数。这个商品储备束被看作与"金属和金属制品"指数涵盖的内容是一样的,而且金属和金属制品相对价格中的变动没有受到因它们而增加的货币需求的重大影响。

从这张表来看,在这样一种商品储备货币下的物价,在1800年到1870年间上升了75%,在下一个10年下降超过10%;从那时到1920年,翻了一番多;从1920年到1940年下降了五分之一多。在于1949年结束的那个10年中,物价先是上升了差不多三分之一,而后下降了近七分之一。其实,从整个这个时期来看,价格波动的幅度在商品储备方案下会比实际波动的幅度大。从较短的各个时期看,假定的指数表明,只有在战时发生通货膨胀时,在这种本位几乎肯定已经被抛弃的时候,才会有比实际指数更小的持续波动。如果忽略这些,这个假定的指数表明,就连在各个短期内,稳定性也不比实际指数大,而且长期的稳定性更加小得多。

表 1 *

批发价格指数(1910 年－1914 年＝100)：

商品储备本位制下假定的指数与实际指数，

所选年份：1800－1949 年

(商品储备单位假设由金属和金属制品构成)

年份	假定的批发价格指数	实际 BLS 批发价格指数	年份	假定的批发价格指数	实际 BLS 批发价格指数
1800	40	129	**1930**	117	126
1810	40	131	**1940**	102	115
1820	39	106			
1830	44	91	**1941**	109	128
1840	47	95	**1942**	119	144
1850	57	84	**1943**	124	151
1860	62	93	**1944**	125	152
1870	68	135	**1945**	126	155
1880	60	100	**1946**	131	177
1890	67	82	**1947**	131	222
1900	71	80	**1948**	126	241
1910	103	103	**1949**	113	226
1920	129	226			

* 表的来源与出处：1800－1880 年的数据根据的是沃伦和皮尔森批发价格指数；1890 年以后的数据根据美国劳工部统计的批发价格指数。沃伦和皮尔森的指数以 1910－1914 年为基数；因此，表内直至 1800 年假定的指数是他们的"所有商品"指数与他们的"金属和金属制品"指数之比的 100 倍。美国劳工部统计(BLS)的指数以 1926 年为基数，所以表内对 1890 年和以后年份的假定指数，是 BLS"所有商品"指数与 BLS"金属和金属制品"指数乘以一个系数以转换到 1910－1914 年为基数之比的 100 倍。这个系数等于 BLS 在 1910－1914 年间"所有商品"指数的平均值，对应于 BLS"金属和金属制品"指数平均值的比值的倒数。实际指数直接取自已注明的来源，只有 BLS 指数的基数从 1926 年转到 1910－1914 年除外。这个基数见美国商务部，《美国历史统计摘要，1789－1945》(U. S. Department of Commerce, *Historical Statistics of the United States*, 1789－1945, Ser. L-2, L-9, L-15, L-21)；和《联邦储备公报》(*Federal Reserve Bulletin*, May, 1950, p. 577)。

因此,统计证据证实了普遍的推测:不可能指望商品储备货币　232
提供价格稳定,因为这种货币单位最多也只能覆盖整个经济产出
的一小部分,而且是非典型的一小部分。

D. 供给弹性

在商品储备货币下货币存量的供给弹性取决于:(1)货币存量
与非货币存量之间的可能转换,(2)商品储备束的当期供给弹性。

1. 货币存量与非货币存量之间的可能转换。——为非货币目
的持有的金属矿产品和制成品总存量,在通常情况下,只是年产出
量的一小部分——存贮成本使大量存货不可取,而当期产出的弹
性使之不必要。为得到一种极端的情况,假设这些存货是半年的
产量,而货币供应总量等于半年的国民收入,这正是目前美国的情
况。那么,货币单位中商品的非货币存量在货币供应中的百分比,
就会和它们的产出中用于非货币的部分在这个国家的产出中的比
例一样。我们已经将后者定为 3%－6%,所以,这也会是对最大
正常非货币存量在货币总量中所占百分比的一个估计。这是在严
格商品本位或部分商品本位下有固定信用发行时的相应数字。在
部分储备本位下,相应的数字会更大一些,相差一个系数,这个系
数等于货币供应总量与"高能"货币之比。在美国,目前这个系数
小于 3。因此即使是在这种情况下,用非货币存量能够产生的货
币供应中的最大可能扩张会是 9%－18%。

这些都是夸大的数字,不仅是因为我们大概高估了总存量的
规模,而且还因为我们没有考虑到它们的构成。只有在商品束的
适当构成情况下,非货币存量才能转变为货币存量;因此,存量中

233 能够组成最少商品束的那种商品就成了限制条件。所以,很清楚的是,通过货币和非货币存量之间的转换可能带来的货币供应的变化是极为有限的。

通过转换进或转换出非货币存量来改变货币供应的有限可能性意味着,货币量对收入流或对财富总存量的理想比例的任何改变,都会在短期内,主要通过物价水平和收入水平反映出来;而在长期内,货币存量的变化只有因物价变化而对目前存量做加速或放缓的添加时,才会令人满意。在商品本位下通过货币和非货币存量的转换产生的自动反周期反应,在商品储备本位下很大程度上是无效的——这是一个缺点,其重要性显然取决于开支对于货币形式的那部分总资产的敏感程度。

在严格的商品本位下,无法弥补这个缺点,因为转换进或转换出非货币存量对于货币稳定没有间接后果。在部分储备商品本位下,货币和非货币存量之间转换的有限可能性并不意味着一件纯粹的坏事,因为转换的每一个单位都可能要求毁掉或创造数个货币单位,以维持同样的部分储备,并可能由此威胁到整个货币结构。换句话说,如果基本储备货币不能转换为非货币用途,部分储备制内在不稳定性的一个来源就被消除了。

2. 当期供给弹性。——可以料到,构成这个商品储备束的主要成分的金属矿产品和制成品具有相当高的当期供给弹性。美国的金属矿产品的实物产出量,从1929－1932年下降了四分之三,从1932－1937年增长了四倍,从1937－1938年下降了三分之一,从1938－1947年翻了一番多。同样,全部制成品的实物产出量,从1929－1932年下降了一半,从1932－1937

年翻了一番多,而后从 1938—1947 年又翻了一番。[②] 当然,这些 234
变化都伴随着大幅度的价格变动,或是由价格变动所引起的;而
且,长时期的变化更大;年度之间的变化则要缓和得多。尽管如
此,看来很清楚的是,可能改变这个商品束的相对价值的收入流的
变化,往往会使生产这个束内各种商品的各个行业总产出发生很
大的百分比变化。

再说一遍,不只是一定要考虑到总产出,而且还要考虑到其构
成,因为这个束内必须有正确的比例。如果可能流进商品储备的
只是每个商品各自总产出中的一小部分,这个限制条件就会不重
要。总供给相当没有弹性的任何商品都可以在不大幅提高价格的
情况下获得,因此也不会因从其他用途中减掉必需的数量而大幅
度减少对扩张的刺激。但是,对于一个非货币产出只占总产出
3%—6%的商品束,这个条件不大可能得到满足——至少对收入
产生了很大影响的情况下,这个条件不会得到满足。流入商品储
备的各个商品的数量有时候会达到其总产出的一个较大份额,因
此,以正确的比例生产这个商品束的必要性有可能会大大减少其
当期供应弹性。

商品储备货币对收入的直接反周期贡献,不仅取决于其当期
供应弹性,而且还取决于生产束内商品的这些行业的重要性。当
然,这些行业在商品储备本位下会比不在这种本位下更重要一些,

---

② 这些说法是建立在对金属矿产品总值和来自制造业收入的粗略紧缩基础上
的。使用的数字见《美国统计摘要》(*Statistical Abstract of the United States*, 1949,
pp. 283, 302, 304, and 759);《对当前商业调查的国民收入补充》(*National Income
Supplement to the Survey of Current Business*, July, 1947, p. 26)。

因为它们会扩大生产,以满足商品储备存量的任何长期增加。即便如此,它们也很难超过总产出的 $4\%-8\%$。举一个例子就可以很好地说明这一事实的意义。假设,在适度充分就业的条件下,货币收入从而其他商品的价格迅速上涨了 10%,因而商品储备束的相对价格下降了 10%。假设这个下降造成了这个束的产出减少了四分之一(即供应弹性的大约 2.5),以及从货币存量中的相应撤出。这会意味着收入流的下降相当于总收入的 $1\%-2\%$。也就是说,商品储备行业产出的下降会抵消最初假设收入上升的大约 $10\%-20\%$。同样,在假设条件下,额外收入流入商品储备行业,会抵消总收入中主要反映在物价(当然包括工资)上,而非就业上的同样百分比的任何下降。

一个反周期收入抵消了初始收入变化中的 $10\%-20\%$,这幅度是很大的。而且,这表明商品储备货币可以令人信服地变成一种相当强有力的稳定因素。然而,这个结论有可能大大高估了这种抵消的幅度,因为我们使用的当期供应弹性值和商品储备行业占总产出的比例或许都太高了。此外,货币束中各种商品的特征会使高度地方化的收入的发生抵消性变化,无论从行业角度看还是以地理角度看都是如此。

E. 保证长期增长的准备

在一个不断增长的经济中,要想避免物价水平的长期下降,就必须有货币数量的长期增长。在严格的商品储备本位下,或是有着固定信用发行的严格商品储备本位下,即,一个用 100% 储备支持流通媒介增加的严格商品储备本位下,商品储备存量的长期增长会等于货币数量的全部增加。我已经指出，对于美国，在过去半个世纪左右的时间内，这会要求将全部资源的 1.5％以上用于生产要添加到这个储备中的商品。㉓ 从绝对数量上说，在美国目前236的国民收入水平上，除了贮存成本，平均每年必须增加的商品存量大约为 35 亿美元。如果这些货币储备行业扩大生产以提供这个年增加量，它们在总产出中的份额就会从前面估计的 3％－6％上升到大约 4％－8％，而且平均而言，它们总产出中的大约五分之一到三分之一，会增加到商品储备中去。

正如前面谈到的，为保证长期增长而付出的代价，在任何严格商品本位下基本上都是一样的；因此，支付这样一个代价的必要性，并不是在与其他严格商品本位比较之后反对商品储备货币的理由。而且，如果这能换来货币稳定，如果这是保持货币稳定唯一的或甚至是明显比较好的方法，那么，这只是个很小的代价。但是，即便能满足第一个条件（这一点还不清楚），第二个条件还是不能满足。还有（或似乎有）成本更低的选择。因此很难相信，任何国家若明确预料到有用商品的存量可能永远也不会启用，还会有意决定，把其资源中那么大的一个数量用于积累商品存量。仅这一个考虑本身，几乎就足以排除严格的商品储备本位或有固定信用发行的商品储备本位。

㉓ 在严格商品本位下，货币总量占国民收入的比率有可能小于目前的情况，因为从保管机构在 100％储备制度下必须收取的服务费用的角度看，持有流通媒介会比较贵。然而，1.5％这个数字，并没有考虑到我们所观察到的流通速度的长期下降，而流通速度长期下降本身会使这个数字上升到 2％以上。要抵消这个因素，货币存量占国民收入的比率必须下降大约四分之一。

要避免如此大量的长期储备积累,可以使用多种方法。大概最具吸引力的方法是规定信用发行可以有规律地按年增长,事先确定一个数量或百分比,并严格坚持。然而,这至少会要求定期修正其决定中的错误。信用发行的增长可用于偿还政府债务,或支付政府的部分运转费用。至于其他,这种制度可以视同为一种严格的商品本位制。这种方法可以防止储备商品存量长期大幅增长,并因此将年平均成本减少到一个适度的数字。然而,只有在牺牲掉完全自动性和完全不受政治控制的可能性时,它才会起到这种作用。而完全自动性和不受政治控制,从许多方面来说,是严格商品本位超越纯粹不兑换本位的最大优势(即便不是唯一的优势)。

如果用商品储备货币仅替代现有的储备或高能货币,如果继续保留目前的部分储备制,每年的成本就会大大减少。但是,即便如此,它也还会很大。正如已谈到的,美国的高能货币总量目前占货币和活期存款总量的三分之一到二分之一;因此,就美国目前的国民收入水平而言,必要的长期增长会要求使用1％国民收入的二分之一到四分之三,也就是每年使用10亿－20亿美元。若规定信用发行可以定期增加,甚至连这个成本也可以避免。这两种办法中的任一种都意味着要对放贷和投资活动,以及货币体系的内在不稳定性进行政治干预。

F. 国际贸易

单独一个国家可以采用商品储备货币,几个国家也可以。如果单独一个国家采用,该国货币与其他国家货币之间的汇率会不断变化。这将由市场来决定，或在目前情况下，更可能由市场力量和政府干预联合决定。在几个国家都采用商品储备方案时，最初的商品束和以后的修正必须要么通过谈判取得一致，要么由一国首先确定一个商品束，然后其他国家采用，取得一致。这个商品束的构成对于各国都会是非常重要的，而且可以预料，在这些商品的构成比例以及要包括的商品方面，会出现相当多的不同意见。

一个甚至更为重要的问题会是将这个货币体系与贸易政策的整合。如果各国用关税、出口奖励或税收，或数量管制来阻碍这个束内商品的自由流动，则这个所谓的共同货币本位就会纯粹是形同虚设了。束内商品在有关各国之间完全自由的交易，对于这个体制在国际上的有效运行是个根本的必要条件。这对自由主义者来说是非常合意而理想的要求，而且，如果要求采用商品储备货币的急迫压力要想打消取消贸易壁垒的顾虑的话，这还会是对商品储备货币的强力推荐。然而，看来相当明显的是，情况更可能与此相反——各国不愿实行完全的自由贸易，因而也就不会认真考虑会阻碍把商品储备货币当作一种国际货币本位。

大致同样的问题也会出现在其他货币和经济政策方面。商品储备方案，像任何其他商品本位一样，会对采用它的各国的全部经济和货币政策施加自己的约束；因而也只有在所有国家都接受这一约束时，该方案才会很好地运行。因此，看来最好还是由某一个大国率先采用这一方案。然后，其他国家如果愿意的话，可以跟着采用。

如果这个方案被几个国家采用，同时在它们之间就束内商品实行自由贸易，那么，这些国家货币之间的汇率就只能在由该商品

束的运输成本设定的限制范围内波动。这种汇率稳定肯定会刺激
国际贸易,并为之提供便利。然而,如果把这种对国际贸易的刺激
看成是商品储备方案在除纯粹政治意义外任何意义上的一种特殊
优点,那就有点令人误解了。这种对国际贸易的刺激,也许是这些
国家为防止商品储备本位崩溃,而不得不采取的那类国内政策带
来的结果;即使这些国家实行独立的不兑换本位,同样的政策也会
有同样的结果(见下面的第三部分,B 节)。

239　　　　若几个国家都有效地采用了商品储备方案,就可以由每个国
家分别或由一个国际机构统一用实际的货币交换商品束,或是用
商品束交换货币。接下来的计划就会只在商品储备本位最终崩溃
时才是要紧的,在这种情况下,这些储备的自然位置,或这些储备
的法定所有权的所在地,或许会决定谁可以为其他目的使用它们。

三、商品储备本位与其他本位的比较

除非与可行的其他本位进行比较,否则就无法对商品储备本
位做出最终的判断。为了提出有关问题,我将把商品储备本位与
两种非常不同的本位做比较:(a)金本位,(b)与稳定的预算政策结
合到一起的纯粹的不兑换本位。

A. 金本位

在商品本位中,金本位无疑是对商品储备本位最具吸引力的
替代方案。它有作为货币标准的长期历史,许多国家都表示遵守
金本位,或是有意回到或采用金本位。黄金被广泛用作流通媒介,

而且全世界数十亿人都把黄金看作是"钱",即便没有看作唯一"真正的"钱。

金本位与商品储备本位之间主要的技术差别在于,金本位的基础要窄得多,因为黄金的正常非货币生产,相对于有可能被包括到商品储备束中商品的正常非货币生产,在总产出中占的比例要小得多。顺便说一下,人们会期望商品储备本位的广泛基础意味着比较稳定的物价水平。然而,这种期望是否能实现,却并不清楚。如果用金属或金属制品构成的一种货币单位——这会是商品储备束的主要成分——来表示商品的价格,那么,在过去的一个半世纪中,一般而言,商品价格的波动至少与用黄金表示商品价格时的波动一样大。

商品储备货币的广泛基础大概会使它成为比黄金更有效的反周期工具。就生产货币商品或商品组的行业的扩张与收缩,以及由此带来的货币供应的扩张和收缩,能够创造出来的直接收入流而言,几乎肯定是这样,因而就由此带来的货币供应的扩张和收缩而言,也是这样。然而,就货币与非货币存量之间转换的间接作用而言,情况就不是这样了。

在其他有关方面,假如一切从零开始,金本位与商品储备本位实际上可以看作是一回事。如果货币供应方面的所有变化都表现为货币商品本身的形式,或表现为货币商品的成文仓单的形式,那么,这两者就基本上都提供了完全自动性,也摆脱了政治控制。无论在这两者之中的哪一种本位下,这都会要求使用大量资源去保证货币供应的长期增长。如果这个社会不愿意把必要的资源用于这个目的,这两者往往都会变成部分商品本位,而储备比例大概各有不同。于是,这两者都会变得顺从政治干预,并成为一个内在不稳定的货币体系的一部分。两者都可以是国际货币,并且如果有关各国采用了适当的国内政策,还能在各国之间实行固定汇率。

尽管,如果一切从零开始,这两种本位会在这些方面是完全一样的,但是如果考虑到现有情况,则金本位的优越性显然大于商品储备本位。商品储备本位没有强烈的情感吸引力,没有广泛的大众支持,也没有关于它的神话。支持它,恐怕实际上必须从零开始做起。一旦采用,它会在相当长的期间内处于实验状态,而放弃它或改变它会没有丝毫迟疑。它会很容易变成一个政治足球,而不是防止政治干预的安全装置。另一方面,金本位已经有广泛的支持和情感吸引力,尽管它已经变得无力,但毫无疑问,它还是能发挥"瞎鼓捣"的作用。可以设想,各国会再次服从金本位的严苛约束(尽管我承认,这有一定困难);而我觉得,很难想象各国会服从于商品储备倾向的哪怕是温和的约束。

已经有黄金的货币存量,所以,开始实行一种严格的金本位——比如说,用固定信用发行避免黄金名义价格的大幅提升——会比实行一种商品储备货币的制度容易。在这个世界的一边挖出金子在另一边埋这种事,尽管偶尔会成为笑柄,在有的场合会受到讥讽,但还是被人们广泛接受,尽管并没有被人们所理解。而生产出大量各种显然是有用的物品,但却放在仓库中持久保存,尽管同上面的做法一样愚蠢,却既不能被人们接受也不能被人们理解。允许严格的金本位运行的机会,尽管很微小,却数倍于严格的商品储备本位可能有的机会。

最后,名义上以黄金作货币进行的国际自由贸易已然存在,而实际的自由贸易也比以商品作货币更易获得。就黄金达成一致意见要比就商品储备束的内容达成一致意见，实现起来更简单。从这两点来看，黄金更有希望成为一种可行的国际货币。

B. 纯粹的不兑换货币

我在别的地方较为详细地描述和分析了一种倾向和财政框架。[24] 该框架中包含有我打算与商品储备货币作比较的一种不兑换货币的特殊变体中包含的一个想法。这个方案要求政府发行一种纯粹的信用货币，结合 100％的储备金体系，并取消由中央银行或其他货币当局对货币数量的相机抉择控制。货币数量的改变将完全由政府预算产生。赤字由发行额外的不兑换货币提供资金，而盈余则用于使这些货币退出流通。因此，货币数量会因任何赤字的数量而增大，因任何盈余的数量而缩小。赤字和盈余本身会因商业环境的变化而自动产生。政府开支水平、转移支付计划和税收结构都会保持周期性稳定。它们只会因社会想要政府承担的活动范围的变化而变化；而不会因商业的周期波动而变化。结果是，在累进税制和转移支付计划下，收入的周期性增加往往会产生盈余，而收入的周期性减少往往会产生赤字。

在这个方案中，社会所选择的公共服务或转移支付水平的变化，会要求税收结构发生相应的变化。所要求的变化会根据假设的收入水平进行计算（这个收入水平对应着在预先确定的物价水平上的合理充分就业），而不是根据实际收入水平来计算。在假设

242

㉔　见本书前面的《实现经济稳定的一种货币和财政框架》，边码第 133－156 页。

的稳定收入水平上的平衡收支原则会被实际平衡收支的原则所取代。为了保证货币数量的长期增长,预算允许从增加的流通媒介供应中每年提取一笔固定的收入。

这个方案旨在提供一种促进国内稳定的国家货币本位。不同国家的货币会通过灵活汇率联系在一起,汇率在外汇市场上自由地确定,最好是完全由私人交易确定。

这个方案一开始就比商品储备货币有一大优势:它基本上没有成本,既不要求维持一个注定永远都不会使用的有用商品存量,也不要求转移现有资源去生产要添加到存量中的额外物品。

另一方面,商品储备本位有两个直接的潜在优势。首先,由于严格的商品储备本位会与政府预算完全分离,而且不会要求进一步的立法措施,它一旦被建立起来,就可以较少受到不明智政府政策的损害和破坏,也较少诱使人们利用货币扩张来为政府开支提供资金。其次,商品储备本位能够提供一种带有固定汇率的国际货币。

在我看来,这两个潜在优势很大程度上不靠谱,即便不是完全不沾边。正如已经谈到的,严格的商品储备本位的成本几乎肯定要导致采用各种工具,以在没有成本的情况下保证长期增长所必需的每年流通媒介的增加,至少是部分增加。最可取的安排是,给初始信用发行规定一个固定的年增量,用这个增量来支持政府开支。但这会使这个商品储备货币与所建议的不兑换货币以同样的方式同政府预算挂钩,会同样要求进行定期修正,也会同样诱使人们,用货币发行来支持政府开支。当然,货币的过度发行早晚会破坏这个商品储备本位,正如它会破坏已提出的不兑换本位一样。

在这两种情况下，防御只能出自先前接受的规定的意愿，而这种意愿又只能建立在全心全意接受这些规则，并发展出一种有利于坚持这些规定的传统的基础上。接受和发展这样一种传统的问题对这两种本位制大同小异。我不认为有哪一种明显地更简单或是更容易被接纳。㉕

为了提出最为有利的理由来支持对商品储备货币，我要假设，只使用每年固定增加信用发行这一种方法。但是应该指出，使用部分储备或许是在力图避免严格商品储备本位的成本时更有可能带来的、但令人非常不满意的结果。这会意味着政府对放贷和贷款的干预，以及货币体系的内在不稳定。在不兑换本位下，部分储备银行业也不会被消灭。然而，创造不止一种流通媒介来减少保证货币供应长期增量的成本压力，不会鼓励人们保留部分储备银行业。

至于国际安排，迫切需要的不是固定和刚性的汇率，而是稳定的汇率。如果有许多国家采用了不兑换本位并坚持实行，由此导致的国内物价和商业环境的稳定就会自动产生较稳定的汇率，正如采用商品储备本位并坚持实行也会如此一样。任何采用了不兑换本位的国家，若未能奉行稳定的国内物价政策，其结果都会首先从汇率上反映出来，其次才会影响到国际贸易和其他国家。另一方面，一个采用了商品储备本位的国家，若未能奉行稳定的国内物价政策，其结果则会给采用相同本位的其他国家造成国内困难，并

244

㉕　当然，在这个方面，金本位对另外两种本位中的任何一种，都有开始时的抢先优势。

会威胁到这种本位的生存。奉行不稳定政策的国家大概最终会被迫放弃这一本位;然而,与此同时,国际贸易有可能受到严重干扰,并因此而出现要求干预自由贸易的压力。因此从这方面看,暂且完全不谈上面列举的在国际上有效采用商品储备本位的各种困难,优势似乎也在不兑换本位的灵活性上,而不在商品储备本位的刚性上。

在比较商品储备本位与不兑换本位时很重要的另外两个方面,是物价水平的变化和反周期反应的效力。

在不兑换本位中,确定物价水平的"绝对"要素是固定的税收结构,包括用名义货币单位表示的税收减免、税率等,以及同样用名义货币单位表示的固定转移支付计划。这个税制的收益减去转移支付计划下的支付得出的结果与政府固定服务的成本之间的关系,决定了政府预算是会使物价上升还是下降。这意味着,如果在既定人均收入水平上固定税收和转移支付结构的收益(yield)发生了变化,㉖或者,政府服务的相对价格发生了变化,不兑换本位本身将会成为一个不稳定的根源。收益的变化主要会由于收入分配不公的变化而首先出现,而这些变化从历史上看一向极小。政府购买的商品和服务束是非常多变的,因此,其相对价格应该不会有太大波动。换句话说,不兑换本位的"基础",实际上是一个需纳税的或通过转移支付得到补贴的复杂的收入加权平均值,也是政府购买的商品和服务的价格的加权平均值。这在目前要比商品储备本位的基础更宽,也更具代表性。因此,不兑换本位有望成为比

245

㉖　人口变化有望以大致相同的比例影响税收收入和开支。

商品储备本位更少价格不稳定的来源。

可以预料,在不兑换本位下,最终产品价格水平的长期变化取决于为保证长期增长而制定的那些安排的确切细节,因而也更难以预测。[27] 但是在商品储备本位下价格的长期变化甚至有更大的不确定性,因为这取决于相对生产成本的未来变化。

在不兑换本位下,没有可能出现由货币到非货币存量转移造成的货币供应变化;因此也不存在这种可能的反周期反应。尽管在商品储备本位下,这种反应很小,但却会出现。然而,在这两种本位下,主要的反周期反应是由抵消性收入流(offsetting flows of income)变化,以及与之相伴随的货币创造或湮灭而产生的。在商品储备本位下,抵消性收入流出现在生产进入货币束的商品的行业中。在不兑换本位下,抵消性收入流因政府预算发生变化而出现——就如同政府在生产不兑换货币束中的商品。正如我们已经看到的,在商品储备本位下,引致性收入流(induced flows of income)顶多有可能抵消掉收入初始变化的10%—20%。各种估计表明,在美国,这种引致性收入流,在不兑换本位下目前至少会抵消掉初始收入变化的四分之一,而且有可能超过三分之一。[28] 因此,由社会的资产存量和货币存量变化产生的直接反周期收入效应和伴随的间接效应,在不兑换本位下会比在商品储备本位下大

246

---

[27]　见本书前面的边码第154—155页,及脚注[25];明茨的前引书,第215—219页。

[28]　这种估计建立在马斯格雷夫和米勒的文章《内在灵活性》(R. A. Musgrave and M. H. Miller, "Built-in Flexibility," *American Economic Review* , XXXVIII (March, 1948), pp. 122—128)的基础上,还有其他散见的一些证据。

两到三倍。㉔

　　与采用伴随着这两种本位相关的过渡问题,在许多方面都会是相同的。两者都要求同样的银行业改革,要求同样放弃目前的相机抉择权力,要求采用相似的财政规则。此外,商品储备方案会要求在这个商品束的构成和价格、初始储备的积累,以及贮藏设施的提供等方面达成一致意见。不兑换本位会要求选择一个假设的收入水平和预算原则。它不会要求改变财政结构,因为在政府预算中已经存在很大程度的内在灵活性。总的看来,这些过渡问题对于不兑换本位似乎不大严重。

四、结　论

　　商品储备方案对于实现只是向着金银合金本位制全面覆盖一个经济体产出的理想,只能起很小的作用。货币单位内的商品必247须是标准化的,必须在基础广泛的市场上交易,必须在合理的竞争环境下供应,必须能够以实物形式经济地贮存,这些条件限制了能够入选货币束的商品种类,符合条件的商品主要是农产品、金属矿产品和非常标准化的制成品。由于短期内无法控制农作物的产出,也由于农业产出依赖于决定生长条件的不稳定力量,因而农产

　　㉔　效应大不一定导致更大的稳定。有一个最佳点,超出这个最佳点,假设的更大反周期反应可以增加而不是减少不稳定。我怀疑,不兑换本位确实超出了这个最佳点,但我提不出什么证据来支持这种怀疑。见米尔顿・弗里德曼的文章《对菲利普・内夫的反驳》(Milton Friedman, "Rejoinder to Philip Neff," *American Economic Review*, XXXIX (September, 1949), pp. 950—951 and n. 2)以及本书前面的文章《充分就业政策对经济稳定的影响:形式分析》,边码第 117—132 页。

品不适宜成为货币束内的成分。剩下的产品——金属、某些金属制品和其他一些标准化的制成品——大概不会占到像美国这样一个国家正常产出的 3％－6％。

这种狭窄的覆盖面意味着,不能指望商品储备本位在长期或相当短的时期内产生合理的稳定价格。货币商品相对成本的变化本身就会成为价格不稳定的一个有说服力的根源。

可转换为货币存量的正常非货币存量会很小,这样,货币的供应量会主要由于当期产出中使用量的增加或减少而改变。因此,商品储备方案的反周期反应会主要通过商品储备产业产出率的变化起作用。由于这些行业具有相当有弹性的当期产出,其他价格的任何下降都会导致它们产出的大幅增加,由此既补充了货币存量,也补充了当期的收入流;其他价格的任何上升都会具有相反的作用。抵消性收入流可能会占到初始变化的 10％－20％。与之相伴随的货币数量的变化,会影响社会持有的实际资产总量和总量中货币形式的部分,而这些,反过来,又会对开支和收入产生额外的反周期作用。因此,作为反周期工具,商品储备货币会具有强大的力量。

若将商品储备方案打造成为改变流通媒介供应的唯一手段, 248 即,若将它与100％的储备银行业相结合,并取消所有其他发行货币的手段,它就会具有几乎完全的自动性和摆脱政治控制的优点。但是在这种情况下,就必须有稳定的商品存量积累,以保证货币存量的长期增长,而这就会意味着,为此目的需要动用非常大量的资源。在牺牲摆脱政治控制和干预的前提下,无疑可以采用减少这种成本的各种方法。

　　当且仅当各国愿意允许货币束内商品进行完全的自由贸易，并使它们的国内货币和经济政策服从于其约束的时候，商品储备方案才能在国际间运行，并产生稳定的汇率。

　　与金本位相比，商品储备货币具有一个重要的技术优势——其抵消收入、生产和就业方面周期变动的较大潜能。对于其他方面，这两种本位在技术上几乎是同样的。两者都建立在相对狭窄和没有代表性的基础上，因而，它们自身都会成为物价水平波动的根源。尽管商品储备本位的基础要宽一些，但可以获得的证据表明，在这个方面，它至少与金本位是一样令人不满意的。两者都需要利用资源来保证提供货币存量的长期增长，并因此为采用不兑换货币提供了动机。两者都可以成为带有各国间固定汇率的国际本位。

　　在我看来，商品储备货币可能具有的技术优势，由于其在获得不加思考的支持和尊敬方面的能力远不如黄金，而抵消了。任何一种商品本位唯一的具有根本吸引力的特征，是它可以限制不明智的政治干预和它有可能提供一种国际货币。如果由于普遍的明智或由于存在其他限制而不担心政治干预，那就没有理由去浪费资源堆积货币存量，而不采用基本上没有成本的不兑换本位。尽管商品货币可以防止政治干预，但是，只有在对它的普遍支持足够强大和广泛，使"鼓捣"它具有政治危险，并克服了国家利益和态度上的差异时，才能被许多国家所接受。黄金已经获得，并仍然可以获得这种支持，而商品储备货币则没有获得这种支持。

　　不能指望对于商品储备货币的广泛支持像人们目前对黄金的支持那样发展起来——黄金是通过偶然的和历史的演化而不是通

过设计,通过使用它的长期经验以及在不兑换货币的反复崩溃期间其价值的相对稳定,通过持有这种实际商品货币而不是其他形式货币的个人得到的利益,也通过这个长历史过程造成黄金神话的其他原因,而被接受作为一种本位的。

要获得对商品储备货币的支持恐怕只能通过说服。这个社会必须相信,这是可以获得的最佳货币本位。当然,有可能使社会相信这一点。但是,我们把商品储备本位与一种和自动稳定政府预算挂钩的不兑换本位所做的比较表明,这种相信不会建立在商品储备货币的技术优势上,而只能建立在实质上是非理性的基础上。在每一个重要方面,商品储备货币在技术上都不如不兑换货币。它涉及积蓄商品储备的巨大成本,而不兑换货币却是基本上没有成本的;因此,它会更多地促使人们保留或扩大具有内在不稳定性的货币安排,以及保留或扩大政府对放贷和投资活动的不必要的干预;它本身也会成为比不兑换本位更大的物价和经济环境不稳定的根源;在对抗由其他根源引起的不稳定性方面,它大概也不大有效;如果有一些国家使自己完全顺从于这一或那一本位,它也不会比不兑换本位更有效地促进国际贸易;而如果有任何国家脱离这一或那一本位,它会对国际贸易造成更大的干扰。

在我看来,在寻求获得不兑换本位的反周期优势,同时保留金本位的实物基础时,商品储备货币是两边都不讨好,而且就像许多妥协一样,比哪个极端都差。一方面,它抵不过金本位那种非理性的情感吸引力;另一方面,它也抵不过不兑换货币的技术效力。

通货膨胀缺口讨论[*]

最近,沿着弗吉尼亚漂亮的天际大道开车,我们经过了地政运行峡,然后又经过了康普顿峡。一会儿之后,另一块路牌映入眼帘。我料想它该念作"通货膨胀峡",但它只是詹金斯峡。我一次又一次地失望了。"通货膨胀峡"从未出现。而这是完全适当的:通货膨胀缺口^{**}从来就不是过去和当前的事,它永远在将来。

通货膨胀缺口是那些事先($ex\ ante$)概念之一,近来的理论已经使我们对它们非常熟悉了。除非有数字错误,否则复式账簿永远是平衡的。消费者的开支肯定永远等于销售者的收入。但是消费者对未来某个时期的预期开支却未必等于在某个具体物价水平上可以用于销售的商品和服务的价值。正是这个介于预期开支与可销售商品预期价值之间的差,构成了通货膨胀缺口——至少,在

---

* 重印自《美国经济评论》(Reprint from *American Economic Review*,XXXII (June, 1942), pp. 314—320),我做了一些特别指明的添加,为的是纠正原文中一个严重的遗漏错误。本文是对沃尔特·萨兰特关于这个主题的一篇文章《通货膨胀缺口:对于决策的意义和重要性》(Walter Salant, "The Inflationary Gap: Meaning and Significance for Policy Making," *American Economic Review*, XXXII (June, 1942), pp. 308—314)的评论。

** Inflationary Gap. Gap 一词有双重意思,在地理方面,它指地峡;而在经济理论中,它指缺口。——译者

它的一个变体中是这样。

当未来变成了过去,这些账簿仍将是平衡的;开支将等于收入;而对这个时期而言,通货膨胀缺口将不复存在。预期开支与可销售商品预期价值之间的这个缺口是怎么自己消失的呢?它是如何导致某个开支和收入水平实现的呢?宽泛地说,这个缺口是怎么弥合的呢?

"通货膨胀的"这个形容词中隐含了一种可以弥合这个缺口的方法,即通过物价上涨。但是这种含义在许多方面会使人产生误解。对可销售商品的价值仅作重新估价,这件事本身并不能弥合这个缺口;而是伴随着物价上涨的收入再分配和开支－储蓄习惯改变才会弥合这个缺口。而且,价格上涨也不是可以弥合这个缺口的唯一途径。

假设,在某个具体的物价水平上,预计为即将来临的下一时期使用的资源价值是 100 美元(当然,包括企业);其中的一半预计由政府直接或间接地用于生产不可销售的商品,另一半由各个行业生产消费品;除了即期生产外,没有可供购买的消费品;没有税收;而且所有为资源的付费都由个人收入构成(用国民收入的术语来说,其中没有"企业储蓄")。在这些假设条件下,个人的总收入会是 100 美元,可供购买的商品总价值(在假设的物价水平上)会是 50 美元。进一步假设,在这个假设的物价水平上有 100 美元的收入,个人**想要**花 70 美元购买消费品。通货膨胀缺口——萨兰特先生将通货膨胀缺口的这个变体称为最初的消费开支缺口——会是 20 美元。

打算花 70 美元买东西,而可买的东西在假设的物价水平上只值 50 美元,看来,只有使物价提高 40%,使这些商品的总价值等于 70 美元,才可能弥补这个缺口。但是如果真这么做了,总收入就不再会是 100 美元。要是此刻我们假设其他事情不变,政府会花掉 50 美元,消费者会花掉 70 美元,总收入就会是 120 美元。消费品价格的增加意味着对某些资源支付的增加,因此资源的价格也上升了。如果政府要参加进来竞争,就必须提高付给可比资源的价格,总收入还会上升得更多——在这个阶段,上升到 140 美元。但是,有了更高的物价水平和更高的收入,消费者想花的就会多于 70 美元。其实,若总的开支-储蓄模式不变,他们会想要花掉他们未改变的实际收入的 70%,即 98 美元。那么,在这个新的较高的物价水平上,就会有一个 28 美元的缺口,替代了原来的 20 美元缺口。简而言之,如果消费者要坚持花掉收入的 70%,而政府要坚持使用一半的资源,固定不变的目标就会承受不可抗拒的压力。

当然,对付这个困境的答案是,价格的变化并不仅仅涉及商品和收入的价值重估。由于摩擦和滞后,价格的变化还会导致收入再分配和开支-储蓄关系的改变。由价格上升产生的初始收入增加,很可能会集中到得到利润的人手中。这些人的收入常常有波动,因而,会把任何收入增加中不成比例的一大部分储存起来。而且,收入中的收与支不是同时发生的。有较高收入的人随时都要拿出时间重新调整其支出模式。最后,资源价格的竞争性重新调整也要占用时间。从某种意义上说,政府尽管使用了一半的实际资源,却可以不支付一半的货币收入。当然,在像目前的情况下,这最后的调整很可能被隐瞒了。最初的推动来自政府部门,而非私人部门。政府出高价从私人部门调走资源，提高了资源价格。而政府支付的货币收入份额很有可能大于政府使用的资源份额。① 关键在于，私人部门的二次改变使得政府收入与支出之间的这个差额小于没有私人部门二次改变时应有的差额。②

由收入再分配，以及通常伴随着通货膨胀所做调整的滞后，产生了开支－储蓄关系的变化。这种变化对于决定通货膨胀的速度和模式起了重要作用。尽管如此，却不能把这种变化看作是唯一的、或者甚至是最重要的弥合通货膨胀缺口的因素。如果人们完全预料到了通货膨胀，或是如果价格反应及时，而消费者立刻调整了自己的消费模式去适应任何情况的变化，通货膨胀的这些伴随物就会消失不见。然而，在这两者中的任一情况下，还会有一种力量能弥合通货膨胀缺口，即，价格上升对政府以名义货币单位表示的那些净债务实际价值的影响。价格上升，就好像是对持有这类债务征收了一笔税。这笔税的收益可以被政府直接（通过货币创造）或间接（通过减少未偿还政府债务的实际价值）地储存起来。这笔税的支付，正如其他税一样，减少了消费者可用于花费和储蓄的收入，并因此往往减少了在支付这笔税之前，他们想要花费在消费品上的收入部分。

要弄明白这种货币效应是如何起作用的，我们就要对一直在

---

① 这都是些不准确的说法，涉及了一个极为麻烦的用非货币语言来定义实际资源量的问题。

② 下面的七个段落和以后用中括号括起来的资料，都是对原来发表文章的补充。我相信，新的资料已经说得很清楚了，那个版本遗漏了货币效应，是个严重的错误。这个错误是不可原谅的，但或许可以用当时凯恩斯主义流行的势头做出解释。

用的这个简单事例做出明确的货币环境假设。假设个人财产只由两种政府债务构成：以名义单位表示的不支付利息的债务（"货币"）和支付利息的债务（"债券"）。为了简化，进一步假设，债券的本金和利息都以实物单位而非货币单位表示——即，债券就是"购买力券"——这样，物价上升就完全通过它对货币存量实际价值的影响而起作用；而且，如果价格是稳定的，无论个人把其收入的多大部分花在购买这种债券上，他们都没花在消费品上。原先对这个数量的假设是 100 美元收入中的 30 美元，因而也就隐含地假设对这些债券支付了一定利息，因为个人想要花在债券上的数额是他们想要利率的一个函数，尽管这是一个相当没有弹性的函数。最后假设，超出个人在某个利率上愿意购买的债券数量的政府开支部分，由货币创造提供资金。

现在，设政府打算花的钱超过了 30 美元。在我们的假设条件之下，这会使物价上升，因为个人不愿意在不变的物价水平上持有为提供这类开支而创造的货币。物价的这种上升减少了初始货币存量的实际价值。个人要想保持他们在初始水平上的**实际**现金余额，只能动用他们收入中的一部分补充到他们的名义余额中，在这个过程中吸收政府发行的额外货币。但是如果他们固执地保持其实际现金余额不变，他们也就无法把其收入的 70% 用于消费品、30% 用于债券。要么这方面让步，要么那方面让步，或许两方面都得让步。因此，这种力量往往会减少个人想要花费在消费品上的那部分收入，而且往往会使它等于可用于生产消费品的那部分资源。

当然，人们不会在物价升高时像在物价稳定时一样，在同一水平上固执地维持他们的实际现金余额。在物价稳定时,以货币形式而非购买力券的形式持有 1 美元的(实际)成本就是预先知道的债券利息;在物价上升时,成本就是利息加上这个美元实际价值下降的速率,即加上物价上升的速率。在这方面,价格每年上升10%,完全等于在稳定的价格水平上,对现金余额的平均值征收了一笔每年 10% 的税,或是在债券的年利率上增加了 10 个百分点。因此,其他事情不变,个人想要持有的现金余额,在物价上升时要少于物价稳定时,在物价快速上升时要少于物价缓慢上升时。对应于物价上升的每一(预期)速率,都有个人想要持有的某个实际余额水平;而且,其他事情不变,只要物价以同样的速率上升,就可以指望这个水平是不变的。因此,前一段完全适用于一个以固定速率发展的通货膨胀,尽管不适用于从物价稳定到通货膨胀的过渡。在这样一个过渡期间里,个人想要减少实际余额的尝试会使物价上升得比没有这种尝试时更快,当然,尽管这种影响,至少有时候,会被对物价上升的迟缓反应所抵消。

　　假如有立即进行的调整,而且通货膨胀以固定速率发展,那么,物价上升的幅度要有多大,或者说,有多大幅度的物价上升,足以使政府有能力控制我们简化事例中一半的实际资源呢?答案显然取决于个人想要以持有实际现金余额的各种成本持有这种余额的多寡,以及他们使用自己收入的一部分补充其名义现金余额对其开支—储蓄模式的影响。例如,假设他们不是持续地把任何收入按 70:30 的比例用于消费品和债券,假设他们在物价以一年50% 的速率上升时,想要以货币的形式持有相当于年收入 4/7 的财产,那么,必需的物价上升就将是一年 50%。因为,在这个物价

256

上升速率上，个人必得用他们收入的 2/7 去取得保持他们实际余额不变所必需的名义现金余额，并会把他们剩下的 5/7 或 3/14 收入的 3/10 用于债券，剩下的 5/7 或 1/2 收入的 7/10 用于消费品。最终结果完全一样，就好像每年向现金余额征收了 50% 的一笔现付税。由此得到的税收总计达 2/7 的年收入；个人取得的额外名义货币单位，其实可以看作是证明支付了税款的收据。

　　更一般地说，为了使政府能获得一半的总资源，个人从收入中拿出的用于消费品而没有用于取得名义现金余额的 70%，必须达到他们总收入的 50%，因为这是可用于生产消费品的资源部分。如果 2/7 的总收入用于获得额外的名义现金余额（5/7 的 7/10 等于 1/2），它将达到总收入的 50%。于是，也就没有物价上升能引诱个人使用他们收入的 2/7 去获得额外名义现金余额了，在这种情况下，通货膨胀缺口不可能通过这个途径弥合，而且，任何试图弥合这个缺口的尝试都将导致高通货膨胀和货币崩溃。再说一遍，转变成一种对现金余额的现付税可以有帮助。正如任何其他税一样，会有某个税率能带来最大收益，而这个税率和最大收益取决于被征税产品的供求状况。在这种情况下，被征税产品是实际现金余额，而供给是（或可以是）完全弹性的，基本上零成本。所以，最大收益处于需求曲线的单位弹性点上。在我们的这个事例中，若最大收益少于税前总收入的 2/7，从立即反应和我们的其他假设条件考虑，这个通货膨胀缺口就不可能单独用发行货币来弥合。

　　我们对为了保持实际现金余额处于初始水平而用于补充名义现金余额的收入该如何作分类呢？如果我们以名义货币单位记

账，它会表现为"储蓄"，因为我们的账簿将记录一笔资产的增加，即名义现金余额，对应于这个增加。但是，显然，它只是账面意义上的储蓄；无论此人以这种形式"存"多长时间多少钱，他用他的资产所能获得的商品和服务的数量并没有增加。至少有同样多的理由把它划分为"消费"——如果我们只把这些人作为消费者来考虑——类似于我们对消费税的讨论。消费者支付这笔钱是为了获得由拥有实际现金余额所产生的服务。最后，大概也是最好的是，我们可以把它归类为税款。这有一个缺点：在我们的现实社会中，与我们假设的事例完全相反的是，不仅政府发行信用纸币，私人银行也发行；因此我们必须要么在这两方发行的货币之间做一人为区别，要么把这笔"税"的收益看作是部分付给了私人。但是这个术语有一大好处，强调了一个重要的事实，即政府只有两条基本途径从个人手中获得实际资源：要么，它可以诱使个人出借资源，办法是付给他们在当时足以值得让他们出借资源的代价；要么，政府可以利用其收税的权力拿走资源。从任何深远的意义上说，发行货币的权力都不能成为第三条途径。

因此，物价上升，将通过改变储蓄—开支之比和改变可用于销售的商品价值与产出商品总价值之比，以及对持有以名义货币单位表示的政府债务征收一笔隐含税，弥合通货膨胀缺口。到这一期结束时，做平的账簿上将显示出，收入中储蓄的一个百分比完全等于收入中用于生产无法销售的商品的百分比。在我们简化了的例子中，做平的账簿将显示出，个人储存了他们的一半收入[或把他们收入的一半用于获得额外的名义现金余额]。

物价会上升多大幅度，取决于重新调整的速度，[社会持有政府债务的习惯以及发行纸币的制度安排〕。例如,如果对劳动力的需求很迫切,而且在利润上升时,工人成功地获得了较高的工资,消费者迅速把升高的物价解读为物价进一步升高的预兆,并因此增加了开支,那就会有一个非常大幅度的物价上升,反之亦然。〔然而,这些因素主要在通货膨胀的早期诸阶段,以及对确定通货膨胀的时间模式是重要的。而在任何延续的通货膨胀中,政府和私人机构创造货币的数量,对实际现金余额需求的规模和弹性,以及政府的其他债务,都将在决定物价上升幅度方面起重要作用。〕因此,原来的同一个缺口可以伴随着很宽范围的物价变化。

即便在没有政府直接干预的情况下,物价上升以及随后的收入再分配,〔还有对以名义货币单位表示的政府债务的隐含税〕,也不是有可能弥合缺口的唯一途径。例如,在非常不现实的一个极端,尽管需求旺盛,消费品的销售人员也有可能轻易拒绝提高价格,而让他们的货架空着,让空架配给替代价格配给。那么,消费者就会被迫比他们想要存的钱多节省 20 美元。在实际情况中,销售人员的这种行为会是很少见到;但是,无论这种行为在什么程度上出现,它都会有助于弥合这个缺口。

再说一遍,暂且不论作为收入再分配结果的储蓄增加,储蓄有可能因"买方罢工"而增加——无法以习惯的价格买到可心的商品,买方有可能只好拒绝高价购买。这类行为与经验不符,经验表明的是:实际收入越低,花在消费品上的收入比例越高。但是在战时环境和心理中,这类行为并非完全不可想象。

最后,在我们这个简化的例子中,随意排除掉的变化也有可能弥合这个缺口。〔付给政府债券的利息提高,有可能增加个人想要储蓄的那部分收入。]正如萨兰特非常适当地指出的,总产出——至少"经济的"产出——没有什么特别的。物价上升或许意味着比在我们的例子中所假设的 100 美元更多的产出,因此,可供销售的商品也多了。而且,可供销售的商品不仅来自当期生产,而且来自资本。这类销售商品的增多不会增加**收入**;它只是用资产的一种形式替代了另一种形式——用货币替代了商品。

在这种情况下,很可能有人要问,描述最初开支缺口的数字——在我们的例子中是 20 美元——有什么意义。最初的开支缺口——这个概念经常用来测度**这个**缺口——只在两方面有意义:(1)它能测度在假设收入水平上对自愿储蓄的估计肯定会出错的数量,目的在于说这个缺口是统计错误的结果,而不是经济现实。如果统计学家低估了自愿储蓄 20 美元,现实中就不会有缺口了。(2)它能测度有可能被用来弥合这个缺口的许多公共政策之一的任务;即为刺激"自愿的"储蓄造声势。用我们的例子来说,为了取得成功,这样一个政策必定会诱使有 100 美元收入的消费者,比在没有这种造势活动时他们想要存的钱多存 20 美元。

用来测试最初开支缺口的 20 美元,并不能(像人们常常错误地猜想的那样)测度出为弥合这个缺口而必须增加的税收的数量。如果在我们的例子中,抽取 20 美元做税收,消费者就会只有 80 美元用于在假设物价水平上的储蓄和开支。在剩下的这 80 美元收入中,他们想要花掉的钱大概会少于 70 美元但多于 50 美元,因为收入的减少通常都会既减少储蓄也减少开支。为了消除这个缺口,必须抽足够多的税,好把可支配收入降低到消费者会只想花掉50 美元的水平。这显然会要求抽多于 20 美元的税,到底要抽多

260

少,不仅取决于储蓄－开支习惯,而且,正如萨兰特先生指出的,也取决于征收什么税。

因此,针对于指向政策的分析不应该止于对最初开支缺口所做的估计。它还应该对为弥合缺口而可能采取的不同措施的数量方面做出评估。这类评估对于在这些措施之间做出明智选择,或对于这些措施的明智组合,是必要的。仅仅列出可采用的措施是不够的,如:直接刺激储蓄;通过税收或强制储蓄减少消费者的收入;通过[提高这些储蓄的利率,或通过]对某些商品实施配给,缩小可随意购买的商品范围,或通过限制消费者信贷,间接刺激储蓄;对购买力实行全面配给;减少各产业的非战时资本积累开支和州、地方和联邦政府的非战时活动开支;防止工资上涨;取消加班工资,等等。此外,还必须从数量上估算出每种措施可能的每种变体和用不同措施的组合可能做出的贡献。这么说吧,理想的情况会是一个无差异曲面的序列;即,一张会起到弥合不同大小缺口作用的不同政策组合的列表,无论我们如何界定缺口。

到目前为止的分析离这种理想还差得远。大体而言,这些分析要么致力于测度最初的开支缺口,即在体积程度上适合采取直接刺激储蓄的政策,要么致力于测度税收缺口,即在体积程度上适合采取通过税收减少消费者可支配收入的政策。是的,这些研究也尝试去考虑其他政策影响,只要能事先预见到那些政策。但是261 这些研究只在很小的程度上去尝试说明其他政策延期的后果——例如,说明定量配给的某种延期,会使必要的税收发生某种数量变化。

萨兰特先生强调了有点不同地详尽说明各种估计(将这个缺

口在广泛的产出种类之间进行细分）的重要性。他认为这样一种细分目录对于政策目标是必需的，因为在他看来，"如果对于在合理价格上的潜在产出而言，需求一般来说是过度的、一般程度的，所得税变化就大体是适当的。"这个表面看来天真的说法隐藏了一个伏笔——"在合理价格上的"。这个缺口的构成只取决于不同种类商品的具体相对价格。③ 如果允许相对价格变动，则什么情况都可能出现。萨兰特先生的政策结论只在两种情况下才成立：（1）人们希望各种价格保持稳定，希望物价总水平保持稳定，或（2）相对价格普遍而且必须是刚性的。在我看来，这两点都是不可接受的。一般程度的所得税变化几乎在任何情况下都是适当的——在美国，肯定在所有可能情况下都适当。价格制度看来是配置将能用于民用商品生产的有限资源的最可取方法。如果进行萨兰特先生提出的细分目录，那么在不同的相对价格下，这种细分就不适合于用来确定基本政策，而适合于用来估计很可能会出现的相对价格变化。

　　对缺口的分析现状令人不满意，不仅因为这种分析不够深入，而且因为这种分析所做的估计为误差留有很大余地。在我们目前对经济系统运行了解的阶段上，对这个缺口做出估计是一个过重的任务。尝试做出这种估计的主要副产品之一是得出了一种比较敏锐的认识，即我们对于经济系统的数量关系了解得有多少，而且还有多少东西需要去了解。要对这个缺口以及由它产生的后果

262

---

③　应该指出，即使物价总水平在一定意义上固定不变，消费者想要花掉的某个收入中的总额可能也会受到不同各类商品相对价格的影响。但是这种影响大概是次要的。

做出估计，必须有对经济变化过程——刺激如何传导到整个经济系统、调整的滞后、技术可能性，以及人的反应——准确的数量知识。

只是由于当前的特殊情况，才有可能做出有用的估计。战争的需要要求支出流不断增大，其合理性是毋庸置疑的。这些支出构成了使货币收入扩大的主要因素。支出变化的方向已经知道：只要战争继续，开支就将增加而不是减少。我们可以较为准确地预测出变化的幅度。平常日子里对估计者很重要的许多因素，在战时则没有什么影响。例如，非战时的资本积累服从于直接控制，而且由可能获得的生产资料而非营利的可能性来决定。和平时期决定资本积累的因素可以几乎完全被忽略，而把注意力集中到生产潜力上。最后，消费者想要花掉的数额与在指定物价水平上可供购买的商品价值之间可能的差距会非常之大，以致就连估计数字的巨大误差也改变不了重大的政策含义。

估计通货膨胀缺口的方法的发展，以及在战时为公共政策做出估计的明显的有用性，让许多人猜测，已发展出了一种新技术，用于指导和平时期的公共政策。正如上一段指出的，这是一个幻想。通货膨胀缺口分析没有给我们对经济变化的理解补充什么东西。我们现在了解的商业周期发展过程一点也不比从前了解得多。战争期间的特殊情况使我们可以利用这种不完善的知识去做出对政策目标有用的数量估计。当这些特殊情况过去之后，从前让我们苦恼的那些问题将再次折磨我们。

评货币政策 [*]

一、

哈里斯教授在其论文开篇不久即写道:"美国联邦储备系统肯定能够拒绝给予美国经济大量的货币,而没有这些货币,就不会发生大规模的通货膨胀……实际上,联邦储备系统甚至在今天也能在全国实施剧烈的通货紧缩……货币紧缩是控制通货膨胀最容易的方法——比增加税收和缩减公共开支,或比工资或物价管制,或比商品的供求控制,带来的痛苦都要小得多。"

他在其论文的结尾处写道:"对于货币政策**可能**做出的贡献,我们并不乐观。在目前世界危机的状态中(1951年春),我们**应该**首先依靠财政政策,其次依靠对收入和其他方面的有限控制"(黑体字是后标的)。

翻遍全文,读者将白费力气,找不出介于两者之间的实际联系,表明第二段引语中开出的处方是得自第一段引语中做出的诊

---

　* 重印自一本题为《有关货币政策的争论》的专题论文集,("The Controversy over Monetary Policy," *Review of Economics and Statistics* , XXXIII(August, 1951), pp. 179—200),本篇评论排在第 186—191 页,哈里斯的《绪言》(Seymour E. Harris, "Introductory Remarks")是正文随后评论的主题。

断的一个站得住脚的推论。但是读者将会看到一个解释，（用在第二段引语中我用黑体字标出的两个词"可能"和"应该"提示了这个解释），说明一个人怎么能做出这两种陈述的解释。由于哈里斯如此彻底地混淆了预言和处方，以致很难说，他什么时候是在记录有可能去做的事，什么时候是在建议应该去做的事。他的"建议"有时候似乎只是混淆了陈述语气和祈使语气；而他的"预言"有时候似乎是一种间接手段，用以支持出于其他理由而提出的建议。

264

<h2 style="text-align:center">二、</h2>

　　在我看来，经济学家在讨论公共政策时的作用，似乎是用"能做的事"来描述"应该做的事"，将政治置于一边，不去预言什么事是"政治上可行的"，然后建议去做这件事。因此，我不打算去详细批评哈里斯的评论。相反，我将明确而固执地阐述我自己对货币政策在当前应发挥什么适当作用的结论，然后再来考察反对这种立场的一些意见。由于不可能孤立地来谈货币政策，我对自己立场的最初阐述必将涉及广泛。

　　1. 货币和财政措施是控制通货膨胀的唯一适当手段。直接管制——价格和工资上限、商品的限量配给、信贷数量控制——都不是控制通货膨胀的适当手段。直接管制对全面战争不仅对于像目前一样的动员阶段来说，而且对于全面战争来说，都是这样的。充其量，这类管制只是抑制了通货膨胀压力，而没有消除通货膨胀压力，就连抑制通货膨胀压力的能力也是十分有限的。直接管制除了是控制通货膨胀的软弱工具外，还阻碍生产和分配，并威胁自由社会的基础。

2.货币措施和财政措施在很大范围内可以相互替代。大量预算盈余意味着,相对宽松的银根不会带来任何通货膨胀;平衡的预算要求收紧银根以防止通货膨胀;而预算赤字,更要求收紧银根。同样,通货膨胀是紧财政政策或紧货币政策的替代品。然而,替代的可能性恐怕有限;在有非常大的盈余时,恐怕没有足够"松"的货币政策能防止货币紧缩,或是,在有非常大的赤字时,恐怕没有足够"紧"的货币政策能防止通货膨胀。

还不清楚,是不是有一种货币和财政措施与通货膨胀程度的"最佳"组合。然而,一种好的组合会是一个大致平衡的预算加上能够防止通货膨胀的无论哪一种伴随的货币政策。远离这种组合的政策都不可能是合适的政策。但是,当资源总量中政府使用的部分非常大,而且是反常地大时,朝着预算赤字的方向离开这个组合,更多地依赖货币政策,甚至大概就连允许一定程度的通货膨胀,都可能是合理的。主要原因是,超过了某一点,由高利率的激励产生的从其他用途释放出的资源,将会比对肯定是粗糙的税基征更高的税产生的从其他用途释放的资源,能更好地适应个人能力,并因此而既较为公平,也较少损害激励。同样,超过了某一点,轻微通货膨胀所蕴含的税收也可以像**额外加税**一样公平,并较少损害激励。然而,此刻,我们已经远离了根据这些理由能为通货膨胀辩护的那一点。

3.在当前,在目前情况下,货币政策应该专门被用来防止通货膨胀,而且必须主要采取在公开市场操作政府证券的形式,根据联邦储备系统公开市场委员会的判断进行。这些措施只应该用于防止通货膨胀，**完全**不该考虑它们对政府证券利率的影响。如果预算是大致平衡的，我想，成功的反通货膨胀的货币政策不会使政府债券的利率升高很多；但这只是个猜测，而与合理的政策无关。利率的大幅上升只会意味着，要抑制的通货膨胀压力更大。

4. 相信相机抉择的公开市场操作是处理当前紧急情况最好的货币工具，并不意味着承认它就是稳定政策的永久工具。在较为常见的情况下，这样一个政策很可能不合理，它很可能增加而不是减少不稳定性。作为一项长期改革，我愿意看到联邦储备系统现在的形式被废止，并被一个100％的储备储蓄银行系统取代，在这个系统中没有对货币数量拥有相机抉择权力的货币当局。① 哈里斯间接提到的证据使我相信，联邦储备系统的建立是一个错误，该系统未能促进建立它所要实现的目标。尽管目前与任何时候一样，是开始这项长期制度改革的好时机，改革却不能在一夜之间完成。我们不管愿意不愿意都必须用目前的制度应付目前的紧急情况。而且，这个紧急情况的真正本质以及伴随的通货膨胀危险，使预测相对容易，极大地简化了相机抉择货币政策的（作为政治问题对立面的）技术问题。

三、

在这里显然不可能为这一立场做详细的辩护。因此，我将集中来谈它的一个重要部分：我认为，通过公开市场操作控制货币数

---

① 见本书前面的文章《实现经济稳定的货币和财政框架》，边码第 133—156 页。

量,能够也应该成为控制通货膨胀的一个主要工具。我以为,这是个要害问题,因为拒绝承认这一点,也就或明或暗地拒绝了对不接受刚才所说立场其他部分。在讨论这个问题时,为了简化,我将假设在物价不变的情况下,预算大致是平衡的。

首先,有可能提出来反对我的立场的一个理由是,货币政策**无法**执行分派给它的任务,它是无效的。但是,我认为这并非真正的反对理由——从实际情况来考虑,大家都会同意哈里斯的看法:"联邦储备系统甚至在今天就可以对全国实施严厉的通货紧缩政策。"假设联邦储备系统打算卖掉价值 100 亿美元的政府证券,还有与此相关联的成员银行的大约一半储备余额,通货膨胀还会继续吗? 即使还在继续,它卖掉 150 亿美元的政府证券如何? 200亿呢? 显然,货币供应足够急剧的减少会使经济活动几乎停顿。如果有人回答说,不可能卖掉这么大数额(以任何在什么价格都卖不掉吗?)。仔细想一想就会发现,这无异于说,用不着卖掉这么大数额就会产生通货紧缩。

我认为,要是把这个分析再深入一步就会发现,反对使用货币政策的真正理由采取了两种形式之一:第一,只有在货币政策是"极端"的情况下,它才可能是有效的,而且在那种情况下,它肯定就走得"太"远了,并产生了通货紧缩;第二,货币政策可以在防止通货膨胀方面有效,但要以在其他方面出现不合需要的后果为代价。

第一个反对理由的本质是,货币政策的效果中有某种不连续性——和缓的措施不够劲,极端的措施太过头,没有任何中间道路。这种不连续性是什么呢? 如果联邦储备系统卖掉 100 亿美元

267

的证券是太多了,就没有什么小点儿的数额可以正合适吗? 我认为,人们肯定同意,是有的。但这并不意味着这个问题已经解决了。因为,我们怎么能肯定就能找到这个数额呢? 这个重要的不连续性难道不会是在错误的结果中吗? 如果在不可避免的反复试验过程中,出现了太多的错误,这难道不会引起能产生明显的累积性变化的各种预期吗? 而这些预期只能用反方向的、易于犯同样错误的"极端"措施来抵消。我非常赞同这类论点;其实,这正是我极端反对在"平常"时期实行**相机抉择**货币政策(以及财政政策)的部分理由。但是在我看来,它并不是在目前情况下站得住的反对理由。因为正是在目前的情况下,"错误"最不可能引起造成强烈不稳定的预期。实际上可以肯定,政府开支在今后会更大,而且人们广泛认识到"政府过去所有的大规模开支项目都伴随着通货膨胀",在我看来,这两点是防止出现通货紧缩预期的足够保证。在朝鲜战争爆发时,联邦储备系统大肆销售政府证券会可能造成广泛的通货紧缩预期,连此后的购买也不能克服这种预期,这真的是可以想象的吗? 再者,这种反对意见也同样适用于任何有效的反通货膨胀手段,包括财政措施和直接管制,因为这种反对意见指望的不是**政策**的不可逆转性,而是**预期**的不可逆转性。

　　第二个论点说的是,货币政策可以防止通货膨胀,但必然以不合需要的后果为代价,该论点会随着人们认为哪些后果不合需要而变化。有一类这种后果可以立即被处理掉,即那些防止通货膨胀的办法内在固有的后果。如果出现这类后果被认为不合需要,正确的结论就是,应该允许出现通货膨胀,而不是说,货币政策是不合需要的防通胀手段。例如,哈里斯说:"动用货币之斧可以干预产出的增长"，从上下文中看，他暗中把增长归结为通货膨胀本身。不管他的论点在多大程度上是正确的，它同样适用于任何其他防通胀方法。认真想一想，它赞成允许有限度的通货膨胀。而问题依然是，用什么方法可以使通货膨胀保持在这个限度内。

更一般地说，通货膨胀是这样一种情况：消费者、企业和政府机构都想要买进更多的实际商品数量，这个数量超过了可供销售的商品量。如果没有其他办法，只能走通货膨胀这一条路，有些潜在买主的希望就会落空。因此，没有人会反对一种让某些经济单位希望落空的防通胀手段，必须这么做。有效的反对意见要么是，让不该受阻的单位（或更准确地说，实际开支）受阻了；要么是，那些单位以不必要的方式受阻了。

我认为，我们最好能将这种反对意见的有效成分剥离出来，而去探索货币政策能阻止开支从而防止通货膨胀的渠道。这个过程可以用两种不同的语言进行描述——数量理论的语言和凯恩斯主义的分析语言。由于反对给货币政策分派重要任务的人和喜欢使用凯恩斯主义语言的人高度相关，我自己也将使用凯恩斯主义的语言，尽管有人怀疑，就这个问题而言，使用这种语言是否更富有成效。

联邦储备系统在像目前的情况下（银行几乎没有多余储备）在公开市场上销售政府证券，往往会减少公众手中的货币总量。这反过来又会提高"现行"利率。对利率的数量影响将取决于货币持有者用债券替代货币的意愿，即取决于流动性偏好。与利率有关的流动性偏好表（liquidity preference schedule）越是有弹性，政府债券某次销售所能推高的利率幅度就越小。但是显然会有一定升²⁶⁹

高;或者换句话说,无论流动性偏好函数在目前的位置有多大弹性,它在哪儿都不会有无限弹性,因此总是会有一定数量的销售会推高利率。

仅仅是用债券替代货币这件事本身并不重要:人们持有什么样的资产无关紧要,除非他们的或其他人的(开销)行为,受到他们持有资产的影响。如果在证券价格没有变化的情况下,他们愿意将一种资产换成另一种资产,那就表明,他们对持有什么无所谓。实际上,证券的价格必须降低,以使他们愿意持有更多证券,这意味着,他们并非无所谓。因此公开市场销售,只有在影响了"利率"时,才可以说是防止了通货膨胀。

当然,"利率"是个复杂概念,全面分析就要求详细说明这个概念。而在这里,只要指出以下一点就够了:利率代表了使控制资本变得更为昂贵或更为困难的任何事情。银行或其他放贷人规定的名义利率可能没变,但是他们愿意放出贷款的"条件"可以提高;有点令人遗憾的是,可以有所谓的"资本配给"。因此,我认为,在先前利率水平上获得贷款的可能性减少了,就等于提高了"利率"。

利率提高往往会减少想要进行的"投资";就是说,会减少个人或企业想要买来增加其资本货物存量或替代已消耗掉或卖出的物品的商品数量。在这个背景下的投资不仅包括对厂房和设备的开支,还包括对存货和在制品的企业开支,以及消费者对耐用消费品和住房的开支。减少了多少投资,当然取决于投资需求的利息弹性。利率的上升也将以两种方式减少收入中用于消费的部分(消费倾向)。首先,它将使"存款"更具吸引力。其次,利率的上升往往会减少现有收入流的资本价值,并由此降低财富—收入比(the ratio of wealth to income)，可以料到，这反过来会使人们更渴望增加财富。

因此，利率的上升往往会减少投资和消费两方面想要进行的开支，由此消除了"通货膨胀缺口"。那么，在有通货膨胀压力的时期，利率将必须升高多少呢？这首先取决于压力的程度，也就是，肯定被抑制了的尝试开支量；其次取决于对应着利率的相关投资表和消费表的弹性，即开支能被阻止的难易程度。注意，不能完全依赖流动性偏好函数本身的弹性，它只能决定必须减少货币存量的多少数量，才能产生必要的利率上升。还要注意，断言相关的投资表和消费表对利率完全无弹性，因此不存在将会消除通货膨胀压力的利率上升，那就等于是说，依靠公开市场操作不能减少货币数量，无论多大数量，而减少货币数量将能防止通货膨胀性的价格上涨。最后还要注意，要求利率大幅度上升的情况，也是将会迫使任何其他防通胀手段走得很远的情况，因为有必要阻止相对大量的想要进行的开销，而阻止那些开支将会遇到巨大阻力。

现在，什么是这个过程"不必要"和"不合需要的"的后果，有可能构成反对使用货币政策的理由呢？

1. 即使资本市场是"完善"的，想要进行的开支也会依据私人利益而必然减少；但私人利益可能不符合公共利益。这是反对价格制度的一般意见的特殊形式，显然不可能在这里进行讨论。所以，我只是表示不同意，并提示，公共利益也像私人利益一样，可以用为商品出的价来表示。

2. 资本市场实际上是不完善的。因此，想要进行的开支的减少会被不恰当地分配。有着大量流动资源、与银行有良好关系的人和单位,将会受到偏袒。这种反对意见是必须同意的。只要市场是不完善的,对于由此造成的资源分配,就无话可说。然而,我自己的判断是,市场的不完善并不是意义非常重大的。或许更重要的是,必须把市场的不完善与阻碍想要进行的开支的各种方法做一番比较。我认为,迄今提出的各种方法都是非常不完善的,甚至会导致对资源最佳分配更大的偏离。

3. 高利率给"国库"带来了预算负担。这一直被当作最为重要和最为明确的理由来反对采取有效的货币措施。否则,它简直就不值一提,因为它实际上的重要性完全可以忽略不计。显然,支付政府债务的利率就其本身来说并非是一个目标,必须用其后果来判断它。允许通货膨胀或征收更重的税可以得到较低的利率,但是可以肯定的是,政府利息的支付水平是在选择想要的通货膨胀程度时或在还是选择想要的财政政策时,最不重要的考虑之一。

4. 利率"现在"的上升将会使以后的利率很难降低,而低利率在以后防止"滞胀"时会是必需的。暂且将"滞胀"的意义或它将是危险的可能性完全搁置一边,人们也应该注意到,这个论点是不能令人满意的。假设投资市场自始至终是自由的,那么,当滞胀的威胁不是"低"利率而是"更低的"利率时,需要做什么呢? 在这种情况下,后来的刺激就不会来自"低"利率,而会来自用作"高"利率替身的对投资或消费威慑的取缔。

5. 公开市场操作必会产生的利率升高,将会"扰乱"证券市场;它将产生"混乱",或具有"不稳定效应",等等。我必须承认,我看不懂这种论点,除非说,这就是前面提到的那种不连续性论点的一个翻版。在我看来,"被扰乱的"市场正是我们所想要的,也就是说,这个市场中,人们甭想用没有实物商品与之相匹配的开支得到资本。

6.最后,利率上升改变了财富与收入的关系。据说,必须阻止的想要进行的开支大概有 100 亿美元;全部的国民财富总共为10 000亿美元。干嘛要动用这么大一笔钱去实现所需的那么一点减少呢,杀鸡焉用宰牛刀? 但是,必须指出的是,借以堵住这些开支的一个办法,肯定是改变财富－收入比。因此,对财富－收入比的干扰会分摊到必须抑制的开支量上。若开支量被认为不大,那么对财富－收入比的干扰也无须大。

大概还有其他货币紧缩的后果,被认为是不合需要或不必要的,而且可以用另外的经济政策来避免。如果是这样,货币政策的反对者就有责任准确地指出,那些后果是什么,以及如何能够避免。就我所知,他们至今还没有这么做;他们倒是往往用含糊的提出警告的措词来逃避困境。这类内容,正如我已经在刚刚列举出的这六点中给出的这些措词,看来都不是对大力使用货币政策非常严峻的反对意见。

四、

货币与财政政策的适当组合,能够也应该被用来防止通货膨胀。这样一个组合会由两部分组成,一是大致均衡的预算,一是为防止民用开支造成通货膨胀所必需的无论多松或多紧的货币水平。在我们的货币和银行结构进行长期改革以前,应该通过公开市场买卖政府证券实施货币控制,专门用于防止通货膨胀。这类公开市场操作应该保留，而不管它们对政府证券或其他证券利率的影响。这样一种政策能够防止自朝鲜战争爆发以来我们就在经历着的那种通货膨胀，也能够防止任何进一步的通货膨胀。

　　对第一次世界大战后通货膨胀影响的一个绝佳概括说："一大堆流行的疗法徒劳地妄想治愈当前的各种弊病，而这些疗法本身——补贴、价格和房租固定不变、打击奸商，还有暴利税——最终都变成了那些弊病的重要组成部分。"[2]因而，避开这些"疗法"现在成了赞成采取货币政策的最为重要的理由。

---

②　J. M. Keynes, *Monetary Reform* (New York, 1924), p. 30.

第 四 编

对方法的评论

兰格论价格灵活性与生产要素
使用:方法论批判

撰写这篇文章,一开始是作为对奥斯卡·兰格的著作《论价格灵活性与生产要素使用》①做常规书评而承担下来的,但在写作过程中,却变成了对兰格使用的评价价格灵活性影响的方法论的长篇批评。这种转变反映了我从第一次读这本书时得出的矛盾印象——这些印象和读其他这类书得出的那些印象相似,并得到了加强。这里显然是一位一流的知识分子在工作,而这里的分析似乎既不真实也不自然。这里是形式逻辑、抽象思维、复杂推理环节的卓越展示;而这里的分析似乎更接近于对先前达到的政策结论的一种合理说明,而不是给出这些结论的基础。究竟使用了什么样的理论阐述方法,使得就连像兰格这样如此能干的老手也建树无果呢?

兰格的书是可以用来考察这个问题的一个绝佳例子,准确地说,因为它在自己的准则内表现得太好了。没有什么神秘的配方能从棘手的事实中挤出有关复杂问题的知识。没有办法能抵御无

---

* 重印自《美国经济评论》(*American Economic Review* , XXXVI (September, 1946), pp. 613—631)。

① Oscar Lange, *Price Flexibility and Employment* , Bloomington, Ind.: Principia Press, 1944. pp. ix+140.

能的应用。一种分析方法的优点只有在擅长使用它的专家精心使用时才能得到认定。兰格显然是一位我们将在后面说到的"用分类学阐述理论"(taxonomic theorizing)的专家,而且他在这本书中使用这种方法仔细考察了一个重要问题。因此,这本书就成了宣讲方法论的一本好教材。

一、兰格分析摘要

兰格寻求回答下面这个问题:假设一种未充分利用的生产要素的价格下降,其直接影响是增加这种要素的使用,那么,有什么间接影响可以阻碍或加强这种直接影响? 当然,间接影响有无穷多的可能来源。兰格分析了五种:(1)货币供求的变化(第四章);(2)预期未来价格的变化(第五章);(3)不确定性(第六章);(4)不完全竞争(第七章);还有(5)国际贸易(第八章)。讨论这些影响的各章之前有三章阐明这个问题,后面还有五章寻求把这个分析用于考察:(1)"正统"理论,该理论"否认过度储蓄和投资机会限制能够发生在一个有着灵活生产要素价格和灵活利率的经济中"(第51页);(2)"创新"的影响;(3)"政策问题",即社会目前应该采用的经济政策。

这个分析从头至尾都是抽象的;其风格大概最好被说成是用文字表述的数学(verbal mathematics);而且其正文后还附有一个正式的数学附录,分析经济均衡稳定性的数学条件。引入"事实"是为了把所考虑的可能性范围缩小一些,但是除了最后一章,"事实"在这个分析中没有其他作用。最后一章谈的是"政策问题",事实被用来从令人困惑的各种理论可能性中挑选出那些（在兰格看来）最接近于第一次世界大战前和第二次世界大战后经济界的相似情况。正如人们会料到的，抽象推理是高层次的；兰格过去的工作已经足以证明他对形式逻辑的掌握，他运用符号和概念的能力，以及他机敏地引领读者读完冗长而深奥的理论论证过程的能力。

在这里不可能复制兰格对间接影响的全面细致分析，一个简短的摘要可以指出他所谈的几种类型的间接影响。

A. 货币效应

假设一个初始均衡位置受到某种生产要素出现额外供应的干扰，并由此产生了这种生产要素的价格下降。这个价格下降会刺激用这种要素替代其他要素（期内替代效应（intratemporal substitution effect）），而主要用这种要素生产的产品出现的连带性价格下降，将刺激用这些产品替代主要用其他要素生产的产品（扩大效应）。这些替代将反过来引起其他要素价格和其他产品价格的下降。这个过程将在哪里完结又如何完结呢？

首先，这取决于这些价格变化的货币效应。初始的和引发的价格下降会增加该社会先前持有的现金余额的实际价值。如果该社会想要持有的现金余额的实际数量或货币的名义数量没有变化，就会出现现金余额的过度供应。这个现金余额过度供应的通货膨胀影响，会阻止其他要素和其他产品的价格像最初未得到充分利用的那种要素和主要用那种要素生产的产品的价格下降得一样多，从而使初始价格下降能产生一个新的均衡，同时最初未得到充分利用的那种生产要素得到充分利用。

在兰格的术语中,有一个正的货币效应。但是,假设价格下降导致了可获得现金余额的实际数量相对于想要的实际数量的减少——比如说,由于货币的名义数量减少的部分大于价格下降。这种负的货币效应是一种通货紧缩影响,它迫使所有的价格下降,导致比最初时更多的失业,而且引起一种累积的价格下跌。货币的名义数量为什么就该保持不变、增加或减少呢? 这些现象借由什么样的机制或过程而出现呢? 兰格对这类问题不感兴趣。他在列举理论上的可能性,而不是在描述真实的世界。

B. 价格预期

对今后价格的预期构成了迄今为人们所忽视的一个重要因素,这个因素会引起社会想要持有的现金余额实际数量的变化。假设未充分利用的要素价格下降导致了价格会在今后的某个日期以更大(百分比)普遍下降的一个一般预期,再假设伴随着的产品和其他要素价格的下降导致了对它们今后价格的同样预期(弹性价格预期)。那么,把当前购买转移到以后购买会有利。就这种转变对未充分利用要素的影响而言,它会部分、全部或更多地抵消利用的直接增加。就这种转变对产品和其他要素的影响而言,它相当于持有更多现金余额实际数量的一种普遍愿望——用货币替代商品。除非可获得的货币实际数量至少按比例增加,否则就将出现负的货币效应。同样,若预料今后价格比目前价格下降的百分比小(无弹性的价格预期),把以后购买转移到当下就会有利,社会想要持有的现金余额实际数量将会减少,而货币效应将会是正的,除非可获得的货币实际数量至少按比例减少。

C. 不确定性

由预期今后价格变动造成的跨期替代效应(intertemporal substitution effect)的强度,取决于这些预期的不确定性的程度。人们将要规划的时段——他们的经济视野——在他们认为自己预期的不确定性增加时,将会缩短;而在这种不确定性减少时,将会拉长。"一个有着灵活的要素和产品价格的经济体,可能会比一个某些价格保持刚性的经济体,有着价格预期上更大的不确定性"(第34页)。因此,跨期替代效应往往在前一个经济体要比在后一个经济体小。

D. 不完全竞争

由垄断和买方垄断(或垄断竞争和买方垄断竞争)而产生的竞争不完全,没有给这个分析增加新东西;只是必然会改变陈述的形式。卖方寡头垄断和买方寡头垄断则是另外一回事。兰格把需求表中的一个"结"(kink)视为卖方寡头垄断的基本特征,把供给表中的一个"结"视为买方寡头垄断的基本特征。这些"结"意味着对应边际收入曲线或边际成本曲线的不连续性。结果,边际成本曲线在没有给卖方寡头一个刺激去改变其产品的产出和价格时可以移动,而且一个要素的边际价值生产率曲线(marginal-value-productivity curve)在没有给买方寡头一个刺激去改变购买该要素的数量和价格时也可移动。因此,卖方寡头垄断和买方寡头垄断会阻碍期内替代和跨期替代,产出变化或要素利用上的变化在不连续中丢失了。其实,若未得到充分利用的要素完全由卖方寡头购买,其价格降低的直接影响即便完全可以增加卖方寡头的利润,也不会增加这种生产要素的使用。

E. 国际贸易

间接影响的最后一个来源,即国际贸易,几乎不值得单独考虑。一种未充分利用的要素价格下降的直接影响很可能主要集中在这种要素所在的国家,而间接影响则扩展到全世界。因此,如果所说的这个国家是一个还算自由贸易的世界的一小部分,大部分的间接影响都会被其他国家感受到,国际贸易就会是施加稳定性影响。如果这个国家在世界经济中占有很大部分,间接影响将对它有重要的反作用,那么"结果就取决于对这个国家货币实际数量的净效应"(第50页)。

二、对兰格分析的批判

兰格在题为"政策问题"的一章中开篇概括其研究结果时说:"我们已经看到,只有在非常特殊的条件下,价格灵活性才会导致生产要素供需平衡的自动维持和恢复。这些条件要求:货币体系的反应非常灵敏,而且价格预期的弹性很大,这两者结合在一起产生正的货币效应;跨期替代对利率变化很敏感(如果正的货币效应导致了对证券需求的变化,而不是对商品需求的直接变化);必须没有高度专用的生产要素,这些要素的供求取决于极有弹性的价格预期,最后还必须没有卖方寡头和买方寡头投入产出的刚性。在一定程度上,(不同国家中的)原子式国际市场外贸的稳定性影响可以替代正货币效应的缺失"（第 83 页）。

人们或许认为，这里的含义是，这些导致生产要素充分利用的"非常特殊的条件"将极少或从不会得以满足。但是这种含义与兰格的下一句话相矛盾："有很好的理由认为，这些条件在从 1840 年延伸到 1914 年的长时期内大致实现了"（第 83 页）。

"非常特殊的条件"与这些条件在大约 70 年间的满足之间存在着明显的矛盾。在我这位书评人看来，这种矛盾凸显了兰格这本书中所做的那种理论阐述一个根本弱点——人类的一个弱点，而非这个例子的弱点，因为这本书大概正像人们可能希望看到的那样，巧妙地构建了人类的一个例子。

A. 另外一些理论方法

理论可以完全不同的两种方式用于科学的发展。自然科学中的标准方法是用理论得出对现实世界的一般概括。理论家从一系列观察到的相关事实出发，尽可能做到全面而广泛。他寻求的是能够解释这些事实的一般概括；他总能成功；是的，他总能找到无穷多数量的一般概括。观察到的事实数量有限，而可能的理论数量无限；因此，总能找到与所观察事实一致的无限多的可能理论。理论家因此采用了某种任意的原则，如"奥卡姆剃刀"，并选定某种一般概括或理论。他检验这个理论，以确保这个理论在逻辑上是一致的，其要素是能被经验决定的，而且这个理论将对他入手时的事实给予适当解释。然后，他试着从他的理论推导出另外一些事实，即与他用来得出这个理论的事实不同的事实，并用现实检验这些推理。通常情况下，有些推导出的"事实"证明无误，而有些则不是,这样,他修正其理论,以考虑到另外一些事实。

这个过程必须用已观察到事实对推导出的事实做最终检验。如果一种理论不包含可以用有可能被能与可观察到的事实加以反驳的含义,则该理论对预测就是毫无用处的:若所有可能出现的事情都与该理论一致,它就不能为挑选出可能出现的事情提供一个基础。

兰格使用的方法则完全不同,但却是经济学中最常用的方法。兰格在很大程度上省却了最初的步骤——从需要概括的全面而广泛的一系列观察到的相关事实出发;而且得出的结论基本上也不能用观察到的事实进行反驳。他的重点在于理论的形式结构、各部分之间的逻辑相互关系。他在很大程度上认为,除了与形式逻辑规则的一致性外,其理论结构的正确性是无须检验的。他选择的范畴主要是为了便于进行逻辑分析,不是为了进行经验性应用或检验。在很大程度上,他从来没有问过以下这个至关重要的问题:"何种观察到的事实会反驳所提出来的一般概括,采用什么样的方法能够观察到这类批驳性的事实?"即便是问过,这样建立起来的理论也极少有可能做出回答。他的理论提供的是想象世界的形式模型,不是对于现实世界的一般概括。

在这本书中,这种形式方法采取了一种非常特殊的外表。这个外表往往一方面掩盖这个分析中一些形式的和不自然的特征,同时另一方面,又特别表现出了形式理论阐述中普遍存在的许多缺陷。这里的理论在很大程度上被用作分类学方法。兰格从一些抽象函数出发,这些函数的相关性(尽管不是这些函数的形式或内容)是由对这个世界的随意观察提出的,如商品和货币的过度需求函数(传统的需求表减去传统的供给表),还有变量,包括目前的和今后的(预期)价格。然后,他在很大程度上离开了这个现实世界,实际上是试图列举这些函数可能产生的所有可能的经济体系。这种经济体系以及其中的结果将取决于这些函数的具体特征及它们的相互关系,并且显然有非常大量的排列组合。

兰格做完了他的列举,或是走到了他能走的最远程度,或是认为自己满意了,然后,他确定现实世界与备选的多个可能性中的哪一个相对应,试图以此把他的理论结构与现实世界联系在一起。"非常特殊的条件"必将得到满足来解释现实世界,这有什么奇怪的吗?要是有位物理学家或天文学家打算探索许多星球之间所有可能存在的相关关系,而每颗星球都可能有不同的大小、密度或外形,还可能具有各种不同的重力特性,他肯定会发现,只有在非常特殊的条件下才能解释这个现存的宇宙。理论体系无穷多,现实世界却寥寥无几。[2]

---

　　② 参见庇古的《福利经济学》(A. C. Pigou, *The Economics of Welfare* (4th ed.; London: Macmillan & Co., 1932)),第6—7页:"建立一种经济科学的机会已向我们敞开,要么建立一种纯粹的,以纯数学为代表的经济学;要么建立一种以实验物理学为代表的现实型的经济学。这种意义上的纯经济学(这无疑是一种异常的意义)会研究多种均衡,以及在由任何一套动机X驱动的不同人群中对多种均衡的干扰。在这种经济学里,有无数其他分支,其中既包括亚当·斯密的政治经济学,其中的X被赋予了动机值分派给经济人(或正常人);还包括非亚当·斯密的政治经济学,对应于罗巴切夫斯基的几何学,其中的X由对工作的热爱和对收入的憎恨构成。对于纯经济学,这两种政治经济学同样都会是事实;要问生活在现在这个世上的真实的人中X的值是什么,那会是不搭界的。与这种纯经济学相反的是现实经济学,它感兴趣的是经历到的现实世界,而对天使社会的商业活动毫无兴趣。现在,若我们的目标是实践,那么很显然,对于我们而言,一种做了如此扩展的政治经济学只会是一个有趣的玩具。因此,只有现实科学,而不是纯科学,才构成我们的研究对象。我们将努力阐明的,不是任何可能世界的概括体系,而是男人和女人在他们的经历中发现的真实世界。"

自然科学的这种方式在什么地方优于兰格所采用的形式理论阐述及其分类学变体呢？难道推导出所有可能的理论不比推导出单一理论更好吗？这个问题不能像表面看来的那样作出肯定的回答，理由是，用兰格的方法得出的各种可能的理论中所包括的每一种理论，都肯定非常不同于专门用于解释一套全面而广泛的相关事实的单一理论，而且差得太多。建立一个模型体系的尝试，会导致理论家把每个模型都做成一个形式实体(formal entity)。而这又引导他去思考一个被极大地过分简化的世界，并在这个世界中进行分类，而这个世界并没有直接的经验匹配物。这种方法的复杂性、它所能包含要素的有限范围以及要使研究结果与目前的紧迫问题相关联(尽管并非必然如此)的迫切愿望，都可能导致兰格犯大错误。由此得出的形式模型体系没有观察到的事实作为坚固基础，也几乎不会得出能用经验反驳的结论。兰格的书在每一个这些关键问题上都提供了恰当的例子，我们将逐一加以讨论。

B. 兰格方法的结构缺陷

1. 过度简化。——为了搜索所有可行性的和所有可能的理论，理论家只能从几种函数入手。如果他坚持要使其分析详细而精确，他将只能使用每种函数中的少数几个函数，并只引入几个自变量。(这种方法在很大程度上可以用所谓被冠以"凯恩斯"经济学来说明。)如果理论家像兰格那样，想要使其分析非常抽象，他可以考虑无穷多的变量和每种函数中的无穷多函数，因为在他选择操作的抽象层面上，变量和同类函数的增加很可能只意味着在论点中适当插入了"等等"一些词；这不大可能增加任何实质性的含义。

理论家因此获得了一般性的外表而没有实质内容。例如,兰格最多只谈四种函数:它们都是过度需求函数,需求针对的是(1)商品(生产要素和产品);(2)股票(许诺无限收入的证券);(3)债券(固定收入证券);(4)货币。③ 前三种的每一个都可以有无穷多的函数,因为它们可以是许多商品、股票和债券。而且每一个函数都可以有无穷多的自变量,因为过度需求是被用来表示所有目前和今后(预期)价格的一个函数。再有,其他函数(成本函数、供给函数,等等)有时候也会被引入。但是使用它们的唯一目的只是为了对过度需求函数的形状或结构施加限制提供一个基础。

基本事实是,兰格的体系——他的抽象经济世界——只包含了四种东西和四种函数关系。在他的理论体系中(与他对枝节问题的态度形成鲜明对照——见第二节 C,3 对摩擦的讨论)没有为一些显然非常重要的因素留下余地,如:反应时滞、可行投资事业中的不连续性,以及启动和进行经济活动、或区分不同种类的产品或生产要素、不同种类的证券或债券,甚至是不同种类货币的结构性作用所需时间受到的实际限制。除了与那些抽象函数合并到一起的机制外,没有为任何反应机制留下余地,或者从任何基本意义上说,没有为不确定性——概率分布而非单值预期(见下面 C,4对不确定性的讨论)留下余地。而且就连考虑到的函数也远说不上一般,例如,它们都被隐含地假设为单值的。

---

③　在引入不完全竞争时,必须有一个小的限定条件。这要求改变过度需求函数的名称,但不改变它的抽象性和作用。

寻求从观察到的事实得出一般概括的理论家也将对现实进行简化和抽象,但是很显然,他不必把自己的局限在一个像兰格使用的如此简单的体系中。

2. 使用了没有直接经验匹配的分类。——形式化的理论阐述,尤其是兰格采用的分类学变体的第二个缺陷,是由此导致的分类。理论家从一个简化了的体系入手,要么是具体的并含有少数几个函数和变量,要么如兰格著作中那样,极为抽象和不具体,并含有许多函数和许多变量。他寻求确定从这个假设体系可以得到的所有结果。结果的数量,其体系中各成分之间可能相互关系的数量,一定会非常大。只有极少几个有数的排列组合对应于现实世界,因为只有几个有数的现实世界。他想要符合现实的愿望促使他用具有直接经验匹配的方法对其理论、结果或概念进行分类。但是这些分类将不能适用于其大部分理论结构,因为只是偶尔才会有一个分类适用于其小部分符合现实的分析,同时也适合其不符合现实的大部分分析。

因此,理论家想要现实一些的迫切愿望,几乎不可避免地与其想要理论上无所不包的迫切愿望相冲突。结果很可能是一种妥协。他使用看起来具有经验意义的分类(尤其是名称);但是为了将这些分类用于自己的整个分析,他被迫用取消这些分类的直接经验内容的方式定义它们。最终结果就很可能是,这些分类既不能满足最初的经验动机,也不能最好地适用于理论分析。

没有直接经验匹配的一个分类事例,是兰格对货币变化,按具有正的、中性的和负的效应所做的分类。兰格认为,一种未充分利用要素价格的初始下降会对这种要素的利用产生三种最终结果:

（1）在这种要素的充分利用上实现新的均衡；（2）在与这种要素初始未充分利用相同的程度上继续不充分利用；（3）这种要素更加不充分的利用。④ 在讨论价格预期中的变化和货币体系中的变化对最终结果的影响时，他自然而然地被引向依据价格预期和货币体系中不同种类的变化导致的不同结果，对这些变化进行分类。若这些变化导致了对最初未充分利用的要素的充分使用，货币效应就被说成是正效应；若这些变化导致了在初始水平上持续的未充分利用，货币效应就被说成是中性的效应；若它们导致更加不充分的利用，货币效应就被说成是负效应。⑤

上面使用的这些词语，会导致人们预期，中性的货币政策会产生例如中性的货币效应——所谓中性的货币政策就是以某种方式建立一个货币框架，然后并不利用这个框架对具体经济变化做出反应的政策。像这样的事还没有。一种旨在实现中性的（或正或负）货币效应的明确货币政策会极为复杂；会涉及措施，特别是适应所要纠正的特定非均衡的措施；还会涉及特别是关于价格预期的知识。暂且不论实际情况如何，仅从原则上说，这也是完全无法做到的。

④　兰格承认存在另外两种可能性：即（4）少于初始未充分利用的持续的非累积性的未充分利用，或（5）多于初始的未充分利用。他忽略这两种可能性是因为，它们意味着均衡的多个位置，而"多重均衡的可能性……看来非常不可能实际发生。"这种判断的适当性要在下面讨论（见C,1）。大体来说，还有其他可能性与这个方向的一个或更多变化有关。

⑤　这个定义在一定程度上是从兰格那里解读出来的。他非常明确地是从货币供求的相对变化这一角度下定义的，当他使用那个定义时，那个定义就简化为上面所说的这个定义了。

同理,假设有人能孤立地观察到一个经济体系对某个单一生产要素初始未充分利用的反应。那会不会就有可能说出货币效应是正的、负的、还是中性的呢? 人们可能会观察到结果,然后说,货币效应就是那种被说成是必然会产生的结果。当然,这是纯粹的同义反复。人们不可能通过任何合理的想象,获得和合成有关货币政策、价格预期和必定会决定货币效应会是什么样的相关函数形状的信息,并由此预见到最终结果。兰格的分类法旨在对理论的可能性进行分类,它在现实世界中没有直接的匹配。⑥

C. 兰格方法促成的执行错误

至此评判的过分简化和令人无法满意的分类这两种通病,都隐含在形式化的理论阐述的逻辑中和兰格使用的分类学变体中。而现在要讨论的执行错误却不是。大概是心理学的,而非逻辑学的考虑造成了这些错误。要全面地列出可能犯的错误,显然是不可能的,凡人可能犯的错误的种类是无限的。因此,我们将把讨论限制在以下几个方面,它们都以兰格的书为例:(1)随意的经验主义;(2)逆概率的无效使用;(3)引入了不包括在基本理论体系中的因素,典型例子是引入了"摩擦";(4)不愿意接受这个体系中合乎逻辑的但不现实的含义,典型例子是有关"不确定性"的论述。前两个方面是由这种分类法及由此产生的限制想考虑的可能性数量的愿望造成的复杂性促成的;后两个方面则是由想要现实一些的

---

⑥　还有另外两个没有直接经验匹配的例子,一个是把债权划分为股票、债券和货币,另一下是把价格预期的弹性划分为普遍流行的弹性、无弹性或单位弹性(第 22 页)。

迫切愿望促成的。

即便是很少的几个成分，每个成分也可能有几种形式或数值，其排列组合的数量也会非常大，以至于会产生出强烈的愿望，要限制详加考虑的可能性的数量。一种显然具有吸引力的方法（尽管是一种确实与基本理论方法不一致的方法）是，排除根据某一理由可以被判断为"非现实的"或"极端的"可能性。若判断这些可能性不现实所依据的证据是令人信服的，这种方法就没有什么错。危险在于，想要简化的迫切愿望和对抽象逻辑形成的专注，将会导致人们在排除各种可能性时依据的是不能令人信服的理由，或是错误的理由。兰格未能避免这种危险。他排除了许多可能性，只说它们是不现实的，却没有提出任何经验证据（随意的经验主义），还排除了另外一些可能性，因为它们是理论特例（逆概率的无效使用）。

1. 随意的经验主义。——表明随意经验主义动机最好的例子是兰格的陈述："正文中忽略了这些复杂问题，为的是简化论证，也因为在实践中它们似乎并不重要"（第 57 页脚注）。在与正文中的假设条件相悖，"可以获得的过多实际现金余额的数量……作为表示消费倾向的函数中的一个自变量［而登场］时，这些复杂问题肯定有可能出现"（第 57 页脚注）。因此，兰格的陈述指的并不是直接经验的事实，也没有给出经验结论正确性的证明。

为什么不可能对这类陈述抱有信心，以及检验这类陈述有多么困难的例子，大概最好是用于本文脚注 4 中引用的说法来说明："然而，我们忽略了多重均衡的可能性，因为这种可能性看来非常不可能实际发生"（第 10 页，注 13）。怎么能检验这种经验的说法

呢？一个办法是，明确地评估经验证据，或者至少，从兰格数量众
多的方程式中找出每一个方程的形式，并从数学上确定，由此得出
的方程组对于这些自变量一系列的相关值是否具有一个或多个
解，若有的话，条件是什么。

　　另一个办法是规定某种标准，以确定一种经验情况在兰格的
体系中何时处于均衡位置，何时又处于需要纠正的不均衡位置；为
大量经验中已实现的均衡位置获得有关因变量和自变量的数据；
把这些位置划分为一个个有相同值的因变量集合；对于那些包含
多于一个位置的集合（如果有的话），比较因变量，以确定它们是否
是同样的。

　　当然，兰格没有按这些思路拿出任何证据。这么做是否可行
291　似乎特别值得怀疑，而且看来没有其他方法可以用经验证据来判
断多个均衡位置的可能性。

　　另一个随意经验主义的例子是兰格的以下陈述："从经验上来
说，不确定性的上升速度似乎根本不可能下降"（第 33 页，注 12）。
兰格给出的不确定性的唯一定义，至少有一个数字参数是未指定
的。[⑦]　即使给出了未指定参数的值，是否有可能测量出（哪怕是大
致测量出）一个人对今后价格预期的不确定程度（按照对这个词的
定义），也是极为可疑的。然而，他发现，不仅对不确定性的一阶导

---

　　⑦　兰格把价格预期的不确定性程度定义为两种极端预期价格的差，高的一个被
归结为超过了概率 x，低的一个被归结为没有超过概率 y（兰格并没有使用这些符号，
而是给出了一个数字的例子，其中 x 和 y 都是 0.5）。x 和 y 都是上面提及的未指定的参
数。若 x 总是被要求等于 y（或具有任何其他固定的关系），或是不确定性的程度被定
义为最窄价格带（或一系列价格带）的宽度，在这个宽度内，企业家感到对今后的价格
走势有 $z\%$ 的信心[$z = 100-(1-x-y)$]，那么，单独一个参数也就足够了。

数,而且对不确定性的二阶导数,都有可能做出经验陈述。⑧

　　以上面引用和摘录的陈述为例的这种随意的经验主义之所以是坏的经验主义。不是因为这些陈述是错误的,而是因为没有办法说它们是对还是错。这些陈述所指涉的,既不是读者所熟悉的直接经验事实,⑨也不是兰格所熟悉的事实,亦不是已由全面而广为人知的经验研究强有力地证实以致无需引证便可以认为已得到证明的事实。然而,这些陈述却被断言是真实的,没有提供哪怕一点儿证据来证明这一点。读者要么接受这些陈述,要么不理会这些陈述,可就是无法对这些陈述做出判断。如果这对经验工作是好的做法,那它对理论工作也一样好。兰格不如干脆不给出根据就说出自己的理论结论;而经验工作者也不必支吾着说:"根据理论,很显然……" 292

　　没有经验证据,兰格的这些经验陈述只能被看作是臆测,而他的理论分析也只能被认为是不完整的和局部的,因为他使用这些经验陈述限制了需要分析的可能性的数量。

　　2. 逆概率的无效使用。——兰格用于减少他考虑的可能性数量的第二个方法是,排除某些可能性,因为它们是"特例"。前面从兰格题为"政策问题"的一章开篇引用的话证明,兰格意识到了"非常特殊的"理论条件很可能是有经验依据的现实条件。然而,他在别的地方的论述却好像这是不可能的。例如,兰格断言,"一般说

---

　　⑧　关于我称之为"随意经验主义"的其他例子出现在兰格书的第 9、29、40、53、59、61、65、67、74 页上。这里列出的页码并非全部。

　　⑨　兰格做了少量可以被解释为指涉直接经验事实的经验陈述。这些没有包括在前一个脚注列出的页码中。

来,［垄断者的］边际收入表是反向倾斜的……因为正文中假设需求表是反向倾斜的。当需求表有一个强大曲率向着横坐标横轴凸起时,有可能出现例外"(第 37 页)。

但是,他怎么知道他所说的"例外"就不是经验的规则呢? 他给出的说是例外的唯一理由,就是刚才摘录的那句话。这句话的含义大概是,"一个向着横坐标轴凸起的强大曲率"在数学上是一个特例;如果列举出所有可能的反向倾斜的曲线,只有很小一部分具有这一特性。只有在对各种数学可能性的概率做出某些假设时,"只有很小一部分的实际边际收入表具有这一特性"的这个结论才能成立。但是没有给这些概率赋值的基础,因此这个结论代表了逆概率推理的无效使用。[10]

我们可以举一个例子,来更为简单地表明这一谬误的实质。这个例子遵循了兰格的逻辑,但指涉的却是可以直接观察到的事实。我们先假设:一份报纸的价格是全套分币。一份报纸的价格可以是 1 美分、2 美分、3 美分……我们得出结论说,一般说来,一份报纸的价格将多于 10 美分,因为只有 10 种可能的价格等于或少于 10 美分,但是有无穷多的可能多于 10 美分,因此 10 美分或更低的价格是一种"非常特殊的"情况。这个结论当然是错误的,但是得出这个结论的推理在许多方面与兰格使用的推理并无不同。

293

---

[10] 兰格看来误用了逆概率,这方面最为明显的例子,是他在正文中下一段给出的假设。把这个谬误归结于他,虽然其中有某种解释的成分,但似乎可以用以下两点来证明,一是他的一般措词,二是他没有为自己的说法给出任何其他可能的依据。上面举的例子,以及在同一页上论及买方独家垄断者边际支出表的相同例子,最为清楚地证明我这样认为是有道理的。要了解其他不大明显的例子,见兰格书的第 51、53、65、68、69、80 页。

要是这样的推理能导致正确的结论，就必须有某种基础可用于判断各种理论可能性的概率。出现这种可能的一个经典例子就是这个结论所依据的推理，即，在大致静态的情况下，一般说来，需求曲线是反向倾斜的。例外情况是吉芬的正向倾斜需求曲线悖论，与其相对应的情况（低档货，收入效应相对大于替代效应）不仅在理论上是特殊的，在经验上也是特殊的。这与对世界的日常观察做出的判断一致。

3. 引入摩擦。——我们现在来看一对错误。这对错误更多地是产生于想要现实一点的迫切愿望，而非产生于简化的迫切愿望。如上所述，想要现实一点的迫切愿望可能与简化的迫切愿望相冲突。在发生冲突时，有一个办法可以实现这两个目标，那就是不合逻辑。兰格的书提供了两种完全不同的方法。借助于这些方法，牺牲逻辑，便可以获得现实：引入"摩擦"和对不确定性的处理。

尽管从兰格简化了的理论体系可以产生众多的可能结果，但是它却遗漏了大量现实的可能性。正如先前提到的，在兰格的体系中，没有反应时滞、延迟反应以及我们惯常看作是"摩擦"的多方面阻碍变化的因素存在的位置。因此，为了使他考察的可能性更全面，兰格引入了摩擦。例如，"由于出现了某种摩擦，要素价格变化的影响会变得很弱，从而失去实际意义"（第 34 页）。⑪尽管兰格很在意对如"证券"、"债券"、"纸币"和"产品"这样一些术语做出

---

⑪　摩擦是在兰格书的第 18、19、34、47、51 和 61 页引入的。在第 51 页，摩擦被用来描述一种"正统"立场。另外五处全都与兰格自己的分析相关联。有意思的是，在每一种情况下，引入摩擦都是为了把灵活价格对生产要素利用可能的有利影响性降到最小程度；从未把摩擦当作有可能抵消不利影响的一个因素引入。

定义，他却从没定义过"摩擦"。这有一个非常好的理由。兰格的

294 "摩擦"是个"解围之神"（deus ex machina）；摩擦在兰格的理论体系中没有位置；兰格不走出他的体系之外，而且其实是不与其体系相矛盾，就不可能真正定义摩擦。

兰格的体系中包括许多旨在表明对商品、股票、债券和纸币过度需求的方程式，作为所有目前和今后（预期）价格的单值函数。对这个体系而言，摩擦能是什么意思呢？或许可以这样解释，摩擦的意思是，过度需求并不总能用这些方程式来表示；但那只会说明这些方程式是错误的。要么得有一个不同的方程组（即包括随机成分的方程组），要么不存在描述兰格所谈论的那个经济的方程组。或许还可以这样解释，摩擦的意思是，过度需求不只是目前和今后价格的一个函数，而且还是过去价格和数量的一个函数。（这似乎最符合摩擦的常识概念。）不过，要是这样的话，那这些方程式就应该重新写就，方程组也应该扩大，把这些额外变量包括进去；而如果这么做了的话，作为一个单独实体的摩擦就会消失不见了。

大概还可能有其他解释，但是我能想到的那些解释要么与兰格的理论体系不一致，要么就得全面修正这个体系；没有能使摩擦作为兰格理论体系的补充而单独存在的解释。因此，兰格得出的结论中那些依靠引入摩擦得出的结论，在种类上与他的另外一些结论不同。它们不是一个一以贯之理论体系的逻辑含义，而只是

295 附带的说明，对它的认可暗含着对这个分析其他部分的怀疑。

4. 对不确定性的处理。——兰格对不确定性的处理表明：若符合逻辑的结论显然不现实，他就不愿意推进其理论推理得出这个结论。他说的不确定性这个词，是指人们对今后价格预期的不

确定性。"充其量，企业家或消费者预期，某个今后价格可以有一**系列的可能值**，对应于每个可能值都有某种概率"（第29页，黑体字是原来的）。要用全面概括来处理这些随机现象，那会使这个分析大大复杂化。兰格避免这么做，他认定："我们可以用确定的预期价格替代最可能出现的不确定预期价格。我们称前者为**有效的预期价格。**……用这种方法，不确定的价格预期可以变为确定的价格预期。结果，卖方不确定性的增加与他们预期的今后销售价格的降低一致，同时买方不确定性的增加也与他们预期的今后购买价格的提高一致"（第31—32页）。

用单独一个"有效预期价格"替代一个预期价格的概率分布，完全背离了兰格这本书大部分内容所遵循的分类学方法。分类学方法要求考虑所有的可能性，包括不能用一个价格替代预期价格概率分布的那些可能性，也包括可以替代的那些可能性。这样的概括可以通过处理全部概率分布获得，而不能把一个"有效预期价格"当作适当过度需求函数中的一个自变量。由此得出的模型，至少在形式上，会与任何观察到的现象都一致；也因此，像兰格的大部分理论体系那样，都不可能被经验反驳。

由兰格偏离了其常用方法得出的局部模型则不是这样。由于它只是一个局部模型，其含义不必包括所有可能观察到的行为，因此有可能被经验反驳。兰格并没有推断模型的全部含义，也没有把这些含义与实际行为做比较，以此来检验他的模型。他对其模型的部分含义做了说明，而且这些含义全都与实际行为相符。但是，他没有对其模型的所有含义进行说明。要是他这么做了，他就会发现，正如我们将表明的，有些含义与出现不确定性时人的实际行为是矛盾的。因此,他的模型必然会被抛弃。

兰格使用他的模型

确定人们用来规划其购买和销售的时期的长度。这个时期一向被非常恰当地称为个人的**经济视野**(economic horizon)。只要价格预期在主观上是确定的,这个经济视野就是模糊的。一旦允许有不确定性,这种模糊性就消失了。

一般说来,预期价格的不确定性越大,规划的购买和销售就越晚(至少从某个时期算起)……因此,要销售商品的有效预期价格会在今后的不同日期下降,同时要购买商品的有效价格会在今后的不同日期上升。这对任何真的作了规划的购买和销售规定了一个日期限制。企业(企业家)发现,超过了某个日期,其产品的有效预期价格就低于有效预期的边际成本,而且他们打算利用的生产要素的有效预期边际价值生产率也低于这些要素的有效预期价格。同样,家庭(消费者)发现,超过了某个日期,他们打算购买的商品的有效价格就高于相关商品对纸币的有效边际替代率。因此超过了某个日期,要销售商品的有效预期价格就会太低,无法进行规划的销售;而要购买商品的有效预期价格又太高,无法进行规划的购买。超过这个日期,就没有了销售和购买。每个人和公司的经济视野的长度就以这种方式被确定(第32—33页)。

现在这个结论,是兰格能走到最远的结论,听起来太有道理了。没有人能规划延伸到无限未来的具体购买和销售。在未来是不确定的时候,根本不值得这么做。而且,若这是兰格理论模型的(a)一个必要含义,且(b)唯一逻辑含义,那就不可能挑出这个模型的错。但是,这两个条件都未能满足。它不是一个必要含义,因为有效预期销售价格可能以迅速递减的速度下降,有效预期购买价格(对于可比商品)可能以迅速递减的速度上升,两者都可能接近渐近线(asymptotes),而且销售价格的渐近线会在购买价格的渐近线之上。在这种情况下,就不会存在有限的经济视野。⑫

297

　　假设有效预期销售价格和购买价格都以使经济视野有限的速度下降和上升。那么,兰格的结论就是其模型的一个必要含义,但绝不是唯一的含义,而且其他的一些含义就远不是那么有道理了。就一个单独的家庭再来看兰格的模型。根据这个模型,可以假设这个家庭的一家之长在现实而不确定的世界中的行为,会与在一个假想世界中的行为相同。而在这个假想世界中,他有把握地预料,他的收入会随时间而稳定下降,而他要买的东西的价格会随时间而稳定上升。

　　在这个假想世界中,这些都不是臆测,而是确定持有的预期。此人可以确定,他的目前收入相对于他想要买的东西的价格,最终将非常少,以至于他的家庭将不可避免会饿死,除非他能掌握除目前收入之外的资源。(这是根据为保证有限的经济视野而加在上升速度和下降速度上的条件得出的。)他的第一个冲动是节省资源,从而提供额外资源。但是,以纸币形式的节省对他没有好处,

⑫　在附加在上面摘录的这段话的一个脚注中,兰格说:"有充分的理由相信,风险溢价会随着规划购买或销售的日期延伸到更远的将来而增加得越来越快……我们在正文中的结论与风险溢价增加得越来越快的事实完全无关。"这段话中第一句的条件对于保证有限的经济视野已足够,尽管它比必要的条件更为严厉。因此第二句是错误的或误解的。如果没有假设风险溢价会增加得越来越快,那就必须设定其他条件,以保证有限的经济视野。

因为价格的一定上升会抹去他存款的实际价值。以证券形式节省对他也没有任何好处,因为这些证券会成为他那时想要卖掉的东西。而且兰格告诉我们说,必须假设他会去卖掉证券,就好像他有把握预料要卖掉商品的价格将下降一样。因此,让他把储蓄变成证券会比存现金还要糟。他怎么才能逃出这种困境呢?因为他触及的每样东西都会化为乌有。

一个逃脱的办法是储存实物,把他的储蓄转变为食物和其他生活必需品,并把这些东西全都储存到他买下来的贮藏室里。(如果他是租用贮藏室,他肯定会料到,以他的经济视野看,租金会涨得太高,他会付不起。)⑬要是他运气好,也就是说,要是想买商品的预期今后价格没有涨得太快,或是要卖商品的预期今后价格没有跌得太快,再加上要是他家人的预期寿命(假设也转换成带有确定预期的一个相当的值)不太长,他和他的家人或许能够想办法过活,直到自然死亡。让事情按指定时间自然发展的唯一另外选择是,在今后的某个规定日期去自杀。要是确实预料到的销售价格下降和购买价格上升夹击合拢得太快,没有可能节省出足够多的钱财以维持到自然死亡结束所有的计划,那么除了为自杀做好计划外还能有什么别的办法呢?

如果我们假设此人的行为就好像他已经确实预料到收入下降

---

⑬　要是我们把兰格的不确定性模型扩展到商品而非价格,甚至库存也不是没有解决办法。库存商品未来的安全有某种不确定性;它们可能品质恶化,或是因灾害被毁。按照兰格的说法,我们可以用某种预期替代实际预期,也就是预期,库存中特定的一小部分,不多不少就是这部分,将是可以使用的。这个部分会随着时间的推移而减少。因此,最后就连这个库存也不够了。

和价格上升，无论他采用哪一种选择，他的行为都会立刻受到影响，而不只在经济视野到头了的时候才受影响（当然，经济视野永远不会到头，因为他很快就会发现，他做出确定无疑的预期是错误的）。他将立刻把自己的生活水准降低到假如作出较为乐观的预期而会采用的选择之下，会马上开始储存实物并购买贮藏室。而且，商界人士也是一样，按照兰格的模型，会立刻开始对他们的企业进行清算。

　　当然，这是一幅荒谬的图画。它肯定与人们面对不确定性时的行为方式不一样。然而，它却是兰格模型的符合逻辑的结果，只要填上兰格从这个模型扮演结论时留下的一些空缺就得出来了。⑭ 要么必须放弃这个模型，要么必须接受这个模型所有的含义，而不只是接受那些看起来现实的含义。兰格采用的简化其分析的办法，显然也使这个分析成为现实的一个假象。从任何最基本的意义上说，他的模型都不允许随机变化。

三、结 论

　　我们还没有研究兰格的理论分析对"政策问题"的应用（兰格

⑭ 用兰格自己的术语可以把这一点说得更清楚。兰格从他的模型中得出了这个结论："超过了这个日期［经济视野］就不打算销售或购买了"（第33页）。上面的论点是说，兰格的模型说明下面这个宽泛的结论也合理："人们打算过了这个日期就不做买卖了。"这个较宽泛的结论暗含了兰格所说的那个结论，但那个结论却并不包括这个结论。这个宽泛的结论是兰格模型的一个含义，这意味着，兰格在第33页上脚注⑮的内容（在这个脚注中，兰格认为，"经济视野，按照这里的定义，并不限制用于制造今后供应品的时间"。）与他的模型不符，尽管作为对人类行为的描述是有道理的。

给他书中的最后一章就命名为"政策问题"），我们也不打算这么做。这一章代表了没有经验支持的论述与理论结论的结合，正如我们已经看到的，这些论述和结论既不值得信任，也没有非常直接地反映现实世界。这个理论分析的大部分与现实世界没有相关性，产生于过度简化和形式分类。上面列出的执行错误——随意的经验主义、逆概率的无效使用、引入了这个理论体系之外的因素，以及只使用了一个形式模型的部分含义，而这个模型还有其他一些不现实的含义——掩盖了与现实世界没有相关性的事实。

纠正这些错误，会使这个分析在形式上正确；也会使这一点非常清楚，即这个分析只对政策问题有非常少的关系。于是，这个分析会呈现出兰格数学附录中的样子——恐怕没人会认为这个附录能直接用于政策问题。的确，清除了种种谬误，这个分析或许最好是用数学公式来表达，因为这样更可能保证逻辑的严谨，此外，还会避免一种在文字表达的数学中几乎不可避免的倾向，即，把从一些特定假设条件下得出的结论说得就好像它们有更广泛的相关性，以及强调一些特例，而这些特例会导致得出具有特殊意义的结论。

兰格理论分析中这些缺点的根本来源在于：强调形式结构，没有先对要进行概括的事实进行详细规定就试图进行概括，而且没有认识到，不承认对一种理论的正确性所做的最终检验不是与形式逻辑规则相一致，而是推导出尚未观察到的事实的能力，这些事实能被观察反驳，又被后续的观察肯定。其结果是，在许多并不带有分类学特点的经济理论阐述中都可以看到这些缺点。然而，采用分类学方法时，这些缺点特别有可能出现，一如在像兰格这样如此能干和细致的理论家的著作中出现的那样。

一个有着强烈兴趣要对紧迫的公共政策问题发表意见的人，一个有着强烈愿望要了解经济制度究竟怎样运转以便可以运用这种知识的人，不会被分析方法所羁绊，使自己得到想要寻求的知识。他会逃脱形式主义的桎梏，即使他不得不采用不合逻辑的方法和华而不实的推理也会这么做。当然，这是逃脱形式主义桎梏的一种糟糕的方法。一种好得多的方法是，尝试让理论概括尽可能充分而全面地符合现实世界。

勒纳论统制经济学[*]

A. P. 勒纳近来的新书《统制经济学》,是对经济福利最大化问题的一个分析。[①] 这本书讨论了一些范围广泛引人注意的重要话题:既定条件下生产的组织与资源的配置;收入分配;投资的作用与社会对投资的适应;失业与商业周期;还有对外贸易。对于每个话题,它都寻求为最佳状态推出形式条件,并提出适于实现这些条件的制度安排建议。

这本书的大部分致力于对实现最佳状态的条件做出形式分析,制度问题大多被忽视了;而在提出制度问题时,则用断言而不是分析来处理。然而,这种关注形式问题和关注制度问题不对等的情况,被一种形式与制度混合交织在一起的分析模糊了。形式分析采取了制度建议的外表,制度安排的结论又似乎得自形式分析,并得到形式分析的支持,尽管事实上,形式分析几乎与制度问题完全不搭界。

结果就是,不仅题目和导言,就连第一次阅读,也不知怎地都

---

[*] 重印自《政治经济学刊》(*Journal of Political Economy*,LV(October,1947),pp. 405—416)。

[①] Abba P. Lerner,*The Economics of Control.* New York:Macmillan Co.,1944. pp. xxii+428.

会产生这样的期望和幻觉：这本书包含了进行经济改革的一个具
体规划。"这样，我们就能把注意力集中到政府为了社会利益所能
做的最好事情上，即：研究哪些制度会最有效地吸引社会中的各个
成员，在寻求达成他们自己目标的同时，以最有利于社会整体的方
式行事"（第 6 页）。试图制订这个规划明确细节的努力驱散了幻
想。初读此书，大部分听起来像具体建议的东西，特别是关于社会
总体结构的部分，却干脆变成了对国家的一种劝诫：国家应正确而
明智地行事。

　　勒纳最初对"理性组织起来的民主国家"（他把这种国家命名
为"统制经济"）的讨论，预示了这些建议的劝诫特点：

　　　　统制经济的基本特点是，它拒绝把集体主义和私人企业
　　作为社会的组织原则，但承认这两者都是极好的合法**手段**。
　　统制经济的基本组织原则是，在任何特例中，最好地服务于社
　　会的手段，都应该是流行的那种手段（第 5 页）。

　　当然，社会做对社会有益的事并不是社会的组织原则。充其
量，它是社会的一个目标，尽管就连作为一个目标，它显然也是有
问题的。

　　为了更全面地说明勒纳的形式分析与其制度建议的区别，我
们来看看他对这种"统制经济"面临的某些重大问题的讨论。在勒
纳的分析中，有三个这类问题占据了核心位置：（1）在既定条件下，
资源的最佳组织；（2）收入的最佳分配；（3）失业和经济活动中波动
的动态问题。

302

一、既定条件下资源的组织

A. 最佳状态的形式条件

一些经济学家致力于研究资源组织的静态问题,他们认为个人福利(而不是"国家"福利或某个特殊阶层人士的福利)是支配其他一切的考虑,认为个人的目标高于一切;几乎所有这些经济学家,包括勒纳在内,都是从大致同样的假设条件入手开始研究的,因此,对于使用既定技术为达到既定目的适当利用既有资源,也得出了大致相同的结论。有些人比另一些人更关注某些特殊问题(举例来说,与"不可分割性"联系在一起的问题特别吸引勒纳,而 303 他几乎完全忽略了由"未支付成本"和"不当服务"提出的问题)。暂且不说这些特殊问题,重要而广为人知的结果是,假设可获得资源在人们中间分配,当资源运用中的任何微小变化导致各种商品产出中出现增量和减量时,会存在一种最佳状态:在没有物物交换方式可资利用的地方,人们会自愿接受增量产品,作为对减量产品的补偿。

《统制经济学》的大部分内容都用来表述这个宽泛结果下面的形式推理,并详细论述了这个结果对经济各部门的含义——商品在消费者中的分配,资源在行业间的配置,行业内的资源利用,外贸,等等。在这个分析的初期,勒纳论证了用货币体系取代物物交易的好处,此后,这个讨论就用货币而不是用实物进行。这个讨论的基本结果如上所述。这使他能够在对资源最佳利用做出分析的同时,还能对当前的价格理论做出一个相当全面的说明。

这本书的这个部分很新颖,尽管本质上不新。在"社会应该如何运行"(而不是"社会确实如何运行")这个问题的驱动下,勒纳把主要重点放在了人的需要和社会必须适应的技术可能性上,而不是放在这些需要和可能性的市场表现上。结果是一个极不寻常的话题组织方式。例如,需求和供给曲线第一次在第151页引入,然后只在一个脚注中解释说,需求和供给弹性是与替代弹性类似的概念。

行文的新颖不仅表现在组织方式上,还表现在写作风格上。尽管大部分行文是完全抽象的,但勒纳还是有节制地使用了图表,却一点不吝惜使用数学。他使用词语、替代完整词语的缩写词,还有简单的算术例子。由此形成的行文,在我这位书评人看来,似乎具有严格数学行文最大的缺点(既抽象又做作,还必须持续关注和记住符号),而毫无优点(既不简洁也不严谨)。[②]

304

B. 实现最佳状态的制度安排

既然资源的最佳配置要求边际社会利益等于边际社会成本,用勒纳的话说,那么什么样的制度安排才可能导致最接近于这种状态的满足度呢? 勒纳把对这个问题的答案嵌入到他对形式条件

---

② 勒纳在第81—82页对边际指标和平均指标关系的讨论可以简单地说明,说"他的讲解不严格"是什么意思。他给出了一个用数字表示的例子,说:"在我们能看到的任何特定事例中,数字无关紧要",然后就指出了一般关系。当然,他确实正确地阐述了这种关系;但是这种从事例到一般结果的直觉跳跃,是对严格推导不能令人满意的替代。

的意义和含义的分析中,所以,必须进行某种程度的解释才能把这个答案提取出来。

支持其答案的一个经济组织通则似乎是利用价格机制组织经济活动。然而,勒纳对于价格机制的接受,并不意味着他也接受在历史上一直与价格机制联系在一起的制度安排,即一种以生产手段的私人所有制为特点的自由企业交换经济。在这样一种经济中,价格有五种相关但又可区别开的功能:(1)价格是传递信息的一种手段,传递有关不同最终产品和生产要素相对重要性的变化;(2)价格向企业提供了一种刺激:(a)以生产被市场赋予最高价值的那些产品和(b)使用能够节约相对稀缺的生产要素的生产方法;(3)价格向资源所有者提供一种刺激,把资源投入到回报最高的用途中去;价格之所以能够发挥第(2)项和第(3)项功能,是因为价格还被用来(4)在资源所有者中分配产出。最后,价格还有(5)在消费者中配给固定商品供应的功能。③

305　　　勒纳把主要的重点放在了第一种功能上。他显然承认并有效地阐明了任何直接控制资源配置的企图都会遭遇到的巨大困难。

在一个集体经济中,经济计划部或许会直接尝试这件事[资源配置],而且有许多人写文章提出,就该这么办,甚至宣称,这种中央集权在制订规划以使事事协调发展方面会非常有效率。这必须集中了解每个工厂正在做什么;了解在这个经济中各地所有商品和服务以及生产要素的所有可能价格的

③　见奈特的著作《经济组织》(F. H. Knight, *The Economic Organization* (University of Chicago, 1933), pp. 6—13, 31—35)。

情况下，每天的供需的变化；还要了解生产的所有部门中最新技术改良的信息。显然，正如托洛茨基曾说过的，这必须有拉普拉斯＊那样的宇宙心灵才行，而这是无法做到的……再说一遍，解决的办法就是请来价格机制（第119页）。

当然，勒纳承认价格机制中各种功能的相互依赖性，也承认价格机制在向个人提供刺激以适应由价格机制传递的信息方面具有的效力和合理性。"在完全竞争条件下的私人企业中……这种刺激有恰到好处的强度"（第84页）。他拒绝单独依靠价格刺激的理由是，个人在寻求自己的收入最大化时，只有在他们对自己所支付或接受的价格不会产生可察觉的影响时，也就是说，只有在他们是在竞争条件下从事经营活动时，才会做出从社会角度看是合理的调适（也就是说，才会使实现上面所说的那种最佳状态所需的形式条件得到满足）。垄断势力的存在意味着，私人利益与社会利益是背道而驰了。

因此，勒纳将会只在经济的竞争部门中使用私人企业交换制。对于另外一个部门，他会使用他称之为"反投机"的方法，消灭卖方或买方对价格的任何影响。勒纳的所谓"反投机"方法，指的是一种政府保证：以固定价格从否则会成为垄断者的卖方手中不限量购买，或是以固定价格向否则会成为买方垄断者的买方不限量销售。这么做的效果会是，用这位垄断者的产品需求曲线（或买方垄断者面对的供应曲线）上的一个横平部分替代一个下斜部分。如 306

＊　Laplace，1749～1827年，法国著名的数学家、力学家和天文学家。拉普拉斯是天体力学的主要奠基人，是天体演化学的创立者之一，是分析概率论的创始人，是应用数学的先驱。——译者注

果政府保证的价格等于竞争价格,政府可以毫无损失地在公开市场上卖掉它买来的东西(或买来它卖掉的东西)。[④] 尽管勒纳对中央集权下组织经济活动的困难有如上面引述的那样一些评论,他却对反投机活动委员会估计竞争价格的能力颇为乐观。然而,如果由不可分割性产生的垄断足以使整个相关产出范围内的成本下降,反投机方法就不会起作用,因为等于边际成本的价格意味着企业会破产。对于这类垄断,勒纳会利用政府的所有权和经营。勒纳也会把他认为反投机方法可行的一些行业归入集体部门,尽管他并没有谈到当反投机方法和政府所有权都可行时,他要在这两者之间做出选择会依据的具体原则。同样,他也没有讨论在实践中如何区分那些竞争充分而可以不去管的行业和那些不能放手不管的行业。

对于集体部门,显然必须提供一种在私营部门中运行有效的价格(即利润)刺激的替代品。为此需要两样东西:(1)告诉管理人员如何利用价格所传递信息的指示;(2)保证管理人员遵循这些指示的手段。勒纳会指示管理人员假装是在完全竞争的环境中经营,装扮成私人企业。他的指示采取了**规则**的形式:

> 如果任何要素的边际(实物)产品的价值大于该要素的价格,就增加产出;如果小于,就减少产出;如果等于该要素的价格,就继续以同样的速度生产。(因为那样就会实现恰当的产出。)(第64页)

---

④　要想做到这一点,政府就必须不仅保证以规定价格从假定的垄断者手中不限量购买,它还必须使政府的价格成为私人销售价格的上限;同理,它也必须使政府的价格成为买方垄断者私人购买价格的下限。

这听起来十分简单。然而,这种简单是骗人的。这一规则是一种纯粹的形式陈述,它把所有的困难都掩盖了起来。随意观察一个高度竞争行业(如农业、零售业、家具制造业或成衣业)中企业家的不同命运,就足以表明这个问题的困难,因为他们试图遵循这个规则,而且有一种要用"恰到好处的强度"去这么做的冲动。

因此,不仅阐明这些指示是重要的,而且详细说明保证遵循这些指示的有效手段也是重要的。而勒纳几乎完全没有讨论这个问题。他所说的只是:

> 对于遵循这个规则的管理人员,必须给予某些奖励(或许也有惩罚)刺激,因而有一个微妙的问题,就是如何使这些刺激既不太强也不太弱。……有人可能会感到奇怪,对效率的刺激怎么还可能太强,但这可以有非常严重的后果。它可以导致对工人福利专横的漠视和野蛮的官僚作风,而这最终会减少而非增加效率(第84页)。

但这还只是这个问题的一部分,而且大概是最不困难的一部分。正如竞争型企业家的例子所表明的,管理人员不仅必须有好的意图,他还必须能把他的意图付诸实施。高层管理者(他们本身也需要刺激和对业绩的考核)也必须有某些办法来确定低层管理人员遵循这个规则的努力在多大程度上是成功的。在私人企业里,利润不仅是一种刺激,还是业绩标准,并决定了这位企业家控制资源的能力。利润在集体部门中起不到这些作用,因为勒纳正想把那些他认为私营利润是对社会业绩不当考核的行业都集体化。

二、收入分配

A. 形式条件

资源在个人中的分配，一直被当作分析资源组织的既定条件之一，当然，实际上是不能当作既定条件的，因为这种分配可以通过适当的集体行动做出更改。

勒纳并没有直接考虑资源在个人中的分配，而是考虑了与之相关联的收入分配问题。谈及这个问题的简短一章极有意思。它使用形式分析得出的结论是："若要使一个社会的总满足度最大化，合理的办法就是在平等的基础上分配收入"（第32页）。像这样的分析是不严格的，主要因为求助于"同等无知"（equal igno-rance）。⑤ 然而，要去掉这个求助，并使勒纳的结论成为其假设条件的一个严格含义，只要对这个论点做稍微修正即可。在勒纳的假设条件中必须包括以下五点：（1）"说'一个人得到的满足度多于或少于另一个人享受到的满足度'，并非没有意义"（第25页）。这

308

---

⑤　举例来说："收益增加的可能性抵消了收益减少的可能性，因为在任何特定情况下，它们**出现的可能性都是**相等的。还会有净收益，在能力相等的情况下会看到，但是，当考虑到因能力不相等而产生的这个收益可能的增加或减少时，这个净收益就变成了一种**可能的收益**"（第29—30页）。（第一个出现的着重字体是我加的。）"那么，这样一种自平等收入分配的盲目转移，在增加和减少总满意度上**可能正好一样多**……这会使我们对这种收入分配无所谓……但是对收入的多寡则有所谓。尽管损失的概率**等于**收益的概率，每当出现了偏离平均主义的分配，损失的**可能数量**都会大于收益的**可能数量**"（第31—32页）。（除了**数量**这个词，所有着重字体都是我加的。）

就是说,用数字表示的效用可以用来表示个人享受到的满足度;而且表示不同个人满足度的值也可以相加。(2)"每个人的满足度仅从自己的收入得到,而不从他人的收入得到"(第36页)。这意味着,对于一个有着无论多少既定收入的个人,效用不是他人收入的函数。(3)当收入不均时,一个人获得的收入数额在统计上与其享受这种收入的能力无关;也就是说,如果把个人享受收入的能力划等分级,所有这些等级都会有同样的收入概率分布。(4)当收入增加时,个人的货币边际收入效用就会减少。(5)收入总量与其分配无关。⑥

当然,勒纳承认,第五个假设条件是无效的,并因此得出结论　309

---

⑥　勒纳的问题与统计推论理论中一个非常平常的问题很相似,他的推理也与统计学中最初使用的逆概率很相似。过去几十年中,统计学革命是与一种替代联系在一起的,一种精确的、可操作性的、无须求助于"同等无知"的推理,替代了那种松散而不精确的逆概率推理。正是这种替代能使勒纳的论证变得严格。

问题是,要确定这样一种收入分配,该收入分配将受到正文中假设条件约束的那个社会中的个人所得到的效用的算数总和最大化。

来看任何一个不平等的初次分配。先根据人们获得满足的(未知)能力,从概念上对他们划等分级。每一个"满足等级"都将只包括具有相同能力的个人,即具有相同的效用函数。根据假设条件(3),每一个这类等级中人们的平均收入对于每一个等级都是一样的,而且,各等级之间的任何收入再分配都将使假设条件(3)失效,因此只有这些等级内的再分配才能与假设条件一致。再有,根据假设条件(2),任何一个等级中的变化都不会影响另外一个等级。这样,这个问题就变为比较简单的一个问题:使每个满意等级各自的总效用最大化。

显然,对于某个特定的满足等级,给定假设条件(1)、(2)、(4)和(5),平等分配显然将使总效用最大化。如果从一个高收入的人那里拿走1美元,给予一个低收入的人,根据假设条件(4),前者损失的效用少于后者得到的效用;根据假设条件(5),要分配的总收入不受影响;而根据假设条件(2),这两个人的效用表,在转移支付之前是一样的,在转移支付之后也是一样的。这完成了证明,因为假定不同等级的中间收入是相等的,由每个等级内的分配相等意味着,全社会的收入都相等。

说:"平等的原则必须与刺激的原则相妥协,因为刺激会增加可用于分配的收入总量"(第36页)。这里的困难在于,收入分配本身在很大程度上是为让既定资源得到最佳利用的数学条件得到满足的那个过程的一个结果。因此,从分析的角度说,收入分配并不是能够在不影响这个分析其他部分的情况下可以独立操作的一个"既定条件"。如果考虑的是资源分配,可以在很大程度上避开这个困难。这一点不只是形式分析的兴趣所在,因为它表明,通过改变资源分配(如在个人培训方面的社会投资、遗产税等)减少不平等的一些方法,相对于直接再分配收入的方法,可以较少妨碍资源的最佳利用。

勒纳用他对收入最佳分配的分析把平等从其本身是一种目的,转变为服务于一种更根本而且大概也更明显合理的目的——即,一个社会中总满足度的最大化——的手段。然而,在本书评人看来,出于下面两段中说明的理由,勒纳的分析倒使把总满足度最大化作为一种合理目的不可信,表明平等才是这两个目的中更为根本的一个。

在勒纳的分析中,有一个必不可少的步骤,就是引入无知。勒纳说,既然个人享受满足的能力是不同的,既然他们不是完全一样有效的快乐机器,也就没有办法来确定他们作为快乐机器何等有效,因此也就没有希望能使收入数额适应个人能力。因此,任何实际上不平等的收入分配必定是收入与个人作为快乐机器的天生效率的随机结合(上述假设条件[3])。由于给某个人太多的错误要比得太少的错误更严重(因为假设有收入效用的边际递减),不平等的收入分配比平等的收入分配产生的总满足度要小。

去除这个无知的假设条件,如果每个人享受满足的能力确有不同,同样的分析立刻就产生了不平等的合理性。而且显然,我们必须做好准备去除这个有关无知的假设条件。关于享受满足能力的说法,如果没有哪怕只是概念上的可能性去确定个人作为快乐机器的相对效率,那么谈论享受满足的能力就只能是空话。人们很难接受这样的主张:在无法确定个人能力时,一个建立在享受满足能力上的分析是相关的;而在能够确定个人能力时,这样的分析却是不相关的。那么,假定设计出了一种可行的办法,能够确定每个人享受满足的能力。再进一步假定,用这种办法发现,在美国有100个人是比别人都绝对高效的快乐机器,以至于给这些人的收入就比给次一级有效的快乐机器的收入高 1 万倍,以使总效用最大化。即使由此产生的收入分配会与所有其他目标完全一致(如:使能够分配的总量最大化),⑦勒纳会不会愿意把这种分配作为最佳状态来接受呢?

311

B. 制度安排

这本书对于实现收入平等的方法没有做什么讨论,更没有做系统的讨论,尽管勒纳认为,收入平等是达到最佳状态的形式条件。虽然勒纳没有明确这么说,但一个合理的推论是,勒纳会大体

---

⑦　这个观点实质上是从亨利・C. 西蒙斯的著作《个人所得税》(Henry C. Simons, *Personal Income Taxation* (Chicago:University of Chicago Press, 1938), pp. 5 —15)中拿来的。

上保留现有的收入分配方法，为了资源提供的服务而向资源所有者付费。唯一的根本改变会是，集体部门中使用的资本资源的所有权会转归政府，而且对这些资源的回报，还有相应的企业家收入（正的和负的），也都归政府所有。因使用个人资源而对个人的初次分配，会通过"社会红利"和个人所得税进行修正，"只要征税是必要的"，勒纳就赞同这种做法（第 234 页），尽管所得税"会干扰资源的利用"（第 235 页）。"若采取收入平等的措施是合理的，最好是通过遗产和赠予税进行"（第 236 页）。

三、失业与经济活动的波动

A. 形式条件

用投资来改变可供社会利用的资源数量的可能性，直接提出了适度投资数量的问题；间接提出了在一个技术发展要求持续改进利用资源方式的世界中保持稳定高水平产出的动态问题。勒纳把适度投资数量问题当作"政治"问题打发掉了。他把大量注意力投向了产出波动和投资波动等动态问题上。他的分析是严格的凯恩斯式的，关注的完全是在低产出和就业水平上出现一般均衡的危险。尽管这种关注在很大程度上以"贸易周期"或"商业周期"这类术语措词，对于商业周期却没有做真正的讨论。在第 296 页和第 297 页上解释"引起商业周期的根本原因"时，巧妙地回避了这个问题。这个"根本原因"变成了（1）一种稳定的长期低水平产出和就业的可能性,(2)存在商业周期的事实。⑧

　　勒纳因此把保持一种稳定的高水平产出和就业的形式条件说成是保持充分的总需求。(这怎么听起来就像是在说我们今天的情况呀:GDP 增长必须保持在 8% 以上,否则就不能保证新增就业和需求增长。)这在书中的任何地方都没有更充分的详细论证,对于判断"充分"的标准也没有做任何系统的讨论。这就是说,就业水平是简要的一般标准,而"充分"就业是主要目标。然而,这也意味着,只要还没有实现充分就业,就几乎没有或根本没有物价上涨或通货膨胀的危险,由此留给人们的印象是,勒纳把价格稳定看作是衡量充分总需求的一个同样好的标准。

313

---

　　⑧　"引起商业周期的根本原因是需求不足"(第 296 页)。"在对应于充分就业的收入上,收入和均衡消费之间的缺口非常大。……这种收入水平只有在有足够投资去填补这个缺口的情况下才能维持。但是,这提醒我们,投资水平远大于可长期维持盈利的水平。**如果要达到这样一种充分就业的状态**,投资机会很快就会开始耗尽,且投资将开始下降。这会开启危机和衰退的积累过程。……由于在长时期内投资很少,即便是在很低的收入水平上,也会**积累起有利可图的投资机会**。**当有人开始投资时**,收入就会增加,并因此……我们现在有了一个向上的积累运动。……扩张的冲动可将之带到充分就业,或在到达充分就业水平之前就停止下来"(第 297 页)。(黑体字是我标的。)需求不足本身就说明持续的低收入水平;黑体字的部分对于从低收入水平转到周期波动显然是至关重要的。第一点只是使分析开始进行,而另外两点则只是强调有一个周期。仅从勒纳的分析来看,人们会期望"危机和衰退"止于低就业水平,而这低就业水平依照需求不足来看会永久持续下去。如果出现这种情况,那就不会积累起投资机会,因为当前的投资会利用当前变得可以获得的所有有限机会。为了实现一个周期,衰退必须是"累积性的",要比需求不足会永远支持的低就业水平走得更远。但是显然,需求不足并没有解释为什么会出现这种情况。注意啦,就连"需求不足"也只是由"非常大的"、"巨大的"这些形容词来支撑的。勒纳给出的数字事例——那大概只说明了这些形容词对于他的意义——表明,比统计证据大得多的储蓄在和平时期是合理的。

B. 制度安排

勒纳想通过"职能财政"（functional finance）来处理保持充分总需求的问题，而"职能财政"的定义是："判断财政措施的原则……只能是财政措施的作用或其在社会中**起作用的方式**"（第302页）。勒纳对职能财政的讨论是出色的逻辑演练。它剥出了政府财政工具的本质：征税和开支、借款和放贷、买与卖；并使每一种职能都被鲜明地烘托出来。在这个过程中，它抛弃传统的表达方式、陈词滥调的说辞，数次将正确的含义具体表现为简洁的推理，但就其阐述本身而言，也把对政府措施作用的分析弄得一塌糊涂。阅读勒纳对财政职能的讨论，几乎肯定会导致人们急于对自己头脑里的档案盒（人们一直用它来对政府财政活动涉及的因素进行分类）作重新的组织整理。但是就我们现在的目的而言，有关的问题是，除了作为一种逻辑演练，有关"财政职能"的讨论是否还是一个公共政策处方。在我这个书评人看来，答案显然是否定的。那种看起来像是处方的东西，再一次挥发为一种好意的表达：

> 政府做出买和卖的决定，这种决定由于各种特定的理由从社会的角度说是可取的。然后，政府根据被认为是合理的特定情况征收某些税并支付某些补助。……如果出现总需求不足，从而出现了失业，政府将放出贷款（或偿还债务）以降低利率，直到投资率达到政府认为适当的水平。政府还将减少税收或增加补助，直到消费水平足以与投资一起产生充分就业（第314—315页）。

为了使这些能构成一张"产生充分就业"的处方，勒纳必须告

诉我们,怎么才能知道什么时候是"总需求不足",这种不足是在正
被纠正过程中的一种暂时不足,还是一种正在增大的不足的开始, 314
如果任其发展而放手不管,它将会导致急剧的通货紧缩。他必须
让我们知道,在作出一个诊断后该用哪种药,剂量有多大,过多长
时间才会起作用。不经意间翻看勒纳的书的读者——或者这么说
吧,随意浏览大多数有关控制商业周期的著作的读者——或许会
认为,这些都是简单问题。但是,只要扫一眼几个月度时间序列
(这些时间序列描述了重要经济数量的变化),最好是按地区和行
业细分的,再花点时间核对一下既往数据、目前诊断和预测,你就
会知道,这些问题绝不简单。

正如伯恩斯和米切尔所说:

> 我们对商业指数以及不大确切的商业记录的考察,不允
> 许我们把商业周期看作是"从衰退一路顺利上升到繁荣的一
> 个单峰,然后稳定下降到一个新的低谷"。相反,许多周期的
> 扩张和收缩看来都会被相反方向的运动打断,而且有些周期
> 显然有两三个高峰或低谷。⑨

并非所有经济活动都参与到了事后判断定为周期性的扩张或
收缩的过程中,且那些参与到这一过程中的经济活动也是以不同
程度参与的,参与时机也各不相同。想要从既往记录中建立一种

---

⑨　见伯恩斯和米切尔的著作《测定商业周期》(Arthur F. Burns and Wesley C.
Mitchell, *Measuring Business Cycles* (New York: National Bureau of Economic Re-
search, 1946), p. 7)。引语中的引语出自米切尔的著作《商业周期:问题及其背景》
(Mitchell, *Business Cycles: The Problem and Its Setting* (New York: National Bureau
of Economic Research, 1927), p. 329)。

商业周期年表的认真的研究人员,对于他们看作是周期运动的主
要方面有一致的看法,但在并非不重要的细节方面,在他们确认的
高峰和低谷的日期方面却有不同看法。⑩ 商业过程的当代解释者
不仅在商业过程预测方面的不准确久为人所诟病,而且就连对目
前状况也弄不清楚。有些人坚持说我们处于通货紧缩的早期,而
另一些人则坚持说我们正在进入通货膨胀,这完全不是什么反常
情况。⑪

315　　　对这些难题的一个容易给出的答案是说,这些难题风马牛不
相及;说政府应该根据其对事态的最佳评估行事,并应该采取措

---

⑩　见伯恩斯和米切尔,前引书,第四章(iv),特别是第 91—144 页。

⑪　在 1946 年和 1947 年的大部分时间里,这显然是事实。阿瑟·F. 伯恩斯使我
注意到从前一个有趣的例子:1920—1921 年的紧缩。国家经济研究局将 1920 年 1 月
定为这次周期的高峰,1921 年的 9 月定为继之而来的低谷(伯恩斯和米切尔,前引书,
第 78 页)。然而在 1920 年 5 月,花旗银行在其关于**经济状况、政府财政、美国证券**的每
月通讯中说:"全国各地的一般贸易情况良好,"在 6 月又说:"认为我们正处于即将出
现大规模通货紧缩的前夜,恐怕是个错误。"晚至 1920 年 9 月,该通讯报道说:"在我们
看来,上月的一般商业情况还在以令人满意的方式发展。……一般趋势在向正常和持
久不变的状况发展……正在出现的工业活动的衰退,并没有严重到足以发出警报的程
度。"在 10 月:"一般商业还在以相当令人满意的方式发展。……有充分的理由认为,
那些受价格降低影响最深的行业,其受影响的程度在最近的将来也就这么大了,不会
再大了。"直到 1920 年 11 月,该通讯才明确承认严重危机的存在。该通讯报道说:"整
个夏季,人们都期望,那些只影响到某些行业的衰退状态会在秋季开始时消失不见。
但这种期望并没有实现。相反,商业普遍衰退了,而且再也不容置疑的是,这个国家战
后繁荣的巅峰时期已经结束了。"1920 年 12 月,该通讯说:"价格下降的最初迹象出现
在 5 月,到 10 月已经变得明显,而在上个月已经变得更为普遍和陡然下降。此前人们
所抱有的'这次下降只会……缓慢……完成'的希望,已被证明只是幻想。在这么短的
时间里出现如此大幅度的商品价格下跌,实为罕见。"

由此可见,一个观察当前商业状态的、消息最为灵通的顶级刊物,竟然未察觉到历
史上最为剧烈的收缩之一,直到这场收缩过去了几乎一半才察觉到。

施,只要适当,无论强度大小;还说这些措施中的错误并不重要,因为错误能被迅速纠正。如果采取了通货紧缩政策,结果证明并非必要,政府能够轻易地自行转向,打开通货膨胀的龙头;若该政策过于猛烈或是力道不够,那么政府就能把龙头适当关小一点或是开大一点。当然,这个答案是太简单了。这个答案与一个严酷的事实相冲突,即,无论是政府措施,还是这种措施的影响,都不可能即刻发生。在需要采取措施与政府意识到这种需要之间很可能有一个时滞;在意识到需要采取行动与付诸实施之间有进一步的时滞;而在实施与见效之间还会有进一步的时滞。如果这些时滞相对于政府打算抵消的周期变化的长度来说,这些时滞不长,它们也 ⟨316⟩就不大重要。令人遗憾的是,这些时滞很可能占周期性变化持续时间的很大一部分。因此,在没有很强的能力正确预测必要措施的方向和强度时,政府试图通过"职能财政"抵消周期波动,很容易加剧波动,而不是缓和波动。到了意识到错误并采取纠正措施时,损害已然造成,而纠正措施本身也会变成进一步的错误。[12] 勒纳

---

[12] 在这一点上有更多的混乱,主要是由于错误地使用统计学中的"大数法则"造成的。这个错误导致人们相信,要在缓和周期波动方面取得一定成功,政府只要有多一半的时候做出正确猜测就行了。这是不正确的。如果有许多随机干扰,每个干扰的变化程度都差不多,它们加到一起的平均值往往会比其中任何一个干扰造成的波动都小;但是它们之和造成的波动却可以比其中任何一个干扰都大,而且相加的干扰数目越大,总的波动越大。政府反周期措施的影响是被叠加到而不是平均到没有这些措施就会发生的经济变化中的。如果政府的反周期措施完全是随机干扰,与其他变化没有任何系统联系,它们往往会增加周期性变化的振幅。因此,能稍微做出一些正确猜测的能力只会起到缓解或根除这种不可取影响的作用,而要使政府政策转变为一种稳定影响,则必须具有在很大程度上做出正确猜测的能力。见本书前面的文章《充分就业政策对经济稳定的影响:形式分析》,边码第 117—132 页。

开出的这个处方,像其他处方一样,因此变成了一种无谓的劝诫,让人做正确的事,却并没有说明如何才能知道,什么是该做的正确的事。

四、最佳状态的形式条件和制度
安排之间的关系

前面各节暗示的主要的一般批评是,勒纳所写,就好像是说,只根据对最佳状态的形式条件分析,就有可能得出有关适当制度安排的基本结论。令人遗憾的是,这是不可能做到的。很久以来人们就已经知道,有不同的制度安排,能够实现最佳状态的形式条件。而且,所采用的制度安排很可能有重要的非经济含义。因此,做出一个选择,和引入做出这种选择的另外一些准则,这两者都是必要的。

大约在 50 年前,帕累托就指出,在一个以私有财产为基础的自由竞争社会里,资源的均衡配置与一个拼命去实现"满足度"最大化的社会主义国家所应该寻求的配置是一样的,而且单从形式层面上说,集权主义的管理有可能实现与自由价格制度同样的资源配置(即两者都可能解同样一些方程式)。⑬ 更近一些时候,泰勒、兰格、勒纳和其他人都已经为社会主义社会勾画出了组织形式的轮廓,上面已经作了简短的讨论,其中个别的生产单位会在竞争

---

⑬　帕累托,《政治经济学教程》(Vilfredo Pareto, *Cours d'économie politique* (Lausanne, 1897), Vol. II, Book II, chap. Ii, pars. pp. 717—724, pp. 84—95)。当然,帕累托走得更远,而且还讨论了一些适于这种选择的非形式因素。

下"参与"，并由此再产生出竞争性企业经济的结果。⑭另一种会实现同样结局的安排，在有充分信息的情况下，是征税和派发福利，要按照能吸引垄断者将价格设定在竞争盛行的水平上进行设计。勒纳在他这本书中增添了另一个工具，即反投机方法，而且无疑还有可能建立起其他制度安排，单单从形式层面进行判断，这些制度安排也会使人的最佳状态的各种条件得到满足。

当然，这些制度安排都不会在实践中完美运行。能指望的最多也只是较为接近于最佳经济状态。因此，在一定程度上，必须从几方面来判断这些安排：(1)在运用这些制度安排以接近最佳经济状态时实际产生的管理问题；(2)作为必然的结果，这些制度安排本身往往被滥用的程度，即这些制度安排可用于一般福利以外的目标的容易程度。经济制度并不是在真空中运行的，它们构成了人们在其中生活的社会结构的一部分，而且是极为重要的一部分。因此，它们也必须用(3)它们的非经济含义来判断，其中的政治含义——对个人自由的含义——大概是最引人关注的，而道德的含 318义则是最基本的。

正如已经指出的，勒纳既没有讨论，甚至似乎也没有意识到前两个判断经济制度适当性的基础。他显然认识到了第三个基础的重要性——实际上，他在"前言"中说，认识到政治含义的重要性，在很大程度上使他改变了这本书的特点，从讨论完全集体主义的社会，变为讨论保留了大部分私有财产和自由企业成分的社

---

⑭　Oscar Lange and Fred M. Taylor, *On the Economic Theory of Socialism*, ed. Benjamin E. Lippincott (Minneapolis: University of Minnesota Press, 1938).

会——但是他明确排除了对政治含义的全面讨论。"在这项研究中,我们将不去探讨这个政治问题的是非曲直。我们将假设一个愿意以普遍的社会利益来管理社会的政府,而且是一个强大的政府,足以压倒任何由局部利益而提出的反对意见"(第6页)。关于这个问题,唯一具有实质内容的其他评论,是对"作为个人自由保障之一的私人企业的意义"的简短讨论。他说,这个论点有一个坚实的基础,

> 即使狂热的资本家们常常会扭曲这一点。这些资本家把个人自由看作是成为百万富翁资本家的许可证,或者甚至是掌握大公司经济权力的许可证。……在现代,个人自由肇始于私人企业的自由经营,而且……如果个人有可能在被国家雇用之外找到谋生手段,个人就不会过分屈从于代表国家的雇主。当然,这只是要想保住民主就必须发展和维护的许多力量之一,而且靠它本身并不能保证民主,但任何可能有助于捍卫民主的力量都是非常有价值的。

> 统制经济可能认为,作为对于捍卫民主的贡献,甚至牺牲一些资源配置方面的效率也是值得的,尽管考虑到这一点的那种政府,即便可能是100％的集体主义政府,也会采取适当的保护措施(第84—85页)。

(但是,若政府变成了100％的集体主义政府,它还会是原来的政府吗?)

不再次强调本书评的谋篇布局与勒纳这本书的谋篇布局大不相同就结束,对于勒纳会不公平。这本书既是(1)以一种新的观点写成的经济学原理的入门教科书,强调了形式分析而非描述性资

料，同时又是（2）一份应时的鼓吹"统制经济"的传单。这本书的大部分内容用来教授原理，尽管那种传单的味道充斥全书。本书评则大多针对的是那份传单。

这本书中的建议具有相当大的启发价值，并可能激励其他人开展有用而重要的工作去发挥它们。全书显示出勒纳极为可观的天赋——他作为一位理论家和辩论能手的敏锐、他行文的技巧和耐心、他思想的灵活性、他对社会福利的深刻兴趣，以及他不顾先前的或已公认的意见，接受和勇于指出在他看来是正确的社会政策的意愿。然而，据本书评人判断，这些天赋未能完美实现，因为它们被用在了真空里，没有与对经济制度的管理问题的现实评估，或与对经济制度的社会和政治含义的现实评估相结合。

索　引

(索引中页码为原文页码,请参照本书边码使用。)

译 后 记

    译事难。译名著更难。若是要译文能让人人满意便更是难上又难,乃至于穷毕生之力,亦难为也。然而,我还是希望勉为其难,尽自己的能力做一些译事,以自己的微薄之力服务于社会。但是,这一次,我是有些过于大胆了,承担了一项于我而言实在是不堪胜任的工作——翻译美国著名经济学家米尔顿·弗里德曼所著《实证经济学论文集》。如果说,在动工之初,我还有着"不怕虎"的勇气,在翻译过程中,则实实存在地领略了"虎"的厉害。作者学识广博,学理深厚,思维缜密,推理严格。尽管他的观点未必能得到大多数经济学家的认同,却以其独特的视角和思维方式表现出一代宗师的风范,给人以启迪。

    说实在话,我并没有降伏"虎"的能力,无法将弗老的作品原汁原味地呈现在读者面前。幸有商务印书馆的朱泱先生,不弃粗劣,花费大量时间,进行了认真细致的校订,才使这个译本有可能付梓。我非常钦佩朱泱先生精湛的学识,严谨的治学态度与诲人不倦的耐力。如果没有他的努力校订,凭我个人之力是无法完成这一译事的。我谨在此表示对他的感激与敬意。

    如果说,读者在阅读中还能发现错误,那当属本人的疏漏与无知。敬祈有识之士,予以斧正。本人将不胜感激之至。

译者

2012 年 12 月 11 日于京郊

图书在版编目(CIP)数据

实证经济学论文集 /（美）弗里德曼著；柏克译. —
北京：商务印书馆，2014(2019.5 重印)
（经济学名著译丛）
ISBN 978 - 7 - 100 - 09835 - 9

I. ①实… II. ①弗…②柏… III. ①实证经济学—
文集 IV. ①F019.3 - 53

中国版本图书馆 CIP 数据核字(2013) 第 037366 号

实证经济学论文集
〔美〕米尔顿·弗里德曼 著
柏克 译 朱泱 校

商 务 印 书 馆 出 版
（北京王府井大街 36 号 邮政编码 100710）
商 务 印 书 馆 发 行
北 京 冠 中 印 刷 厂 印 刷
ISBN 978-7-100-09835-9

2014 年 3 月第 1 版 开本 850×1168 1/32
2019 年 5 月北京第 2 次印刷 印张 11½
定价：42.00 元